Hinterlassene Werke

des

Generals Carl von Clausewitz

über

Krieg und Kriegführung.

Erster Band.

Berlin,
bei Ferdinand Dümmler.

1832.

Vom Kriege.

Hinterlassenes Werk

des

Generals Carl von Clausewitz.

Erster Theil.

Berlin,
bei Ferdinand Dümmler.

1832.

Vorrede.

***

Es wird mit Recht befremden, daß eine weibliche Hand es wagt, ein Werk von solchem Inhalt wie das vorliegende mit einer Vorrede zu begleiten. Für meine Freunde bedarf es hierüber keiner Erklärung, aber auch in den Augen derer, die mich nicht kennen, hoffe ich durch die einfache Erzählung dessen, was mich dazu veranlaßte, jeden Schein einer Anmaßung von mir zu entfernen.

Das Werk, dem diese Zeilen vorangehen sollen, hat meinen unaussprechlich geliebten, mir und dem Vaterlande leider zu früh entrissenen Mann während der letzten zwölf Jahre seines Lebens fast ausschließend beschäftigt. Es zu vollenden war sein sehnlichster Wunsch, aber nicht seine Absicht es während seines Lebens der Welt mitzutheilen; und wenn ich mich bemühte ihn von diesem Vorsa⸗ abzubringen, gab er

*2

mir oft, halb im Scherz, halb aber auch wohl im Vorgefühl eines frühen Todes, zur Antwort: Du sollst es herausgeben. Diese Worte (die mir in jenen glücklichen Tagen oft Thränen entlockten, so wenig ich damals geneigt war, ihnen eine ernsthafte Bedeutung unterzulegen) sind es nun die es mir, nach der Ansicht meiner Freunde, zur Pflicht machen, den hinterlassenen Werken meines geliebten Mannes einige Zeilen vorauszuschicken; und wenn man auch hierüber verschiedener Meinung sein kann, so wird man doch das Gefühl gewiß nicht mißdeuten, das mich veranlaßt hat, die Schüchternheit zu überwinden, welche einer Frau jedes auch noch so untergeordnete Auftreten der Art so sehr erschwert.

Es versteht sich von selbst, daß ich dabei auch nicht die entfernteste Absicht haben kann mich als die eigentliche Herausgeberin eines Werkes zu betrachten, das weit über meinem Horizont liegt. Nur als eine theilnehmende Begleiterin will ich demselben bei seinem Eintritt in die Welt zur Seite stehn. Diese Stelle darf ich wohl in Anspruch nehmen, da mir auch bei dessen Entstehung und Ausbildung eine ähnliche vergönnt wurde. Wer unsere glückselige Ehe gekannt hat, und weiß wie wir Alles mit einander theilten, nicht allein Freude und Leid, sondern auch jede Be=

schäftigung, jedes Interesse des täglichen Lebens: der
wird begreifen, daß eine Arbeit dieser Art meinen geliebten Mann nicht beschäftigen konnte, ohne auch mir
genau bekannt zu sein. Es kann also auch Niemand,
so wie ich, Zeugniß geben von dem Eifer, von der
Liebe, mit der er sich ihr widmete, von den Hoffnungen, die er damit verband, so wie von der Art und
dem Zeitpunkt ihres Entstehens. Sein so reich begäb-
ter Geist hatte von früher Jugend an das Bedürfniß des Lichts und der Wahrheit empfunden, und so
vielseitig er auch gebildet war, hatte sich sein Nachdenken doch hauptsächlich auf die Kriegswissenschaften
gerichtet, welchen sein Beruf ihn widmete und welche
von so großer Wichtigkeit für das Wohl der Staaten
sind. Scharnhorst hatte ihn zuerst auf die richtige
Bahn geführt und seine im Jahr 1810 erfolgte An-
stellung als Lehrer bei der allgemeinen Kriegsschule, so
wie die Ehre, die ihm in derselben Zeit zu Theil
wurde, Seiner Königlichen Hoheit dem Kronprinzen
den ersten militairischen Unterricht zu ertheilen, waren
ihm neue Veranlassungen seinen Forschungen und Bestrebungen diese Richtung zu geben, so wie Dasjenige
niederzuschreiben, worüber er mit sich selbst aufs Reine
gekommen war. Ein Aufsatz, mit welchem er im Jahre
1812 den Unterricht Seiner Königlichen Hoheit des

Kronprinzen schloß, enthält schon die Keime seiner folgenden Werke. Aber erst im Jahre 1816 in Coblenz fing er wieder an, sich mit wissenschaftlichen Arbeiten zu beschäftigen, und die Früchte zu sammeln, welche die reichen Erfahrungen von vier so gewichtigen Kriegsjahren in ihm zur Reife gebracht hatten. Er schrieb seine Ansichten zuerst in kurzen, unter einander nur lose verbundenen Aufsätzen nieder. Der nachfolgende, der sich ohne Datum unter seinen Papieren fand, scheint auch aus jener früheren Zeit herzustammen:

„Durch die hier niedergeschriebenen Sätze sind „nach meiner Meinung die Hauptsachen, welche die sogenannte „Strategie ausmachen, berührt. Ich sah sie „noch als bloße Materialien an, und war ziemlich so „weit gekommen sie zu einem Ganzen zu verschmelzen."

„Es sind nämlich diese Materialien ohne vorher „gemachten Plan entstanden. Meine Absicht war anfangs, „ohne Rücksicht auf System und strengen Zu„sammenhang, über die wichtigsten Punkte dieses Ge„genstandes dasjenige in ganz kurzen präzisen, gedrunge„nen Sätzen niederzuschreiben, was ich darüber mit mir „selbst ausgemacht hatte. Die Art, wie Montesquieu „seinen Gegenstand behandelt hat, schwebte mir dabei „dunkel vor. Ich dachte mir, solche kurze, sentenz„reiche Kapitel, die ich anfangs nur Körner nennen

„wollte, würden den geistreichen Menschen anziehen,
„eben so sehr durch Das was weiter aus ihnen ent=
„wickelt werden konnte, als durch Das was sie selbst
„feststellten; es schwebte mir also ein geistreicher, schon
„mit der Sache bekannter Leser vor. Allein meine
„Natur, die mich immer zum Entwickeln und Syste=
„matisiren treibt, hat sich am Ende auch hier wieder
„hervorgearbeitet. Eine Zeitlang vermochte ich es über
„mich, aus den Abhandlungen, welche ich für einzelne
„Gegenstände schrieb, weil sie mir dadurch selbst erst
„recht klar und sicher werden sollten, nur die wichtig=
„sten Resultate herauszuheben, und also den Geist in
„ein kleineres Volumen zu konzentriren; später aber ist
„meine Eigenthümlichkeit völlig mit mir durchgegangen,
„ich habe entwickelt was ich gekonnt habe, und mir
„dann natürlich dabei einen mit dem Gegenstand noch
„nicht bekannten Leser gedacht.”

„Je mehr ich fortgearbeitet, je mehr ich mich
„dem Geiste der Untersuchung hingegeben habe, um so
„mehr bin ich auch auf das System zurückgeführt,
„und so sind denn nach und nach Kapitel eingeschal=
„tet worden.”

„Meine letzte Absicht war nun, Alles noch einmal
„durchzugehen, in den früheren Aufsätzen Manches mehr
„zu motiviren, in den spätern vielleicht manche Ana=

„lyse in ein Resultat zusammenzuziehen, und so ein er-
„trägliches Ganze daraus zu machen, welches einen
„kleinen Oktavband bildete. Aber auch dabei wollte ich
„durchaus alles Gewöhnliche, was sich von selbst ver-
„steht, hundert Mal gesagt, allgemein angenommen ist,
„vermeiden; denn mein Ehrgeiz war, ein Buch zu
„schreiben was nicht nach zwei oder drei Jahren ver-
„gessen wäre, und was derjenige, welcher sich für den
„Gegenstand interessirt, allenfalls mehr als einmal in
„die Hand nehmen könnte.”

In Coblenz, wo er viele Dienstgeschäfte hatte,
konnte er seinen Privatarbeiten nur abgebrochene Stunden widmen; erst durch seine im Jahre 1818 erfolgte
Ernennung zum Direktor der allgemeinen Kriegsschule
in Berlin gewann er die Muße seinem Werk eine weitere Ausdehnung zu geben, und es auch durch die Geschichte der neueren Kriege zu bereichern. Diese Muße
söhnte ihn auch mit seiner neuen Bestimmung aus, die
ihm in anderer Hinsicht wohl nicht ganz genügen
konnte, da, nach der einmal bestehenden Einrichtung der
Kriegsschule, der wissenschaftliche Theil der Anstalt
nicht unter dem Direktor steht, sondern von einer besonderen Studienkommission geleitet wird. So frei er
auch von jeder kleinlichen Eitelkeit, von jedem unruhigen
egoistischen Ehrgeiz war, so fühlte er doch das Be-

dürfniß, wahrhaft nützlich zu sein, und die Fähigkeiten, mit welchen Gott ihn begabt hatte, nicht ungebraucht zu lassen. Im thätigen Leben stand er nicht an einer Stelle, wo dies Bedürfniß Befriedigung finden konnte, und er machte sich wenig Hoffnung noch einst zu einer solchen zu gelangen; sein ganzes Streben richtete sich also auf das Reich der Wissenschaft, und der Nutzen, den er einst durch sein Werk zu stiften hoffte, wurde der Zweck seines Lebens. Wenn trotz dem der Entschluß, dies Werk erst nach seinem Tode erscheinen zu lassen, immer fester in ihm wurde, so ist dies wohl der beste Beweis, daß kein eitles Verlangen nach Lob und Anerkenntniß, keine Spur irgend einer egoistischen Rücksicht diesem edlen Drange nach einer großen und dauernden Wirksamkeit beigemischt war.

So arbeitete er eifrig fort, bis er im Frühjahr 1830 zur Artillerie versetzt, und seine Thätigkeit nun auf eine ganz andere Weise, und zwar in so hohem Grade in Anspruch genommen wurde, daß er, wenigstens fürs Erste, allen schriftstellerischen Arbeiten entsagen mußte. Er ordnete seine Papiere, versiegelte die einzelnen Pakete, versah sie mit Aufschriften, und nahm einen wehmüthigen Abschied von dieser ihm so lieb gewordenen Beschäftigung. Er wurde im August desselben Jahres nach Breslau versetzt, wo er die zweite Artillerieinspektion erhielt, aber schon im Dezember wieder nach Berlin zurückberufen, und als Chef des Generalstabes bei dem Feldmarschall Grafen von Gneisenau (für die Dauer des demselben verliehenen Oberkommandos) angestellt. Im März 1831 begleitete er seinen verehrten Feldherrn nach Posen. Als er, nach dem schmerzlichsten Verlust, im November von dort nach Breslau zurückkehrte, erheiterte ihn die Hoffnung, sein Werk wieder vornehmen und vielleicht im Laufe des Winters vollenden zu können. Gott hatte es anders gewollt; er war am 7. November nach Breslau zurückgekehrt, am 16. war er nicht mehr, und die von seiner Hand versiegelten Pakete wurden erst nach seinem Tode eröffnet! —

Dieser Nachlaß ist es nun, der in den folgenden Bänden mitgetheilt wird, und zwar ganz so wie er sich vorfand, ohne daß ein Wort hinzugefügt oder gestrichen worden wäre. Dennoch war bei der Herausgabe desselben Vieles zu thun, zu ordnen und zu berathen, und ich bin mehreren treuen Freunden für den mir hierbei geleisteten Beistand den herzlichsten Dank schuldig. Namentlich dem Herrn Major O'Etzel, der die Korrektur des Drucks, so wie die Anfertigung der Karten, welche den historischen Theil des Werks begleiten sollen, gütigst übernommen hat. Ich darf auch

wohl meinen geliebten Bruder hier nennen, der meine
Stütze war in der Stunde des Unglücks, und der sich
auch um diesen Nachlaß in so vieler Hinsicht verdient
gemacht hat. Er hat unter Anderm bei dem sorgfälti-
gen Durchlesen und Ordnen desselben die angefangene
Umarbeitung gefunden, welche mein geliebter Mann,
in der im Jahre 1827 geschriebenen und weiter
unten folgenden Nachricht, als eine beabsichtigte Arbeit erwähnt, und hat sie an den Stellen des ersten
Buches, für welche sie bestimmt war (denn weiter
reichte sie nicht), eingeschaltet.

Noch vielen andern Freunden möchte ich danken
für den mir ertheilten Rath, für die mir erwiesene
Theilnahme und Freundschaft, aber wenn ich sie auch
nicht alle nennen kann, werden sie doch gewiß an meiner innigsten Dankbarkeit nicht zweifeln. Diese ist um
so größer, je fester ich überzeugt bin, daß Alles, was
sie für mich thaten, nicht allein um meinetwillen geschah, sondern dem Freunde galt, den ihnen Gott so
früh entrissen hat.

War ich ein und zwanzig Jahre lang hochbeglückt
an der Hand eines solchen Mannes, so bin ich es auch
noch, ungeachtet meines unersetzlichen Verlustes, durch
den Schatz meiner Erinnerungen und meiner Hoffnungen, durch das reiche Vermächtniß von Theilnahme

und Freundschaft, das ich dem geliebten Verstorbenen verdanke, durch das erhebende Gefühl, seinen seltenen Werth so allgemein und so ehrenvoll anerkannt zu sehn.

Das Vertrauen, mit welchem ein edles Fürstenpaar mich zu sich rief, ist eine neue Wohlthat, für die ich Gott zu danken habe, da es mir einen ehrenvollen Beruf eröffnet, dem ich mich freudig widme. Möchte dieser Beruf gesegnet sein, und möchte der theure kleine Prinz, der in diesem Augenblick meiner Obhut anvertraut ist, einst dieses Buch lesen, und durch dasselbe zu Thaten begeistert werden, ähnlich denen seiner glorreichen Ahnen!

Geschrieben im Marmor-Palais bei Potsdam, den 30. Juni 1832.

Marie von Clausewitz,
geborene Gräfin Brühl,
Oberhofmeisterin Ihrer Königlichen Hoheit der Prinzessin Wilhelm.

Nachricht. *)

„Ich betrachte die ersten sechs Bücher, welche sich
„schon ins Reine geschrieben finden, nur als eine noch
„ziemlich unförmliche Masse, die durchaus noch einmal
„umgearbeitet werden soll. Bei dieser Umarbeitung
„wird die doppelte Art des Krieges überall schärfer
„im Auge behalten werden, und dadurch werden alle
„Ideen einen schärferen Sinn, eine bestimmte Richtung,
„eine nähere Anwendung bekommen. Diese doppelte
„Art des Krieges ist nämlich diejenige, wo der Zweck
„das Niederwerfen des Gegners ist, sei es, daß
„man ihn politisch vernichten, oder bloß wehrlos ma-
„chen, und also zu jedem beliebigen Frieden zwingen
„will, und diejenige, wo man bloß an den Gren-
„zen seines Reichs einige Eroberungen ma-
„chen will, sei es um sie zu behalten, oder um sie
„als nützliches Tauschmittel beim Frieden geltend zu
„machen. Die Übergänge von einer Art in die andere
„müssen freilich bestehen bleiben, aber die ganz ver-
„schiedene Natur beider Bestrebungen muß überall

---

*) S. Vorrede S. xiii.

„durchgreifen, und das Unverträgliche von einander
„ſondern."

„Außer dieſem faktiſch beſtehenden Unterſchied in
„den Kriegen, muß noch der ebenfalls praktiſch noth-
„wendige Geſichtspunkt ausdrücklich und genau feſtge-
„ſtellt werden, daß der Krieg Nichts iſt, als die
„fortgeſetzte Staatspolitik mit andern Mit-
„teln. Dieſer Geſichtspunkt überall feſtgehalten, wird
„viel mehr Einheit in die Betrachtung bringen, und
„es wird ſich Alles leichter aus einander wirren. Ob-
„gleich dieſer Geſichtspunkt hauptſächlich erſt im ach-
„ten Buche ſeine Wirkſamkeit haben wird, ſo muß
„er doch ſchon im erſten Buche vollſtändig entwickelt
„werden, und auch bei der Umarbeitung der ſechs er-
„ſten Bücher mitwirken. Mit einer ſolchen Umarbei-
„tung werden die ſechs erſten Bücher manche Schlacke
„loswerden, manche Spalte und Kluft wird ſich zu-
„ſammenziehen, und manche Allgemeinheit wird in be-
„ſtimmtere Gedanken und Formen übergehen können."

„Das ſiebente Buch, vom Angriff, wozu die Skiz-
„zen der einzelnen Kapitel bereits entworfen ſind, iſt
„als ein Reflex des ſechsten Buchs zu betrachten, und
„ſoll ſogleich nach den eben angegebenen, beſtimmteren
„Geſichtspunkten bearbeitet werden, ſo daß es keiner
„neuen Umarbeitung bedürfen wird, ſondern vielmehr
bei

„bei der Umarbeitung der ſechs erſten Bücher als
„Norm dienen kann.”

„Zum achten Buch, vom Kriegsplan, d. h.
„überhaupt von der Einrichtung eines ganzen Krieges,
„finden ſich mehrere Kapitel entworfen, die aber nicht
„einmal als wahre Materialien betrachtet werden kön-
„nen, ſondern ein bloßes rohes Durcharbeiten durch die
„Maſſe ſind, um in der Arbeit ſelbſt erſt recht gewahr
„zu werden, worauf es ankommt. Dieſen Zweck ha-
„ben ſie erfüllt, und ich denke nach Beendigung des
„ſiebenten Buchs gleich zur Ausarbeitung des achten
„zu ſchreiten, wo dann hauptſächlich die beiden oben
„angegebenen Geſichtspunkte geltend gemacht werden
„und Alles vereinfachen, aber auch zugleich vergeiſtigen
„ſollen. Ich hoffe in dieſem Buche manchen Falten-
„kniff in den Köpfen der Strategen und Staatsmän-
„ner auszubügeln, und wenigſtens überall zu zeigen
„worum es ſich handelt und was bei einem Kriege
„eigentlich in Betrachtung zu ziehen iſt.”

„Bin ich nun durch die Ausarbeitung dieſes ach-
„ten Buchs mit meinen Ideen ins Klare gekommen,
„und haben die großen Lineamente des Krieges ſich
„gehörig feſtgeſtellt: ſo wird es mir dann um ſo leich-
„ter werden, dieſen Geiſt in die erſten ſechs Bücher
„überzutragen, und jene Lineamente auch hier überall

**

„durchschimmern zu lassen. Also erst alsdann werde
„ich die Umarbeitung der sechs ersten Bücher vor-
„nehmen."

„Sollte mich ein früher Tod in dieser Arbeit un-
„terbrechen, so wird Das, was sich vorfindet, frei-
„lich nur eine unförmliche Gedankenmasse genannt wer-
„den können, die, unaufhörlichen Mißverständnissen
„ausgesetzt, zu einer Menge unreifer Kritiken Veran-
„lassung geben wird; denn in diesen Dingen glaubt
„Jeder Das, was ihm einfällt, indem er die Feder er-
„greift, eben gut genug, um gesagt und gedruckt zu
„werden, und hält es für eben so unbezweifelhaft als
„daß zweimal zwei vier ist. Wollte er sich die Mühe
„geben, wie ich, Jahre lang über den Gegenstand
„nachzudenken und ihn immer mit der Kriegsgeschichte
„zu vergleichen, so würde er freilich mit der Kritik
„behutsamer sein."

„Aber trotz dieser unvollendeten Gestalt glaube ich
„doch, daß ein vorurtheilsfreier, nach Wahrheit und
„Überzeugung dürstender Leser in den sechs ersten Bü-
„chern die Früchte eines mehrjährigen Nachdenkens und
„eifrigen Studiums des Krieges nicht verkennen, und viel-
„leicht darin die Hauptgedanken finden werde, von denen
„eine Revolution in dieser Theorie ausgehen könnte."

„Berlin den 10. Juli 1827."

Außer dieser Nachricht, fand sich noch in dem Nachlasse folgender unvollendete Aufsatz, der, wie es scheint, von sehr neuem Datum ist.

„Das Manuscript über die Führung des großen „Krieges, welches man nach meinem Tode finden wird, „kann, so wie es da ist, nur als eine Sammlung „von Werkstücken betrachtet werden, aus denen eine „Theorie des großen Krieges aufgebaut werden sollte. „Das Meiste hat mich noch nicht befriedigt und das „sechste Buch ist als ein bloßer Versuch zu betrachten; „ich würde es ganz umgearbeitet und den Ausweg „anders gesucht haben.”

„Allein die Hauptlineamente, welche man in diesen „Materialien herrschen sieht, halte ich für die richtigen „in der Ansicht vom Kriege; sie sind die Frucht eines „vielseitigen Nachdenkens mit beständiger Richtung ge- „gen das praktische Leben, in beständiger Erinnerung „Dessen, was die Erfahrung und der Umgang mit aus- „gezeichneten Soldaten mich gelehrt hatten.”

„Das siebente Buch sollte den Angriff enthalten, „wovon die Gegenstände flüchtig hingeworfen sind; „das achte den Kriegsplan, worin ich die politische „und menschliche Seite des Krieges noch besonders „aufgefaßt haben würde.”

„Das erste Kapitel des ersten Buchs ist das ein-

**2

„zige was ich als vollendet betrachte; es wird wenig-
„stens dem Ganzen den Dienst erweisen, die Richtung
„anzugeben, die ich überall halten wollte."

„Die Theorie des großen Krieges, oder die soge-
„nannte Strategie, hat außerordentliche Schwierig-
„keiten, und man kann wohl sagen, daß sehr wenig
„Menschen von den einzelnen Gegenständen deutliche,
„d. h. bis auf das Nothwendige in beständigem Zusam-
„menhange zurückgeführte Vorstellungen haben. Beim
„Handeln folgen die meisten einem bloßen Takt des
„Urtheils, der mehr oder weniger gut trifft, je nachdem
„mehr oder weniger Genie in ihnen ist."

„So haben alle große Feldherrn gehandelt, und
„darin lag zum Theil ihre Größe und ihr Genie, daß
„sie mit diesem Takt immer das Rechte trafen. So
„wird es auch für das Handeln immer bleiben; und
„dieser Takt reicht dazu vollkommen hin. Aber wenn
„es darauf ankommt, nicht selbst zu handeln, sondern
„in einer Berathung Andere zu überzeugen, dann kommt
„es auf klare Vorstellungen, auf das Nachweisen des
„innern Zusammenhangs an; und weil die Ausbildung
„in diesem Stück noch so wenig vorgeschritten ist, so
„sind die meisten Berathungen ein fundamentloses
„Hin= und Her=Reden, wobei entweder Jeder seine Mei-
„nung behält, oder ein bloßes Abkommen aus gegen-

„seitiger Rücksicht zu einem Mittelwege führt, der eigent-
„lich ohne allen Werth ist."

„Die klaren Vorstellungen in diesen Dingen sind
„also nicht unnütz, außerdem hat der menschliche Geist
„nun einmal ganz allgemein die Richtung auf Klar-
„heit, und das Bedürfniß, überall in einem nothwen-
„digen Zusammenhang zu stehen."

„Die großen Schwierigkeiten, welche ein solcher philo-
„sophischer Aufbau der Kriegskunst hat, und die vielen
„sehr schlechten Versuche, welche darin gemacht sind, hat
„die meisten Leute dahin gebracht, zu sagen: es ist eine
„solche Theorie nicht möglich, denn es ist von Dingen
„die Rede, die kein stehendes Gesetz umfassen kann.
„Wir würden in diese Meinung einstimmen, und jeden
„Versuch einer Theorie aufgeben, wenn sich nicht eine
„ganze Anzahl von Sätzen ohne Schwierigkeit ganz
„evident machen ließe. Daß die Vertheidigung die
„stärkere Form mit dem negativen Zweck, der Angriff
„die schwächere mit dem positiven Zweck ist; daß die
„großen Erfolge die kleinen mitbestimmen; daß man
„also die strategischen Wirkungen auf gewisse Schwer-
„punkte zurückführen kann; daß eine Demonstration
„eine schwächere Kraftverwendung ist als ein wirkli-
„cher Angriff, daß sie also besonders bedingt sein
„muß; daß der Sieg nicht bloß in der Eroberung des

„Schlachtfeldes, sondern in der Zerstörung der physi-
„schen und moralischen Streitkraft besteht, und daß diese
„meistens erst im Verfolgen der gewonnenen Schlacht
„erreicht wird; daß der Erfolg immer am größten ist,
„wo man den Sieg erfochten hat, daß also das Über-
„springen von einer Linie und Richtung auf die an-
„dere nur als ein nothwendiges Übel betrachtet werden
„kann; daß die Berechtigung zum Umgehen nur von
„der Überlegenheit überhaupt, oder von der Überlegen-
„heit der eigenen Verbindungs- und Rückzugslinie,
„über die des Gegners entstehen kann; daß Flanken-
„stellungen also auch durch dieselben Verhältnisse be-
„dingt werden; daß sich jeder Angriff im Vorge-
„hen schwächt.“

Vorrede des Verfassers.

Daß der Begriff des Wissenschaftlichen nicht allein oder hauptsächlich im System und seinem fertigen Lehrgebäude besteht, bedarf heutigen Tages keiner Auseinandersetzung. — System ist in dieser Darstellung auf der Oberfläche gar nicht zu finden, und statt eines fertigen Lehrgebäudes sind es Nichts als Werkstücke.

Die wissenschaftliche Form liegt in dem Bestreben, das Wesen der kriegerischen Erscheinungen zu erforschen, ihre Verbindung mit der Natur der Dinge, aus denen sie zusammengesetzt sind, zu zeigen. Nirgend ist der philosophischen Konsequenz ausgewichen, wo sie aber in einem gar zu dünnen Faden ausläuft, hat der Verfasser es vorgezogen ihn abzureißen und an die entsprechenden Erscheinungen der Erfahrung wieder anzuknüpfen; denn so wie manche Pflanzen nur Früchte tragen, wenn sie nicht zu hoch in den Stengel schießen, so müssen in praktischen Künsten die theoretischen Blätter und Blumen nicht zu hoch getrieben, sondern der Erfahrung, ihrem eigenthümlichen Boden, nahe gehalten werden.

Unstreitig wäre es ein Fehler, aus den chemischen Bestandtheilen des Weizenkorns die Gestalt der Ähre erforschen zu wollen, die es treibt, da man nur auf's Feld zu gehen braucht, um die Ähren fertig zu sehen. Untersuchung und Beobachtung, Philosophie und Erfahrung dürfen nie einander verachten noch ausschließen; sie leisten einander gegenseitige Bürgschaft. Die Sätze dieses Buchs stützen sich daher mit dem kurzen Gewölbe ihrer innern Nothwendigkeit entweder auf die Erfahrung oder auf den Begriff des Krieges selbst, als einen äußern Punkt, und entbehren also der Widerlagen nicht *).

Es ist vielleicht nicht unmöglich eine systematische Theorie des Krieges voll Geist und Gehalt zu schreiben, unsere bisherigen aber sind weit davon entfernt. Ihres unwissenschaftlichen Geistes gar nicht zu gedenken, strotzen sie, in dem Bestreben nach dem Zusammenhang und der Vollständigkeit des Systems, von Alltäglichkeiten, Gemeinsprüchen und Salbadereien

---

*) Daß dies bei vielen militairischen Schriftstellern, besonders solchen, die den Krieg selbst wissenschaftlich behandeln wollten, nicht der Fall ist, beweisen die vielen Beispiele, wo in ihrem Raisonnement das pro et contra sich gegenseitig so verschlingen, daß nicht einmal, wie bei den beiden Löwen, die Schwänze übrig bleiben.

aller Art. Will man ein treffendes Bild davon, so lese man Lichtenberg's Auszug aus einer Feuerverordnung:

„Wenn ein Haus brennt, so muß man vor allen „Dingen die rechte Wand des zur Linken stehenden „Hauses, und hingegen die linke Wand des zur Rech-„ten stehenden Hauses zu decken suchen; denn wenn „man zum Exempel die linke Wand des zur Linken „stehenden Hauses decken wollte, so liegt ja die rechte „Wand des Hauses der linken Wand zur Rechten, „und folglich, da das Feuer auch dieser Wand und „der rechten Wand zur Rechten liegt (denn wir ha-„ben ja angenommen, daß das Haus dem Feuer zur „Linken liege), so liegt die rechte Wand dem Feuer „näher als die linke, und die rechte Wand des Hau-„ses könnte abbrennen, wenn sie nicht gedeckt würde, „ehe das Feuer an die linke, die gedeckt wird, käme; „folglich könnte Etwas abbrennen das man nicht deckt, „und zwar eher, als etwas Anderes abbrennen würde, „auch wenn man es nicht deckte; folglich muß man „dieses lassen, und jenes decken. Um sich die Sache „zu imprimiren, darf man nur merken: wenn das Haus „dem Feuer zur Rechten liegt, so ist es die linke „Wand, und liegt das Haus zur Linken, so ist es die „rechte Wand."

Um mit solchen Gemeinsprüchen den Leser von Geist nicht zurückzuschrecken, und das wenige Gute durch den wäßrigen Aufguß unschmackhaft zu machen, hat der Verfasser es vorgezogen, was vieljähriges Nachdenken über den Krieg, der Umgang mit gescheuten Leuten, die ihn kannten, und manche eigene Erfahrung in ihm hervorriefen und feststellten, in kleinen Körnern gediegenen Metalls zu geben. So sind die äußerlich nur schwach verbundenen Kapitel dieses Buchs entstanden, denen es doch hoffentlich nicht an innerm Zusammenhange fehlt. Vielleicht erscheint bald ein größerer Kopf, der statt dieser einzelnen Körner das Ganze in einem Guß gediegenen Metalls ohne Schlacken giebt. —

Inhalt.

Viertes Buch.

Das Gefecht.

Erstes Buch.

Über die Natur des Krieges.

———

Erstes Kapitel.

Was ist der Krieg.

———

1. Einleitung.

Wir denken die einzelnen Elemente unseres Gegenstandes, dann die einzelnen Theile oder Glieder desselben, und zuletzt das Ganze in seinem innern Zusammenhange zu betrachten, also vom Einfachen zum Zusammengesetzten fortzuschreiten. Aber es ist hier mehr als irgendwo nöthig, mit einem Blick auf das Wesen des Ganzen anzufangen, weil hier mehr als irgendwo mit dem Theile auch zugleich immer das Ganze gedacht werden muß.

2. Definition.

Wir wollen hier nicht erst in eine schwerfällige publizistische Definition des Krieges hineinsteigen, sondern uns an das Element desselben halten, an den Zweikampf. Der Krieg ist nichts als ein erweiterter Zweikampf. Wollen wir uns die Unzahl der einzelnen Zweikämpfe aus denen er besteht als Einheit denken, so thun wir besser uns zwei Ringende vorzustellen. Jeder sucht den Andern durch phisische Gewalt zur Erfüllung seines Willens zu zwingen; sein nächster Zweck ist, den Gegner niederzuwerfen und dadurch zu jedem fernern Widerstand unfähig zu machen.

1*

Der Krieg ist also ein Akt der Gewalt um den Gegner zur Erfüllung unseres Willens zu zwingen.

Die Gewalt rüstet sich mit den Erfindungen der Künste und Wissenschaften aus, um der Gewalt zu begegnen. Unmerkliche, kaum nennenswerthe Beschränkungen, die sie sich selbst setzt unter dem Namen völkerrechtlicher Sitte, begleiten sie, ohne ihre Kraft wesentlich zu schwächen. Gewalt, d. h. die phisische Gewalt (denn eine moralische giebt es außer dem Begriffe des Staates und Gesetzes nicht) ist also das Mittel; dem Feinde unseren Willen aufzudringen, der Zweck. Um diesen Zweck sicher zu erreichen müssen wir den Feind wehrlos machen, und dieß ist dem Begriff nach das eigentliche Ziel der kriegerischen Handlung. Es vertritt den Zweck und verdrängt ihn gewissermaaßen als etwas nicht zum Kriege selbst Gehöriges.

3. Äußerste Anwendung der Gewalt.

Nun könnten menschenfreundliche Seelen sich leicht denken, es gebe ein künstliches Entwaffnen oder Niederwerfen des Gegners ohne zu viel Wunden zu verursachen, und das sei die wahre Tendenz der Kriegskunst. Wie gut sich das auch ausnimmt, so muß man doch diesen Irrthum zerstören, denn in so gefährlichen Dingen, wie der Krieg eins ist, sind die Irrthümer welche aus Gutmüthigkeit entstehen grade die Schlimmsten. Da der Gebrauch der phisischen Gewalt in ihrem ganzen Umfange die Mitwirkung der Intelligenz auf keine Weise ausschließt, so muß der, welcher sich dieser Gewalt rücksichtslos, ohne Schonung des Blutes bedient, ein Übergewicht bekommen, wenn der Gegner es nicht thut. Dadurch giebt er dem Andern das

Gesetz, und so steigern sich beide bis zum Äußersten, ohne daß es andere Schranken gäbe als die der innwohnenden Gegengewichte.

So muß man die Sache ansehen, und es ist ein unnützes, selbst verkehrtes Bestreben, aus Widerwillen gegen das rohe Element, die Natur desselben außer Acht zu lassen.

Sind die Kriege gebildeter Völker viel weniger grausam und zerstörend als die der ungebildeten, so liegt das in dem gesellschaftlichen Zustande, sowohl der Staaten in sich, als unter sich. Aus diesem Zustande und seinen Verhältnissen geht der Krieg hervor, durch ihn wird er bedingt, eingeengt, ermäßigt: aber diese Dinge gehören ihm nicht selbst an, sind ihm nur ein Gegebenes, und nie kann in die Philosophie des Krieges selbst ein Prinzip der Ermäßigung hineingetragen werden, ohne eine Absurdität zu begehen.

Der Kampf zwischen Menschen besteht eigentlich aus zwei verschiedenen Elementen, dem feindseligen Gefühl und der feindseligen Absicht. Wir haben das letztere dieser beiden Elemente zum Merkmal unserer Definition gewählt, weil es das allgemeine ist. Man kann sich auch die roheste, an Instinkt gränzende Leidenschaft des Hasses nicht ohne feindliche Absicht denken, dagegen giebt es viele feindselige Absichten die von gar keiner, oder wenigstens von keiner vorherrschenden Feindschaft der Gefühle begleitet sind. Bei rohen Völkern herrschen die dem Gemüth, bei Gebildeten die dem Verstande angehörenden Absichten vor; allein dieser Unterschied liegt nicht in dem Wesen von Roheit und Bildung selbst, sondern in den sie begleitenden Umständen, Einrichtungen u. s. w.: er ist also nicht nothwendig in jedem einzelnen Fall, sondern er beherrscht nur die Mehrheit der Fälle, mit einem Wort: auch die gebildesten Völker können gegeneinander leidenschaftlich entbrennen.

Man sieht hieraus wie unwahr man sein würde, wenn man den Krieg der Gebildeten auf einen bloßen Verstandes-Akt der Regierungen zurückführen, und ihn sich immer mehr als von aller Leidenschaft loslassend denken wollte, so daß er zuletzt die phisischen Massen der Streitkräfte nicht wirklich mehr brauchte, sondern nur ihre Verhältnisse, eine Art Algebra des Handelns.

Die Theorie fing schon an sich in dieser Richtung zu bewegen, als die Erscheinungen der letzten Kriege sie eines Bessern belehrten. Ist der Krieg ein Akt der Gewalt, so gehört er nothwendig auch dem Gemüth an. Geht er nicht davon aus, so führt er doch darauf mehr oder weniger zurück, und dieses Mehr oder Weniger hängt nicht von dem Grade der Bildung, sondern von der Wichtigkeit und Dauer der feindseligen Interessen ab.

Finden wir also daß gebildete Völker den Gefangenen nicht den Tod geben, Stadt und Land nicht zerstören, so ist es, weil sich die Intelligenz in ihre Kriegführung mehr mischt, und ihnen wirksamere Mittel zur Anwendung der Gewalt gelehrt hat, als diese rohen Äußerungen des Instinkts.

Die Erfindung des Pulvers, die immer weitergehende Ausbildung des Feuergewehrs, zeigen schon hinreichend, daß die, in dem Begriff des Krieges liegende, Tendenz zur Vernichtung des Gegners, auch faktisch, durch die zunehmende Bildung, keineswegs gestört oder abgelenkt worden ist.

Wir wiederholen also unsern Satz: der Krieg ist ein Akt der Gewalt und es giebt in der Anwendung derselben keine Gränzen; so giebt jeder dem Andern das Gesetz, es

entsteht eine Wechselwirkung, die, dem Begriff nach, zum
Äußersten führen muß. Dieß ist die erste Wechselwirkung und das erste Äußerste worauf wir stoßen.

4. Das Ziel ist den Feind wehrlos zu machen.

Wir haben gesagt: den Feind wehrlos zu machen sei
das Ziel des kriegerischen Akts, und wir wollen nun zeigen daß dies, wenigstens in der theoretischen Vorstellung,
nothwendig ist.

Wenn der Gegner unsern Willen erfüllen soll, so
müssen wir ihn in eine Lage versetzen, die nachtheiliger ist
als das Opfer welches wir von ihm fordern; die Nachtheile dieser Lage dürfen aber natürlich, wenigstens dem
Anscheine nach, nicht vorübergehend sein, sonst würde der
Gegner den bessern Zeitpunkt abwarten, und nicht nachgeben.
Jede Veränderung dieser Lage, welche durch die fortgesetzte
kriegerische Thätigkeit hervorgebracht wird, muß also zu
einer noch nachtheiligeren führen, wenigstens in der
Vorstellung. Die schlimmste Lage in die ein Kriegführender
kommen kann, ist die gänzlicher Wehrlosigkeit. Soll also
der Gegner zur Erfüllung unseres Willens, durch den kriegerischen Akt, gezwungen werden: so müssen wir ihn entweder faktisch wehrlos machen, oder in einen Zustand versetzen, daß er nach Wahrscheinlichkeit damit bedroht sei.
Hieraus folgt: daß die Entwaffnung, oder das Niederwerfen des Feindes, wie man es nennen will, immer das
Ziel des kriegerischen Aktes sein muß.

Nun ist der Krieg nicht das Wirken einer lebendigen
Kraft auf eine todte Masse, sondern, weil ein absolutes
Leiden kein Kriegführen sein würde, so ist er immer der
Stoß zweier lebendigen Kräfte gegeneinander, und was

wir von dem letzten Ziel der kriegerischen Handlung gesagt haben, muß von beiden Theilen gedacht werden. Hier ist also wieder Wechselwirkung. So lange ich den Gegner nicht niedergeworfen habe, muß ich fürchten daß er mich niederwirft, ich bin also nicht mehr Herr meiner, sondern er giebt mir das Gesetz wie ich es ihm gebe. Dies ist die zweite Wechselwirkung die zum zweiten Äußersten führt.

[Zweite Wechselwirkung.]

5. Äußerste Anstrengung der Kräfte.

Wollen wir den Gegner niederwerfen, so müssen wir unsere Anstrengung nach seiner Widerstandskraft abmessen; diese drückt sich durch ein Produkt aus, dessen Faktoren sich nicht trennen lassen, nämlich: die Größe der vorhandenen Mittel, und die Stärke der Willenskraft.

Die Größe der vorhandenen Mittel würde sich bestimmen lassen, da sie (wiewohl doch nicht ganz) auf Zahlen beruht, aber die Stärke der Willenskraft läßt sich viel weniger bestimmen, und nur etwa nach der Stärke des Motivs schätzen. Gesetzt wir bekämen auf diese Weise eine erträgliche Wahrscheinlichkeit für die Widerstandskraft, des Gegners, so können wir darnach unsere Anstrengungen abmessen, und diese entweder so groß machen daß sie überwiegen, oder im Fall dazu unser Vermögen nicht hinreicht, so groß wie möglich. Aber dasselbe thut der Gegner; also neue gegenseitige Steigerung, die in der bloßen Vorstellung wieder das Bestreben zum Äußersten haben muß. Dieß ist die dritte Wechselwirkung und ein drittes Äußerstes worauf wir stoßen.

[Dritte Wechselwirkung.]

6. Modifikationen in der Wirklichkeit.

So findet in dem abstrakten Gebiet des bloßen Begriffs der überlegende Verstand nirgends Ruhe, bis er an dem Äußersten angelangt ist, weil er es mit einem Äußersten zu thun hat, mit einem Conflikt von Kräften die sich selbst überlassen sind, und die keinen andern Gesetzen folgen als ihren innern; wollten wir also aus dem bloßen Begriffe des Krieges einen absoluten Punkt für das Ziel welches wir aussehen, und für die Mittel welche wir anwenden sollen, ableiten: so würden wir bei den beständigen Wechselwirkungen zu Extremen gerathen, die nichts als ein Spiel der Vorstellungen wären, hervorgebracht durch einen kaum sichtbaren Faden logischer Spitzfindigkeit. Wenn man, fest an das Absolute haltend, alle Schwierigkeiten mit einem Federstrich umgehen, und mit logischer Strenge darin beharren wollte: daß man sich jederzeit auf das Äußerste gefaßt machen, und jedesmal die äußerste Anstrengung daran setzen müsse, so würde ein solcher Federstrich ein bloßes Büchergesetz sein, und keins für die wirkliche Welt.

Gesetzt auch jenes Äußerste der Anstrengungen wäre ein Absolutes, was leicht gefunden werden könnte, so muß man doch gestehen, daß der menschliche Geist sich dieser logischen Träumerei schwerlich unterordnen würde. Es würde in manchen Fällen ein unnützer Kraftaufwand entstehen, welcher in andern Grundsätzen der Regierungskunst ein Gegengewicht finden müßte; eine Anstrengung des Willens würde erfordert werden, die mit dem vorgesetzten Zweck nicht im Gleichgewicht stände, und also nicht ins Leben gerufen werden könnte, denn der menschliche Wille erhält seine Stärke nie durch logische Spitzfindigkeiten.

Anders aber gestaltet sich alles, wenn wir aus der Abstraktion in die Wirklichkeit übergehen. Dort mußte alles dem Optimismus unterworfen bleiben, und wir mußten uns den Einen wie den Andern denken, nicht bloß nach dem Vollkommenen strebend, sondern auch es erreichend. Wird dies jemals in der Wirklichkeit auch so sein? Es würde so sein wenn:

1. der Krieg ein ganz isolirter Akt wäre der urplötzlich entstünde und nicht mit dem frühern Staatsleben zusammenhinge,
2. wenn er aus einer einzigen, oder aus einer Reihe gleichzeitiger Entscheidungen bestünde.
3. wenn er eine in sich vollendete Entscheidung enthielte, und nicht der politische Zustand welcher ihm folgen wird, durch den Kalkül schon auf ihn zurückwirkte.

7. Der Krieg ist nie ein isolirter Akt.

Was den ersten Punkt betrifft, so ist jeder der beiden Gegner dem Andern keine abstrakte Person, auch für denjenigen Faktor im Widerstandsprodukt, der nicht auf äußere Dinge beruht, nämlich den Willen. Dieser Wille ist kein ganz Unbekanntes; er thut sich kund für das was er morgen sein wird, in dem was er heute war. Der Krieg entsteht nicht urplötzlich; seine Verbreitung ist nicht das Werk eines Augenblicks, es kann also jeder der beiden Gegner den Andern großentheils schon aus dem beurtheilen was er ist, was er thut, nicht nach dem was er strenge genommen, sein und thun müßte. Nun bleibt aber der Mensch mit seiner unvollkommenen Organisation immer hinter der Linie des Absolut-Besten zurück, und so werden diese, von beiden Seiten in Wirksamkeit tretende Mängel ein ermäßigendes Prinzip.

8. **Er besteht nicht aus einem einzigen Schlag ohne Dauer.**

Der zweite Punkt giebt uns zu folgenden Betrachtungen Veranlassung.

Wäre die Entscheidung im Kriege eine einzige, oder eine Reihe Gleichzeitiger, so müßten natürlich alle Vorbereitungen zu derselben die Tendenz zum Äußersten bekommen, denn ein Versäumniß ließe sich auf keine Weise wieder einbringen, es würden also aus der wirklichen Welt höchstens die Vorbereitungen des Gegners, so weit sie uns bekannt sind, einen Maaßstab für uns abgeben können, und alles Übrige fiele wieder der Abstraktion anheim. Besteht aber die Entscheidung aus mehreren successiven Akten, so kann natürlich der vorhergehende mit allen seinen Erscheinungen, am nachfolgenden ein Maaß werden, und auf diese Weise tritt auch hier die wirkliche Welt an die Stelle des Abstrakten, und ermäßigt so das Bestreben nach dem Äußersten.

Nun würde aber jeder Krieg nothwendig in einer einzigen Entscheidung, oder in einer Reihe gleichzeitiger enthalten sein müssen, wenn die zum Kampf bestimmten Mittel alle zugleich aufgeboten würden oder sich aufbieten ließen; denn da eine nachtheilige Entscheidung die Mittel nothwendig vermindert, so kann, wenn sie in der ersten alle angewendet worden sind, eine zweite eigentlich nicht mehr gedacht werden. Alle kriegerischen Akte die nachfolgen könnten, gehörten dem ersten wesentlich zu, und bildeten eigentlich nur seine Dauer.

Allein wir haben gesehen, daß schon bei den Vorbereitungen zum Kriege die wirkliche Welt an die Stelle des bloßen Begriffs, ein wirkliches Maaß an die Stelle einer äußersten Voraussetzung tritt, also schon darum werden beide Gegner in ihrer Wechselwirkung, hinter der Linie einer äußersten Anstrengung zurückbleiben, und also nicht sogleich alle Kräfte aufgeboten werden.

Aber es liegt auch in der Natur dieser Kräfte und ihrer Anwendung, daß sie nicht alle zugleich in Wirksamkeit treten können. Diese Kräfte sind: die eigentlichen Streitkräfte, das Land mit seiner Oberfläche und Bevölkerung, und die Bundesgenossen.

Das Land mit seiner Oberfläche und Bevölkerung macht nämlich, außerdem daß es der Quell aller eigentlichen Streitkräfte ist, auch noch für sich einen integrirenden Theil der im Kriege wirksamen Größen aus, und zwar nur mit dem Theile der zum Kriegstheater gehört, oder einen merklichen Einfluß darauf hat.

Nun kann man wohl alle beweglichen Streitkräfte gleichzeitig wirken lassen, aber nicht alle Festungen, Ströme, Gebirge, Einwohner u. s. w., kurz nicht das ganze Land, wenn dieses nicht so klein ist, daß es von dem ersten Akt des Krieges ganz umfaßt wird. Ferner ist die Mitwirkung der Bundesgenossenschaft nicht von dem Willen der Kriegführenden abhängig, und es liegt in der Natur der Staatenverhältnisse, daß sie häufig erst später eintritt, oder sich verstärkt, zur Herstellung des verlorenen Gleichgewichts.

Daß dieser Theil der Widerstandskräfte welche nicht sogleich in Wirksamkeit gesetzt werden können, in manchen Fällen einen viel größern Theil des Ganzen ausmacht als man auf den ersten Blick glauben sollte, und daß dadurch, selbst da wo die erste Entscheidung mit einer großen Gewalt gegeben, und also das Gleichgewicht der Kräfte sehr gestört worden ist, dieses doch wieder hergestellt werden kann, wird in der Folge näher entwickelt werden. Hier genügt es uns zu zeigen, daß der Natur des Krieges eine vollkommene Vereinigung der

Kräfte in der Zeit entgegen ist. Nun könnte dieß an und für sich kein Grund sein, die Steigerung der Anstrengungen für die erste Entscheidung zu ermäßigen, weil eine ungünstige Entscheidung immer ein Nachtheil ist, dem man sich nicht absichtlich aussetzen wird, und weil die erste Entscheidung, wenn sie auch nicht die einzige bleibt, doch um so mehr Einfluß auf die folgenden haben wird, je größer sie gewesen ist; allein die Möglichkeit einer spätern Entscheidung macht, daß der menschliche Geist sich in seiner Scheu vor allzugroßen Anstrengungen da hinein flüchtet, also bei der ersten Entscheidung, die Kräfte nicht in dem Maaß sammelt und anstrengt wie sonst geschehen sein würde. Was jeder der beiden Gegner aus Schwäche unterläßt, wird für den Andern ein wahrer objektiver Grund der Ermäßigung, und so wird, durch diese Wechselwirkung, wieder das Streben nach dem Äußersten auf ein bestimmtes Maaß der Anstrengung znrückgeführt.

9. Der Krieg ist mit seinem Resultat nie etwas Absolutes.

Endlich ist selbst die Totalentscheidung eines ganzen Krieges nicht immer für eine absolute anzusehen, sondern der erliegende Staat sieht darin oft nur ein vorübergehendes Übel, für welches, in den politischen Verhältnissen späterer Zeiten, noch eine Abhilfe gewonnen werden kann. Wie sehr auch dies die Gewaltsamkeit der Spannung und die Heftigkeit der Kraftanstrengung mäßigen muß, versteht sich von selbst.

10. Die Wahrscheinlichkeiten des wirklichen Lebens treten an die Stelle des Äußersten und Absoluten der Begriffe.

Auf diese Weise wird dem ganzen kriegerischen Akte das strenge Gesetz der nach dem Äußersten getriebenen Kräfte genommen. Wird das Äußerste nicht mehr gefürchtet und nicht mehr gesucht, so bleibt dem Urtheil überlassen, statt seiner, die Gränzen für die Anstrengungen festzustellen, und dies kann nur aus den Datis welche die Erscheinungen der wirklichen Welt darbieten, nach Wahrscheinlichkeits-Gesetzen geschehen. Sind die beiden Gegner nicht mehr bloße Begriffe, sondern individuelle Staaten und Regierungen, ist der Krieg nicht mehr ein idealer, sondern ein sich eigenthümlich gestaltender Verlauf der Handlung: so wird das wirklich Vorhandene die Data abgeben für das Unbekannte, zu Erwartende, was gefunden werden soll.

Aus dem Charakter, den Einrichtungen, dem Zustande, den Verhältnissen des Gegners, wird jeder der beiden Theile, nach Wahrscheinlichkeits-Gesetzen, auf das Handeln des andern schließen, und danach das seinige bestimmen.

11. Nun tritt der politische Zweck wieder hervor.

Hier drängt sich nun von selbst ein Gegenstand von Neuem in die Betrachtung den wir (s. Nr. 2.) daraus entfernt hatten: es ist der politische Zweck des Krieges. Das Gesetz des Äußersten, die Absicht den Gegner wehrlos zu machen, ihn niederzuwerfen, hatte diesen Zweck bisher gewissermaßen verschlungen. So wie dieses Gesetz in seiner Kraft nachläßt, diese Absicht von ihrem Ziel zurücktritt, muß der politische Zweck des Krieges wieder hervortreten. Ist die ganze Betrachtung ein Wahrscheinlichkeits-Kalkül, aus bestimmten Personen und Verhältnissen hervorgehend, so muß der politische Zweck als das ursprüngliche Motiv ein sehr wesentlicher Faktor in diesem Produkt werden. Je kleiner das Opfer ist, welches wir von unserem Gegner fordern, um so geringer dürfen wir erwarten daß seine Anstrengungen sein werden es uns zu versagen. Je geringer aber diese sind, um so kleiner dürfen auch die unsrigen bleiben. Ferner, je kleiner unser politischer Zweck ist, um so geringer wird der Werth sein den wir auf ihn legen, um so eher werden wir uns gefallen lassen ihn aufzugeben: also um so kleiner werden auch aus diesem Grunde unsere Anstrengungen sein.

So wird also der politische Zweck, als das ursprüngliche Motiv des Krieges, das Maaß sein, sowohl für das Ziel welches durch den kriegerischen Akt erreicht werden muß, als für die Anstrengungen die erforderlich sind. Aber er wird dies nicht an und für sich sein können, sondern, weil wir es mit wirklichen Dingen zu thun haben, und nicht mit bloßen Begriffen, so wird er es in Beziehung auf die beiderseitigen Staaten sein. Ein und derselbe politische Zweck kann bei verschiedenen Völkern, oder selbst bei ein und demselben Volk, zu verschiedenen Zeiten, ganz verschiedene Wirkungen hervorbringen. Wir können also den politischen Zweck nur so als das Maaß gelten lassen, indem wir uns ihn in Einwirkungen auf die Massen denken die er bewegen soll, so daß also die Natur dieser Massen in Betrachtung kömmt. Daß dadurch das Resultat ein ganz anderes werden kann, je nachdem sich in den Massen Verstärkungs- oder Schwächungs-Prinzipe für die Handlung finden, ist leicht einzusehen. Es können in zwei Völkern und Staaten sich solche Spannungen, eine solche Summe feindseliger Elemente finden, daß ein an sich sehr geringes politisches Motiv des Krieges eine weit über seine Natur hinausgehende Wirkung, eine wahre Explosion hervorbringen kann.

Dieß gilt für die Anstrengungen welche der politische Zweck in beiden Staaten hervorrufen, und für das Ziel welches er der kriegerischen Handlung stecken soll. Zuweilen wird er selbst dieses Ziel sein können, z. B. die Eroberung einer gewissen Provinz. Zuweilen wird der politische Zweck selbst sich nicht dazu eignen das Ziel der kriegerischen Handlung abzugeben, dann muß ein solches genommen werden welches als ein Equivalent für ihn gelten, und beim Frieden ihn vertreten kann. Aber auch hierbei ist immer die Rücksicht auf die Eigenthümlichkeit der wirkenden Staaten vorausgesetzt. Es giebt Verhältnisse, wo das Equivalent viel größer sein muß, als der politische Zweck, wenn dieser damit errungen werden soll. Der politische Zweck wird als Maaß um so mehr vorherrschen und selbst entscheiden, je gleichgültiger sich die Massen verhalten, je geringer die Spannungen sind, die auch außerdem in beiden Staaten und ihren Verhältnissen sich finden, und so giebt es Fälle, wo er fast allein entscheidet.

Ist nun das Ziel des kriegerischen Aktes ein Equivalent für den politischen Zweck, so wird er im Allgemeinen mit diesem heruntergehen, und zwar um so mehr, je mehr dieser Zweck vorherrscht, und so erklärt es sich, wie, ohne innern Widerspruch, es Kriege mit allen Graden von Wichtigkeit und Energie geben kann, von dem Vernichtungskriege hinab bis zur bloßen bewaffneten Beobachtung. Dies führt uns aber zu einer Frage anderer Art die wir noch zu entwickeln und zu beantworten haben.

12. Ein Stillstand im kriegerischen Akt ist dadurch noch nicht erklärt.

Wie unbedeutend auch die politischen Forderungen beider Gegner sein mögen, wie schwach die aufgebotenen Mittel, wie

wie gering das Ziel, welches fie dem kriegerifchen Afte stecken, kann diefer Aft je einen Augenblick still stehen? Dies ist eine in das Wefen der Sache tief eindringende Frage.

Jede Handlung braucht zu ihrer Vollziehung eine ge= wiffe Zeit, die wir ihre Dauer nennen. Diefe kann größer oder kleiner fein, je nachdem der Handelnde, mehr oder weniger Eile hinein legt.

Um diefes Mehr oder Weniger wollen wir uns hier nicht bekümmern. Jeder macht die Sache auf feine Weife; der Langfame aber macht fie nicht darum langfamer weil er mehr Zeit darauf verbringen will, fondern weil er feiner Natur nach mehr Zeit braucht, und fie bei größerer Eile weniger gut machen würde. Diefe Zeit hängt alfo von innern Gründen ab, und gehört zur eigentlichen Dauer der Handlung.

Laffen wir nun im Kriege einer jeden Handlung diefe ihre Dauer, fo müffen wir, wenigstens auf den erften Blick, dafür halten, daß jeder Zeitaufwand außer diefer Dauer, d. h. jeder Stillstand im kriegerifchen Aft wider= finnig erfcheint. Wir müffen immer dabei nicht vergeffen, daß nicht von dem Fortfchreiten des einen oder andern der beiden Gegner fondern von dem Fortfchreiten des gan= zen kriegerifchen Aftes die Rede ist.

13. Es giebt nur einen Grund welcher das Handeln aufhal= ten kann, und diefer fcheint immer nur auf einer Seite fein zu können.

Haben beide Theile fich zum Kampf gerüstet, fo muß ein feindfeliges Prinzip fie dazu vermocht haben, fo lange fie nun gerüstet bleiben, d. h. nicht Frieden fchließen, muß diefes Prinzip vorhanden fein, und es kann bei jedem der beiden Gegner nur unter einer einzigen Bedingung ruhen, nämlich: einen günstigeren Zeitpunkt des Handelns abwarten zu wollen. Nun scheint es auf den ersten Blick, daß diese Bedingung immer nur auf einer Seite vorhanden sein könne, weil sie eo ipso auf der andern zum Gegentheil wird. Hat der eine das Interesse des Handelns, so muß der andere das Interesse des Abwartens haben.

Ein völliges Gleichgewicht der Kräfte kann einen Stillstand nicht hervorbringen, denn bei einem Solchen müßte der, welcher den positiven Zweck hat (der Angreifende) der Vorschreitende bleiben.

Wollte man sich aber das Gleichgewicht so denken, daß derjenige welcher den positiven Zweck, also das stärkere Motiv hat, zugleich über die geringeren Kräfte gebietet, so daß die Gleichung aus dem Produkt von Motiv und Kräften entstände, so müßte man immer noch sagen: wenn für diesen Zustand des Gleichgewichts keine Veränderung vorher zu sehen ist, so müssen beide Theile Frieden machen; ist sie aber vorher zu sehen, so wird sie nur dem einen günstig sein und dadurch also der andere zum Handeln bewogen werden müssen. Wir sehen daß der Begriff des Gleichgewichts den Stillstand nicht erklären kann, sondern daß es doch wieder auf das Abwarten eines günstigeren Augenblicks hinausläuft. Gesetzt also, von zwei Staaten habe der eine einen positiven Zweck; er will eine Provinz des Gegners erobern um sie beim Frieden geltend zu machen. Nach dieser Eroberung ist sein politischer Zweck erfüllt, das Bedürfniß des Handelns hört auf, für ihn tritt Ruhe ein. Will der Gegner sich auch bei diesem Erfolg beruhigen, so muß er Frieden schließen, will er dies nicht, so muß er handeln; nun läßt sich denken daß er in vier Wochen mehr dazu organisirt sein wird, er hat also einen hinlänglichen Grund das Handeln zu verschieben.

Von dem Augenblick an aber, so scheint es, fällt die logische Verpflichtung des Handelns dem Gegner zu, damit dem Besiegten nicht Zeit gelassen werde sich zum Handeln auszurüsten. Es versteht sich, daß hierbei eine vollkommene Einsicht des Falles von beiden Seiten vorausgesetzt wird.

14. Dadurch würde eine Continuität in das kriegerische Handeln kommen die alles wieder steigerte.

Wäre diese Continuität des kriegerischen Aktes wirklich vorhanden, so würde durch sie wieder alles zum Äußersten getrieben werden, denn abgesehen davon, daß eine solche rastlose Thätigkeit die Gemüthskräfte mehr entflammen, und dem Ganzen einen höheren Grad von Leidenschaft, eine größere Elementarkraft geben würde, so würde auch durch die Continuität des Handelns, eine strengere Folge, eine ungestörtere Causal-Verbindung entstehen, und damit jede einzelne Handlung bedeutender und also gefahrvoller werden.

Aber wir wissen, daß die kriegerische Handlung selten oder nie diese Continuität hat, und daß es eine Menge von Kriegen giebt wo das Handeln bei weitem den geringsten Theil der angewendeten Zeit einnimmt, und der Stillstand den ganzen übrigen. Dies kann unmöglich immer eine Anomalie, und der Stillstand im kriegerischen Akt muß möglich, d. h. kein Widerspruch in sich sein. Daß, und wie es so ist wollen wir jetzt zeigen.

2*

15. Hier wird also ein Prinzip der Polarität
in Anspruch genommen.

Indem wir das Interesse des einen Feldherrn immer
in entgegengesetzter Größe bei dem andern gedacht haben,
haben wir eine wahre Polarität angenommen. Wir behalten uns vor, diesem Prinzip in der Folge ein eigenes Kapitel zu widmen, müssen aber hier Folgendes darüber sagen.

Das Prinzip der Polarität ist nur gültig, wenn diese
an ein und demselben Gegenstand gedacht wird, wo die
positive Größe und ihr Gegensatz, die negative, sich genau
vernichten. In einer Schlacht will jeder der beiden Theile
siegen; das ist wahre Polarität, denn der Sieg des einen
vernichtet den des andern. Wenn aber von zwei verschiedenen Dingen die Rede ist, die eine gemeinschaftliche Beziehung außer sich haben, so haben nicht diese Dinge,
sondern ihre Beziehungen die Polarität.

16. Angriff und Vertheidigung sind Dinge von verschiedener Art, und von ungleicher Stärke, die Polarität
kann also nicht auf sie angewendet werden.

Gäbe es nur eine Form des Krieges, nämlich den Anfall des Gegners, also keine Vertheidigung, oder mit anderen Worten, unterschiede sich der Angriff von der Vertheidigung bloß durch das positive Motiv, welches jener
hat und diese entbehrt, der Kampf wäre aber immer ein
und derselbe: so würde in diesem Kampfe jeder Vortheil
des Einen, immer ein eben so großer Nachtheil des Andern sein, und es wäre Polarität vorhanden.

Allein die kriegerische Thätigkeit zerfällt in zwei Formen, Angriff und Vertheidigung, die, wie wir in der Folge
sächlich darthun werden, sehr verschieden und von ungleicher Stärke sind. Die Polarität liegt also in dem, worauf

sich beide beziehen, in der Entscheidung, aber nicht im Angriff und der Vertheidigung selbst. Will der eine Feldherr die Entscheidung später, so muß der andere sie früher wollen, aber freilich nur bei derselben Form des Kampfes. Hat A das Interesse, seinen Gegner nicht jetzt sondern vier Wochen später anzugreifen, so hat B das Interesse nicht vier Wochen später, sondern jetzt von ihm angegriffen zu werden. Dies ist der unmittelbare Gegensatz; daraus folgt aber nicht daß B das Interesse hätte A jetzt gleich anzugreifen, welches offenbar etwas ganz Verschiedenes ist.

17. Die Wirkung der Polarität wird oft durch die Überlegenheit der Vertheidigung über den Angriff vernichtet, und so erklärt sich der Stillstand des kriegerischen Akts.

Ist die Form der Vertheidigung stärker als die des Angriffs, wie wir in der Folge zeigen werden, so frägt es sich, ob der Vortheil der spätern Entscheidung bei dem Einen so groß ist, wie der Vortheil der Vertheidigung bei dem Andern; wo das nicht ist, da kann er auch nicht vermittelst seines Gegensatzes diesen aufwiegen, und so auf das Fortschreiten des kriegerischen Aktes wirken. Wir sehen also daß die anregende Kraft, welche die Polarität der Interessen hat, sich in dem Unterschied der Stärke von Angriff und Vertheidigung verlieren, und dadurch unwirksam werden kann.

Wenn also derjenige, für welchen die Gegenwart günstig ist, zu schwach ist, um den Vortheil der Vertheidigung entbehren zu können, so muß er sich gefallen lassen der ungünstigeren Zukunft entgegen zu gehen, denn es kann immer noch besser sein, sich in dieser ungünstigen Zukunft vertheidigend zu schlagen, als jetzt angreifend, oder als

Frieden zu schließen. Da nun nach unserer Überzeugung die Überlegenheit der Vertheidigung (richtig verstanden) sehr groß, und viel größer ist, als man sich beim ersten Anblick denkt: so erklärt sich daraus ein sehr großer Theil der Stillstands-Perioden welche im Kriege vorkommen, ohne daß man genöthigt ist, dabei auf einen innern Widerspruch zu schließen. Je schwächer die Motive des Handelns sind, um so mehr werden ihrer, von diesem Unterschied von Angriff und Vertheidigung, verschlungen und neutralisirt werden, um so häufiger also wird der kriegerische Akt inne halten; wie die Erfahrung dies auch lehrt.

18. Ein zweiter Grund liegt in der unvollkommenen Einsicht des Falles.

Aber es giebt noch einen andern Grund, welcher den kriegerischen Akt zum Stehen bringen kann, nämlich die unvollkommene Einsicht des Falles. Jeder Feldherr übersieht nur seine eigene Lage genau, die des Gegners nur nach ungewissen Nachrichten; er kann sich also in seinem Urtheil darüber irren und in Folge dieses Irrthums glauben, das Handeln sei am Gegner wenn es eigentlich an ihm ist. Dieser Mangel an Einsicht könnte nun zwar eben so oft ein unzeitiges Handeln als ein unzeitiges Innehalten veranlassen, und würde also an sich nicht mehr zur Verzögerung als zur Beschleunigung des kriegerischen Aktes beitragen; aber immer wird es als eine der natürlichen Ursachen betrachtet werden müssen, welche den kriegerischen Akt ohne inneren Widerspruch zum Stehen bringen können. Wenn man aber bedenkt, daß man immer viel mehr geneigt und veranlaßt ist, die Stärke seines Gegners zu hoch, als sie zu gering zu schätzen, weil es so in der menschlichen Natur ist, so wird man auch zugeben, daß die unvollkommene Einsicht des Falles im allgemeinen sehr dazu beitragen muß die kriegerische Handlung aufzuhalten und das Prinzip derselben zu ermäßigen.

Die Möglichkeit eines Stillstandes führt eine neue Ermäßigung in den kriegerischen Akt, indem sie denselben gewissermaßen mit Zeit verdünnt, die Gefahr in ihrem Schritte hemmt, und die Mittel zur Herstellung eines verlorenen Gleichgewichts vermehrt. Je größer die Spannungen sind aus denen der Krieg hervorgegangen, je größer also seine Energie ist, um so kürzer werden diese Stillstands-Perioden sein; je schwächer das kriegerische Prinzip ist, um so länger; denn die stärkern Motive vermehren die Willenskraft, und diese ist, wie wir wissen, jedesmal ein Faktor, ein Produkt der Kräfte.

19. Der häufige Stillstand im kriegerischen Akt entfernt den Krieg noch mehr vom Absoluten, macht ihn noch mehr zum Wahrscheinlichkeitskalkül.

Je langsamer aber der kriegerische Akt abläuft, je häufiger und länger er zum Stehen kömmt, um so eher wird es möglich einen Irrthum gut zu machen, um so dreister wird also der Handelnde in seinen Voraussetzungen, um so eher wird er damit hinter der Linie des Äußersten zurück bleiben, und alles auf Wahrscheinlichkeiten und Vermuthungen bauen. Was also die Natur des konkreten Falles an sich schon erfordert, einen Wahrscheinlichkeitskalkül nach den gegebenen Verhältnissen, dazu läßt der mehr oder weniger langsame Verlauf des kriegerischen Aktes mehr oder weniger Zeit.

20. Es fehlt also nur noch der Zufall, um ihn zum Spiel zu machen, und dessen entbehrt er am wenigsten.

Wir sehen hieraus, wie sehr die objektive Natur des Krieges ihn zu einem Wahrscheinlichkeitskalkül macht; nun

bedarf es nur noch eines einzigen Elementes um ihn zum
Spiel zu machen, und dieses Elementes entbehrt er gewiß nicht; es ist der Zufall. Es giebt keine menschliche
Thätigkeit, welche mit dem Zufall so beständig und so allgemein in Berührung stände, als der Krieg. Mit dem Zufall aber nimmt das Ungefähr, und mit ihm das Glück
ein großen Platz in ihm ein.

21. Wie durch seine objektive Natur, so wird der Krieg auch durch die subjektive zum Spiel.

Werfen wir nun einen Blick auf die subjektive
Natur des Krieges, d. h. auf diejenigen Kräfte, womit
er geführt werden muß, so muß er uns noch mehr als
ein Spiel erscheinen. Das Element, in welchem die kriegerische Thätigkeit sich bewegt, ist Gefahr; welche aber ist
in der Gefahr die vornehmste aller Seelenkräfte? der
Muth. Nun kann zwar Muth sich wohl mit kluger Berechnung vertragen, aber sie sind doch Dinge von verschiedener Art, gehören verschiedenen Seelenkräften an; dagegen sind Wagen, Vertrauen auf Glück, Kühnheit,
Verwegenheit, nur Äußerungen des Muthes, und alle
diese Richtungen der Seele suchen das Ungefähr, weil es
ihr Element ist.

Wir sehen also, wie von Hause aus das Absolute,
das sogenannte Mathematische, in den Berechnungen der
Kriegskunst, nirgends einen festen Grund findet und daß
gleich von vorn herein, ein Spiel von Möglichkeiten, Wahrscheinlichkeiten, Glück und Unglück hinein kömmt, welches
in allen großen und kleinen Fäden seines Gewebes fortläuft, und von allen Zweigen des menschlichen Thuns, den
Krieg dem Kartenspiel am nächsten stellt.

22. Wie dies dem menschlichen Geiste im Allgemeinen
am meisten zusagt.

Obgleich sich unser Verstand immer zur Klarheit und
Gewißheit hingedrängt fühlt, so fühlt sich doch unser Geist
oft von der Ungewißheit angezogen. Statt sich mit dem
Verstande auf dem engen Pfade philosophischer Untersuchung
und logischer Schlußfolgen durchzuwinden, um, seiner selbst
sich kaum bewußt, in Räumen anzukommen wo er sich
fremd fühlt, und wo ihn alle bekannten Gegenstände zu
verlassen scheinen; weilt er lieber mit der Einbildungskraft
im Reiche der Zufälle und des Glücks. Statt jener dürftigen Nothwendigkeit schwelgt er hier im Reichthum von
Möglichkeiten; begeistert davon, beflügelt sich der Muth,
und so wird Wagniß und Gefahr das Element, in welches er sich wirft, wie der muthige Schwimmer in den
Strom.

Soll die Theorie ihn hier verlassen? sich in absoluten
Schlüssen und Regeln selbstgefällig fortbewegen? dann ist
sie unnütz für's Leben. Die Theorie soll auch das Menschliche berücksichtigen, auch dem Muthe, der Kühnheit, selbst
der Verwegenheit soll sie ihren Platz gönnen. Die Kriegskunst hat es mit lebendigen und mit moralischen Kräften
zu thun, daraus folgt, daß sie nirgends das Absolute und
Gewisse erreichen kann; es bleibt also überall dem Ungefähr ein Spielraum, und zwar eben so groß bei dem Größten wie bei dem Kleinsten. Wie dieses Ungefähr auf der
einen Seite steht, muß Muth und Selbstvertrauen auf
die andere treten und die Lücke ausfüllen. So groß wie
diese sind, so groß darf der Spielraum für jenes werden.
Muth und Selbstvertrauen sind also dem Kriege ganz wesentliche Prinzipe; die Theorie soll folglich nur solche
Gesetze aufstellen in welchen sich jene nothwendigen und

edelsten der kriegerischen Tugenden in allen ihren Graden und Veränderungen frei bewegen können. Auch im Wagen giebt es noch eine Klugheit und eben so gut eine Vorsicht, nur daß sie nach einem andern Münzfuß berechnet sind.

23. Aber der Krieg bleibt doch immer ein ernsthaftes Mittel für einen ernsthaften Zweck. Nähere Bestimmungen desselben.

So ist der Krieg, so der Feldherr der ihn führt, so die Theorie die ihn regelt. Aber der Krieg ist kein Zeitvertreib, keine bloße Luft am Wagen und Gelingen, kein Werk einer freien Begeisterung; er ist ein ernstes Mittel für einen ernsten Zweck. Alles, was er von jenem Farbenspiel des Glückes an sich trägt, was er von den Schwingungen der Leidenschaften, des Muthes, der Phantasie, der Begeisterung in sich aufnimmt, sind nur Eigenthümlichkeiten dieses Mittels.

Der Krieg einer Gemeinheit — ganzer Völker — und namentlich gebildeter Völker, geht immer von einem politischen Zustande aus, und wird nur durch ein politisches Motiv hervorgerufen. Er ist also ein politischer Akt. Wäre er nun ein vollkommener, ungestörter, eine absolute Äußerung der Gewalt, wie wir ihn uns aus seinem bloßen Begriff ableiten mußten: so würde er von dem Augenblicke an, wo er durch die Politik hervorgerufen ist, an ihre Stelle treten, als etwas von ihr ganz Unabhängiges, sie verdrängen und nur seinen eigenen Gesetzen folgen, so wie eine Mine die sich entladet, keiner andern Richtung und Leitung mehr fähig ist, als die man ihr durch vorbereitende Einrichtungen gegeben. So hat man sich die Sache bisher auch wirklich gedacht, so oft ein Mangel an

Harmonie zwischen der Politik und Kriegführung zu theoretischen Unterscheidungen der Art geführt hat. Allein so ist es nicht, und diese Vorstellung ist eine grundfalsche. Der Krieg der wirklichen Welt ist, wie wir gesehen haben, kein solches Äußerstes was seine Spannung in einer einzigen Entladung löst, sondern er ist das Wirken von Kräften, die nicht vollkommen gleichartig und gleichmäßig sich entwickeln, sondern die jetzt hinreichend aufschwellen, um den Widerstand zu überwinden den die Trägheit und die Friktion ihr entgegenstellen, ein Anderesmal aber zu schwach sind, um eine Wirkung zu äußern; so ist er gewissermaßen ein Pulsiren der Gewaltsamkeit, mehr oder weniger heftig, folglich mehr oder weniger schnell die Spannungen lösend, und die Kräfte erschöpfend; mit andern Worten: mehr oder weniger schnell an's Ziel führend, immer aber lange genug dauernd, um auch noch in seinem Verlauf Einfluß darauf zu gestatten, damit ihm diese oder jene Richtung gegeben werden könne, kurz, um dem Willen einer leitenden Intelligenz unterworfen zu bleiben. Bedenken wir nun, daß der Krieg von einem politischen Zweck ausgeht, so ist es natürlich, daß dieses erste Motiv, welches ihn ins Leben gerufen hat, auch die erste und höchste Rücksicht bei seiner Leitung bleibt. Aber der politische Zweck ist deshalb kein despotischer Gesetzgeber, er muß sich der Natur des Mittels fügen, und wird dadurch oft ganz verändert, aber immer ist er das, was zuerst in Erwägung gezogen werden muß. Die Politik also, wird den ganzen kriegerischen Akt durchziehen, und einen fortwährenden Einfluß auf ihn ausüben, so weit es die Natur der in ihm explodirenden Kräfte zuläßt.

24. Der Krieg ist eine bloße Fortsetzung der Politik mit andern Mitteln.

So sehen wir also, daß der Krieg nicht bloß ein politischer Akt, sondern ein wahres politisches Instrument ist, eine Fortsetzung des politischen Verkehrs, ein Durchführen desselben mit andern Mitteln. Was dem Kriege nun noch eigenthümlich bleibt, bezieht sich bloß auf die eigenthümliche Natur seiner Mittel. Daß die Richtungen und Absichten der Politik mit diesen Mitteln nicht in Widerspruch treten, das kann die Kriegskunst im allgemeinen, und der Feldherr in jedem einzelnen Falle fordern, und dieser Anspruch ist wahrlich nicht gering; aber wie stark er auch in einzelnen Fällen auf die politischen Absichten zurückwirkt, so muß dies doch immer nur als eine Modifikation derselben gedacht werden, denn die politische Absicht ist der Zweck, der Krieg ist das Mittel, und niemals kann das Mittel ohne Zweck gedacht werden.

25. Verschiedenartigkeit der Kriege.

Je großartiger und stärker die Motive des Krieges sind, je mehr sie das ganze Dasein der Völker umfassen, je gewaltsamer die Spannung ist, die dem Kriege vorhergeht, um so mehr wird der Krieg sich seiner abstrakten Gestalt nähern, um so mehr wird es sich um das Niederwerfen des Feindes handeln, um so mehr fallen das kriegerische Ziel und der politische Zweck zusammen, um so reiner kriegerisch, weniger politisch, scheint der Krieg zu sein. Je schwächer aber Motive und Spannungen sind, um so weniger wird die natürliche Richtung des kriegerischen Elementes, nämlich der Gewalt, in die Linie fallen, welche die Politik giebt, um so mehr muß also der Krieg von seiner natürlichen Richtung abgelenkt werden, um so verschiedener ist der politische Zweck von dem Ziel eines idealen Krieges, um so mehr scheint der Krieg politisch zu werden.

Wir müssen aber hier, damit der Leser nicht falsche Vorstellungen unterlege, bemerken, daß mit dieser natürlichen Tendenz des Krieges, nur die philosophische, die eigentlich logische, gemeint ist, und keinesweges die Tendenz der wirklich im Konflikt begriffenen Kräfte, so, daß man sich z.B. darunter alle Gemüthskräfte und Leidenschaften der Kämpfenden denken sollte. Zwar könnten in manchen Fällen auch diese in solchem Maaße angeregt sein, daß sie mit Mühe in dem politischen Wege zurückgehalten werden könnten; in den meisten Fällen aber wird solcher Widerspruch nicht entstehen, weil durch das Dasein so starker Bestrebungen auch ein großartiger, damit zusammenstimmender Plan bedingt sein wird. Wo dieser Plan nur auf Kleines gerichtet ist, da wird auch das Streben der Gemüthskräfte in der Masse so gering sein, daß diese Masse immer eher eines Anstoßes, als einer Zurückhaltung bedürfen wird.

26. Sie können alle als politische Handlungen betrachtet werden.

Wenn es also, um zur Hauptsache zurückzukehren, auch wahr ist, daß bei der einen Art Krieg die Politik ganz zu verschwinden scheint, während sie bei der andern Art sehr bestimmt hervortritt, so kann man doch behaupten, daß die eine so politisch sei wie die andere; denn betrachtet man die Politik wie die Intelligenz des personifizirten Staates, so muß unter allen Konstellationen die ihr Kalkül aufzufassen hat, doch auch diejenige begriffen sein können, wo die Natur aller Verhältnisse einen Krieg

der erſten Art bedingt. Nur in ſo fern man unter Politik nicht eine allgemeine Einſicht, ſondern den konventionellen Begriff einer, der Gewalt abgewendeten, be-
hutſamen, · verſchlagenen, auch unredlichen Klugheit verſteht, könnte die letzte Art des Krieges ihr mehr angehören als die erſtere.

27. **Folgen dieſer Anſicht für das Verſtändniß der Kriegs-
Geſchichte und für die Grundlagen der Theorie.**

Wir ſehen alſo, erſtens: daß wir uns den Krieg,
unter allen Umſtänden, als kein ſelbſtſtändiges Ding,
ſondern als ein politiſches Inſtrument zu denken haben;
und nur mit dieſer Vorſtellungsart iſt es möglich, nicht
mit der ſämmtlichen Kriegsgeſchichte in Widerſpruch zu
gerathen. Sie allein ſchließt das große Buch zu verſtän-
diger Einſicht auf. — Zweitens: zeigt uns eben dieſe
Anſicht, wie verſchieden die Kriege nach der Natur ihrer
Motive und der Verhältniſſe aus denen ſie hervorgehen,
ſein müſſen.

Der erſte, der großartigſte, der entſchiedenſte Akt des
Urtheils nun, welchen der Staatsmann und Feldherr aus-
übt, iſt der, daß er den Krieg welchen er unternimmt,
in dieſer Beziehung richtig erkenne, ihn nicht für etwas
nehme, oder zu etwas machen wolle, was er der Natur
der Verhältniſſe nach nicht ſein kann. Dies iſt alſo die
erſte, umfaſſendſte aller ſtrategiſchen Fragen; wir werden ſie in der Folge, beim Kriegsplan, näher in Betrachtung ziehen.

Hier begnügen wir uns den Gegenſtand bis auf dieſen Punkt geführt, und dadurch den Hauptgeſichtspunkt
feſtgeſtellt zu haben, aus welchem der Krieg und ſeine
Theorie betrachtet werden müſſen.

28. Resultat für die Theorie.

Der Krieg ist also nicht nur ein wahres Chamäleon, weil er in jedem konkreten Falle seine Natur etwas ändert, sondern er ist auch seinen Gesammterscheinungen nach, in Beziehung auf die in ihm herrschenden Tendenzen, eine wunderliche Dreifaltigkeit, zusammengesetzt aus der ursprünglichen Gewaltsamkeit seines Elements, dem Haß und der Feindschaft, die wie ein blinder Naturtrieb anzusehen sind, aus dem Spiel der Wahrscheinlichkeiten und des Zufalls, die ihn zu einer freien Seelenthätigkeit machen, und aus der untergeordneten Natur eines politischen Werkzeugs, wodurch er dem bloßen Verstande anheim fällt.

Die erste dieser drei Seiten, ist mehr dem Volke, die zweite, mehr dem Feldherrn und seinem Heer, die dritte, mehr der Regierung zugewendet. Die Leidenschaften, welche im Kriege entbrennen sollen, müssen schon in den Völkern vorhanden sein; der Umfang welchen das Spiel des Muthes und Talents im Reiche der Wahrscheinlichkeiten des Zufalls bekommen wird, hängt von der Eigenthümlichkeit des Feldherrn und des Heeres ab, die politischen Zwecke aber gehören der Regierung allein an.

Diese drei Tendenzen, die als eben so viele verschiedene Gesetzgebungen erscheinen, sind tief in der Natur des Gegenstandes gegründet und zugleich von veränderlicher Größe. Eine Theorie welche eine derselben unberücksichtigt lassen, oder zwischen ihnen ein willkührliches Verhältniß feststellen wollte, würde augenblicklich mit der Wirklichkeit in solchen Widerspruch gerathen, daß sie dadurch allein schon wie vernichtet betrachtet werden müßte.

Die Aufgabe ist also, daß sich die Theorie zwischen

diesen drei Tendenzen, wie zwischen drei Anziehungspunkten
schwebend erhalte.

Auf welchem Wege dieser schwierigen Aufgabe noch
am ersten genügt werden könne, wollen wir in dem Buche
von der Theorie des Krieges untersuchen. In jedem Fall
wird die hier geschehene Feststellung des Begriffs vom
Kriege, der erste Lichtstrahl, der für uns in den Funda-
mentalbau der Theorie fällt, der zuerst die großen Massen sondern, und sie uns unterscheiden lassen wird.

Zweites Kapitel.

Zweck und Mittel im Kriege.

Nachdem wir im vorigen Kapitel die zusammengesetzte
und veränderliche Natur des Krieges kennen gelernt haben,
wollen wir uns damit beschäftigen, zu untersuchen, welchen
Einfluß dies auf Zweck und Mittel im Kriege hat.

Fragen wir zuerst nach dem Ziel worauf der ganze
Krieg gerichtet werden muß, um für den politischen Zweck
das rechte Mittel zu sein, so werden wir dasselbe eben so
veränderlich finden, als der politische Zweck und die eigenthümlichen Verhältnisse des Krieges es sind.

Halten wir uns zuvörderst wieder an den reinen Begriff des Krieges, so müssen wir sagen, daß der politische
Zweck desselben eigentlich außer seinem Gebiete liege; denn
wenn der Krieg ein Akt der Gewalt ist, um den Gegner
zur Erfüllung unseres Willens zu zwingen, so müßte es
immer und ganz allein darauf ankommen, den Gegner
niederzuwerfen, d. h. ihn wehrlos zu machen. Wir wollen

zu-

zuerst diesen, aus dem Begriff entwickelten Zweck, dem gleichwohl in der Wirklichkeit eine Menge von Fällen sehr nahe kommen, in dieser Wirklichkeit betrachten.

Wir werden in der Folge beim Kriegsplan näher untersuchen, was es heißt, einen Staat wehrlos machen, müssen aber hier gleich drei Dinge unterscheiden, die als drei allgemeine Objekte alles Übrige in sich fassen. Es ist die **Streitkraft**, das **Land**, und der **Wille des Feindes**.

Die Streitkraft muß **vernichtet**, d. h. in einen solchen Zustand versetzt werden, daß sie den Kampf nicht mehr fortsetzen kann. Wir erklären hierbei, daß wir in der Folge bei dem Ausdruck: Vernichtung der feindlichen Streitkraft, nur dies verstehen werden.

Das Land muß erobert werden, denn aus dem Lande könnte sich eine neue Streitkraft bilden.

Ist aber auch beides geschehen, so kann der Krieg, d. h. die feindliche Spannung und Wirkung feindseliger Kräfte, nicht als beendet angesehen werden, so lange der Wille des Feindes nicht auch bezwungen ist, d. h. seine Regierung und seine Bundesgenossen zur Unterzeichnung des Friedens, oder das Volk zur Unterwerfung vermogt sind; denn es kann sich, während wir im vollen Besitz des Landes sind, der Kampf in seinem Innern, oder auch durch Beistand seiner Bundesgenossen von Neuem entzünden. Freilich kann dies auch nach dem Frieden geschehen, aber dies beweist weiter nichts, als daß nicht jeder Krieg eine vollkommene Entscheidung und Erledigung in sich trägt. Aber selbst, wenn dies der Fall ist, so ersterben doch im Friedensschluß selbst jedesmal eine Menge Funken, die im Stillen fortgeglüht hätten, und die Spannungen lassen nach, weil alle dem Frieden zugewandte Gemüther, deren es in jedem Volk und unter allen Verhältnissen immer eine große Anzahl giebt, sich aus der Richtung des Widerstandes ganz abwenden. Wie dem übrigens auch sei, immer muß man mit dem Frieden den Zweck als erreicht, und das Geschäft des Krieges als beendigt ansehen.

Da von jenen drei Gegenständen die Streitkraft zur Beschützung des Landes bestimmt ist, so ist die natürliche Ordnung, daß diese zuerst vernichtet, dann das Land erobert, und durch diese beiden Erfolge, so wie durch den Zustand, in welchem wir uns dann noch befinden, der Gegner zum Frieden vermogt werde. Gewöhnlich geschieht die Vernichtung der feindlichen Streitkraft nach und nach, und in eben dem Maaße folgt ihr auf dem Fuße die Eroberung des Landes. Beide pflegen dabei in Wechselwirkung zu treten, indem der Verlust der Provinzen auf die Schwächung der Streitkräfte zurückwirkt. Diese Ordnung ist aber keinesweges nothwendig, und deswegen findet sie auch nicht immer statt. Es kann sich die feindliche Streitmacht, noch ehe sie merklich geschwächt worden ist, an die entgegengesetzten Grenzen des Landes, auch ganz in's Ausland zurückziehen. In diesem Falle wird also der größte Theil des Landes, oder auch das Ganze erobert.

Aber dieser Zweck des abstrakten Krieges, dieses letzte Mittel zur Erreichung des politischen Zwecks, in dem sich alle andere zusammenfinden sollen: das Wehrlosmachen des Gegners, ist in der Wirklichkeit keinesweges allgemein vorhanden, ist nicht die nothwendige Bedingung zum Frieden, und kann also auf keine Weise in der Theorie als ein Gesetz aufgestellt werden. Es giebt eine zahllose Menge von Friedensschlüssen, die erfolgt sind, ehe einer der beiden Theile als wehrlos angesehen werden konnte, ja ehe das Gleichgewicht auch nur merklich gestört war. Noch mehr, wenn wir auf die konkreten Fälle sehen, so müssen wir uns sagen, daß in einer ganzen Klasse derselben das Niederwerfen des Gegners ein unnützes Spiel der Vorstellungen sein würde; wenn nämlich der Gegner bedeutend mächtiger ist.

Die Ursache, warum der, aus dem Begriff des Krieges, entwickelte Zweck nicht allgemein auf den wirklichen Krieg paßt, liegt in der Verschiedenheit beider, womit wir uns im vorigen Kapitel beschäftigt haben. Wäre er wie ihn der bloße Begriff giebt, so würde ein Krieg zwischen Staaten von merklich ungleichen Kräften als ein Absurdum erscheinen, also unmöglich sein; die Ungleichheit der phisischen Kräfte dürfte höchstens so groß sein, daß sie durch die entgegengesetzten moralischen ausgeglichen werden könnte, und das würde in Europa, bei unserem heutigen gesellschaftlichen Zustande, nicht weit reichen. Wenn wir also Kriege zwischen Staaten von sehr ungleicher Macht haben stattfinden sehen: so ist es, weil der Krieg in der Wirklichkeit sich von seinem ursprünglichen Begriff oft sehr weit entfernt.

Es sind zwei Dinge, welche in der Wirklichkeit, als Motiv zum Frieden, an die Stelle der Unfähigkeit zum fernern Widerstande treten können. Das erste ist die Unwahrscheinlichkeit, das zweite: ein zu großer Preis des Erfolges.

Da, wie wir im vorigen Kapitel gesehen haben, der ganze Krieg von dem strengen Gesetz innerer Nothwendigkeit loslassen, und sich der Wahrscheinlichkeitsberechnung anheim geben muß, und da dies immer um so mehr der Fall ist, je mehr er sich den Verhältnissen nach, aus denen er hervorgegangen ist, dazu eignet, je geringer die

3*

Motive und die Spannungen sind: so ist es auch begreiflich, wie aus dieser Wahrscheinlichkeitsberechnung das Motiv zum Frieden selbst entstehen kann. Es braucht also der Krieg nicht immer bis zum Niederwerfen des einen Theils ausgekämpft zu werden, und man kann denken, daß bei sehr schwachen Motiven und Spannungen eine leichte, kaum angedeutete Wahrscheinlichkeit schon hinreicht, den, gegen welchen sie gerichtet ist, zum Nachgeben zu bewegen. Wäre nun der Andere im Voraus davon überzeugt, so ist es ja natürlich, daß er nur nach dieser Wahrscheinlichkeit streben, nicht erst den Umweg eines gänzlichen Niederwerfens des Feindes suchen und machen wird.

Noch allgemeiner wirkt die Beachtung des Kraftaufwandes, welcher schon erforderlich gewesen ist, und es noch sein wird, auf den Entschluß zum Frieden. Da der Krieg kein Akt blinder Leidenschaft ist, sondern der politische Zweck darin vorwaltet, so muß der Werth, den dieser hat, die Größe der Aufopferungen bestimmen, womit wir ihn erkaufen wollen. Dies wird nicht bloß der Fall sein bei ihrem Umfang, sondern auch bei ihrer Dauer. Sobald also der Kraftaufwand so groß wird, daß der Werth des politischen Zwecks ihm nicht mehr das Gleichgewicht halten kann: so muß dieser aufgegeben werden, und der Friede die Folge davon sein.

Man sieht also, daß in den Kriegen, wo der Eine den Andern nicht ganz wehrlos machen kann, die Motive zum Frieden in beiden Theilen steigen und fallen werden, nach der Wahrscheinlichkeit der fernern Erfolge und des erforderlichen Kraftaufwandes. Wenn diese Motive in beiden Theilen gleich stark wären, so würden sie sich in der Mitte ihrer politischen Differenz treffen; was sie in dem Einen

an Stärke zunehmen, dürfen sie in dem Andern schwächer
sein; wenn ihre Summe nur hinreicht, so wird der Friede
zu Stande kommen, natürlich aber mehr zum Besten dessen ausfallen, der die schwächsten Motive dazu hatte.

Wir übergehen hier absichtlich noch den Unterschied,
den die positive und negative Natur des politischen
Zwecks im Handeln nothwendig hervorbringen muß, denn
wenn dieser auch, wie wir in der Folge zeigen werden,
von der höchsten Wichtigkeit ist, so müssen wir uns doch
hier auf einem noch allgemeineren Standpunkt erhalten,
weil die ursprünglichen politischen Absichten im Laufe des
Krieges sehr wechseln, und zuletzt ganz andere werden können, eben weil sie durch die Erfolge und durch die
wahrscheinlichen Ergebnisse mit bestimmt werden.

Es entsteht nun die Frage, wie man auf die Wahrscheinlichkeit der Erfolge wirken kann. Zuerst natürlich
durch dieselben Gegenstände, welche auch zum Niederwerfen
des Gegners führen: die Vernichtung seiner Streitkräfte und die Eroberung seiner Provinzen; aber
beide sind darum nicht genau dieselben, welche sie bei jenem
Zweck sein würden. Wenn wir die feindliche Streitkraft
angreifen, so ist es etwas ganz anderes, ob wir dem ersten Schlag eine Reihe anderer folgen lassen wollen, bis
zuletzt alles zertrümmert ist, oder ob wir uns mit einem
Siege begnügen wollen, um das Gefühl der Sicherheit
beim Gegner zu brechen, ihm das Gefühl unserer Überlegenheit zu geben, und ihm also für die Zukunft Besorgnisse einzuflößen. Wollen wir das, so werden wir an die
Vernichtung seiner Streitkräfte nur so viel setzen als dazu
hinreichend ist. Eben so ist die Eroberung von Provinzen
eine andere Maaßregel, wenn es nicht auf das Niederwerfen
des Gegners abgesehen ist. In jenem Falle wäre die Ver-

nichtung feiner Streitkraft die eigentliche wirkfame Handlung, und das Einnehmen der Provinzen nur die Folge
davon; fie einzunehmen, ehe die Streitkraft zufammenge-
worfen ist, wäre immer nur als ein nothwendiges Übel
zu betrachten. Dagegen ist, wenn wir es nicht auf das
Niederwerfen der feindlichen Streitkraft abfehen, und wenn
wir überzeugt find, daß der Feind den Weg der blutigen
Entfcheidung felbst nicht fucht, fondern fürchtet, das
Einnehmen einer fchwach, oder gar nicht vertheidigten Provinz fchon an fich ein Vortheil, und ist diefer Vortheil groß genug, um den Gegner über den allgemeinen
Erfolg beforgt zu machen, fo ist er auch als ein naher
Weg zum Frieden zu betrachten.

Nun kommen wir aber noch auf ein eigenthümliches
Mittel, — auf die Wahrfcheinlichkeit des Erfolgs zu wirken, ohne die feindliche Streitkraft niederzuwerfen, nämlich folche Unternehmungen, die eine unmittelbare politifche Beziehung haben. Giebt es Unternehmungen, die
vorzugsweife geeignet find, Bündniffe unfers Gegners zu
trennen, oder unwirkfam zu machen, uns neue Bundesge-
noffen zu erwerben, politifche Funktionen zu unferem Be-
ften aufzuregen u. f. w.: fo ist leicht begreiflich, wie dies die
Wahrfcheinlichkeit des Erfolges fehr steigern, und ein viel
kürzerer Weg zum Ziel werden kann als das Niederwerfen der feindlichen Streitkräfte.

Die zweite Frage ist: welches die Mittel find, auf
den feindlichen Kraftaufwand, d. h. auf die Preiserhöhung
zu wirken.

Der Kraftaufwand des Gegners liegt in dem Ver-
brauch feiner Streitkräfte, alfo in der Zerstörung
derfelben von unferer Seite; in dem Verlust von Provinzen, alfo in der Eroberung derfelben durch uns.

Daß diese beiden Gegenstände, wegen der verschiedenen Bedeutung, auch hier nicht allemal mit der gleichnamigen bei einem andern Zweck zusammenfallen, wird sich bei näherer Betrachtung von selbst ergeben. Daß die Unterschiede meistens nur gering sein werden, darf uns nicht irre machen, denn in der Wirklichkeit entscheiden oft, bei schwachen Motiven, die feinsten Nüancen für die eine oder andere Modalität der Kraftanwendung. Uns kömmt es hier nur darauf an, zu zeigen, daß, unter Voraussetzung gewisser Bedingungen, andere Wege zum Ziele möglich, kein innerer Widerspruch, kein Absurdum, auch nicht einmal Fehler sind.

Außer diesen beiden Gegenständen giebt es nun noch drei eigenthümliche Wege, die unmittelbar darauf gerichtet sind, den Kraftaufwand des Gegners zu steigern. Der erste ist die Invasion, d. h. die Einnahme feindlicher Provinzen, nicht mit der Absicht sie zu behalten, sondern um Kriegssteuern darin zu erheben, oder sie gar zu verwüsten. Der unmittelbare Zweck ist hier weder die Eroberung des feindlichen Landes, noch das Niederwerfen seiner Streitkraft, sondern bloß ganz allgemein der feindliche Schaden. Der zweite Weg ist, unsere Unternehmungen vorzugsweise auf solche Gegenstände zu richten, die den feindlichen Schaden vergrößern. Es ist nichts leichter, als sich zwei verschiedene Richtungen unserer Streitkraft zu denken, davon die eine bei weitem den Vorzug verdient, wenn es darauf ankommt den Feind niederzuwerfen, die andere aber, wenn vom Niederwerfen nicht die Rede ist, und sein kann, einträglicher ist. Wie man zu sagen gewohnt ist, würde man die erste für die mehr militärische, die andere mehr für eine politische halten. Wenn man sich aber auf den höchsten Standpunkt stellt, so ist eine so militärisch wie die andere, und jede nur zweckmäßig, wenn sie zu den gegebenen Bedingungen paßt. Der dritte Weg, an Umfang der ihm zugehörigen Fälle bei weitem der wichtigste, ist das Ermüden des Gegners. Wir wählen diesen Ausdruck nicht bloß, um das Objekt mit einem Wort zu bezeichnen, sondern weil er die Sache ganz ausdrückt, und nicht so bildlich ist als es auf den ersten Blick scheint. In dem Begriff des Ermüdens bei einem Kampfe liegt eine durch die Dauer der Handlung nach und nach hervorgebrachte Erschöpfung der phisischen Kräfte und des Willens.

Wollen wir nun den Gegner in der Dauer des Kampfes überbieten, so müssen wir uns mit so kleinen Zwecken als möglich begnügen, denn es liegt in der Natur der Sache, daß ein großer Zweck mehr Kraftaufwand erfordert als ein kleiner; der kleinste Zweck aber, den wir uns vorsetzen können, ist der reine Widerstand, d. h. der Kampf ohne eine positive Absicht. Bei diesem werden also unsere Mittel verhältnißmäßig am größten sein, und also das Resultat am meisten gesichert. Wie weit kann nun diese Negativität gehen? Offenbar nicht bis zur absoluten Passivität, denn ein bloßes Leiden wäre kein Kampf mehr; der Widerstand aber ist eine Thätigkeit und durch diese sollen so viele von des Feindes Kräften zerstört werden, daß er seine Absicht aufgeben muß. Nur das wollen wir bei jedem einzelnen Akt, und darin besteht die negative Natur unserer Absicht.

Unstreitig ist diese negative Absicht, in ihrem einzelnen Akt, nicht so wirksam, wie eine in gleicher Richtung liegende positive sein würde, vorausgesetzt, daß sie gelinge; aber darin liegt eben der Unterschied, daß jene eher gelingt, also mehr Sicherheit giebt; was ihr nun an Wirkſamkeit im einzelnen Akt abgeht, muß ſie durch die Zeit, also durch die Dauer des Kampfes, wieder einbringen, und ſo iſt denn dieſe negative Abſicht, welche das Prinzip des reinen Widerſtandes ausmacht, auch das natürliche Mittel, den Gegner in der Dauer des Kampfes zu überbieten, das iſt: ihn zu ermüden.

Hier liegt der Urſprung des, das ganze Gebiet des Krieges beherrſchenden, Unterſchiedes von Angriff und Vertheidigung. Wir können aber dieſen Weg hier nicht weiter verfolgen, ſondern begnügen uns zu ſagen: daß aus dieſer negativen Abſicht ſelbſt alle die Vortheile, und ſo alle die ſtärkern Formen des Kampfes abgeleitet werden können, die ihr zur Seite ſtehen, und in welcher ſich alſo dieſes philoſophiſch-dynamiſche Geſetz, was zwiſchen Größe und Sicherheit des Erfolgs beſteht, verwirklicht. Wir werden dies alles in der Folge betrachten.

Giebt alſo die negative Abſicht, d. h. die Vereinigung aller Mittel im bloßen Widerſtand, eine Uberlegenheit im Kampf: ſo wird, wenn dieſe ſo groß iſt, um ein etwaniges Übergewicht des Gegners auszugleichen, die bloße Dauer des Kampfes hinreichen, um den Kraftaufwand beim Gegner nach und nach auf den Punkt zu bringen, daß ihm der politiſche Zweck deſſelben nicht mehr das Gleichgewicht halten kann, er ihn alſo aufgeben muß. Man ſieht alſo, daß dieſer Weg, die Ermüdung des Gegners, die große Anzahl von Fällen unter ſich begreift, wo der Schwache dem Mächtigen widerſtehen will.

Friedrich der Große, im ſiebenjährigen Kriege, wäre niemals im Stande geweſen die öſtreichiſche Monarchie niederzuwerfen, und hätte er es in dem Sinne eines Carl des XII. verſuchen wollen, er würde unfehlbar zu Grunde gegangen ſein. Nachdem aber die talentvolle An-

wendung einer weisen Ökonomie der Kräfte den gegen ihn
verbündeten Mächten sieben Jahre lang gezeigt hatte, daß
der Kraftaufwand viel größer werde als sie sich Anfangs
vorgestellt hatten, beschlossen sie den Frieden.

Wir sehen also, daß es im Kriege der Wege zum
Ziele viele giebt, daß nicht jeder Fall an die Niederwerfung des Gegners gebunden ist, daß Vernichtung der
feindlichen Streitkraft, Eroberung feindlicher
Provinzen, bloße Besetzung derselben, bloße Invasion derselben, Unternehmungen die unmittelbar auf politische Beziehungen gerichtet sind,
endlich ein passives Abwarten der feindlichen
Stöße — alles Mittel sind, die, jedes für sich, zur Überwindung des feindlichen Willens gebraucht werden können,
je nachdem die Eigenthümlichkeit des Falles mehr von dem
einen oder dem andern erwarten läßt. Wir können noch
eine ganze Klasse von Zwecken, als kürzere Wege zum Ziele,
hinzufügen, die wir Argumente ad hominem nennen könnten. In welchem Gebiete menschlichen Verkehrs kämen
diese, alle sächlichen Verhältnisse überspringenden Funken
der persönlichen Beziehungen nicht vor, und im Kriege,
wo die Persönlichkeit der Kämpfer, im Kabinet und Felde,
eine so große Rolle spielt, können sie wohl am wenigsten
fehlen. Wir begnügen uns darauf hinzudeuten, weil es
eine Pedanterie wäre, sie in Klassen bringen zu wollen.
Mit diesen, kann man wohl sagen, wächst die Zahl der
möglichen Wege zum Ziel bis in's Unendliche.

Um diese verschiedenen kürzeren Wege zum Ziel nicht
unter ihrem Werth zu schätzen, sie entweder nur als seltene
Ausnahmen gelten zu lassen, oder den Unterschied, den sie in
der Kriegführung bedingen, für unwesentlich zu halten,
muß man sich nur der Mannichfaltigkeit der politischen

Zwecke bewußt werden, die einen Krieg veranlassen können, oder mit einem Blick den Abstand messen, der zwischen einem Vernichtungskrieg um das politische Dasein, und einem Krieg stattfindet, den ein erzwungenes oder hinfällig gewordenes Bündniß zur unangenehmen Pflicht macht. Zwischen beiden giebt es zahllose Abstufungen, die in der Wirklichkeit vorkommen. Mit eben dem Recht, womit man eine dieser Abstufungen in der Theorie verwerfen wollte, könnte man sie alle verwerfen, d. h. die wirkliche Welt ganz aus den Augen setzen.

So ist es im Allgemeinen mit dem Ziel beschaffen, welches man im Kriege zu verfolgen hat; wenden wir uns jetzt zu den Mitteln.

Dieser Mittel giebt es nur ein Einziges, es ist der Kampf. Wie mannichfaltig dieser auch gestaltet sei, wie weit er sich von der rohen Erledigung des Hasses und der Feindschaft im Faustkampfe entfernen möge, wie viel Dinge sich einschieben mögen, die nicht selbst Kampf sind: immer liegt es im Begriff des Krieges, daß alle in ihm erscheinenden Wirkungen ursprünglich von Kampf ausgehen müssen.

Daß dem, auch in der größten Mannichfaltigkeit und Zusammensetzung der Wirklichkeit, immer so sei: dafür giebt es einen sehr einfachen Beweis. Alles, was im Kriege geschieht, geschieht durch Streitkräfte; wo aber Streit-kräfte, das ist: bewaffnete Menschen, angewendet werden, da muß nothwendig die Vorstellung des Kampfes zum Grunde liegen.

Es gehört also alles zur kriegerischen Thätigkeit, was sich auf die Streitkräfte bezieht, also alles was zu ihrer Erzeugung, Erhaltung und Verwendung gehört.

Erzeugung und Erhaltung sind offenbar nur die Mittel, die Anwendung aber ist der Zweck.

Der Kampf im Kriege ist nicht ein Kampf des Einzelnen gegen den Einzelnen, sondern ein vielfach gegliedertes Ganze. In diesem großen Ganzen können wir Einheiten zweierlei Art unterscheiden: die eine nach dem Subjekt, die andere nach dem Objekt bestimmt. In einem Heere reihet sich die Zahl der Kämpfer immer zu neuen Einheiten zusammen, die Glieder einer höheren Ordnung bilden. Es bildet also der Kampf eines jeden dieser Glieder auch eine mehr oder weniger hervortretende Einheit. Ferner bildet der Zweck des Kampfes, also sein Objekt, eine Einheit desselben.

Jede dieser Einheiten nun, die sich im Kampf unterscheiden, belegt man mit dem Namen eines Gefechts.

Liegt aller Anwendung von Streitkräften die Vorstellung von Kampf zum Grunde, so ist auch die Verwendung der Streitkräfte überhaupt nichts als die Feststellung und Anordnung einer gewissen Anzahl von Gefechten.

Es bezieht sich also alle kriegerische Thätigkeit nothwendig auf das Gefecht, entweder unmittelbar, oder mittelbar. Der Soldat wird ausgehoben, gekleidet, bewaffnet, geübt, er schläft, ißt, trinkt und marschirt, alles nur, um an rechter Stelle und zu rechter Zeit zu fechten.

Endigen sich also im Gefecht alle Fäden kriegerischer Thätigkeit, so werden wir sie auch alle auffassen, indem wir die Anordnung der Gefechte bestimmen; nur von dieser Anordnung und ihrer Vollziehung gehen die Wirkungen aus, niemals unmittelbar von den ihnen vorhergehenden Bedingungen. Nun ist im Gefecht alle Thätigkeit auf die Vernichtnng des Gegners, oder vielmehr seiner Streitfähigkeit gerichtet, denn es liegt in seinem Begriff; die Vernichtung der feindlichen Streitkraft ist also immer das Mittel, um den Zweck des Gefechts zu erreichen.

Dieser Zweck kann ebenfalls die bloße Vernichtung der feindlichen Streitkraft sein, aber dies ist keinesweges nothwendig, sondern er kann auch etwas ganz Anderes sein. Sobald nämlich, wie wir das gezeigt haben, das Niederwerfen des Gegners nicht das einzige Mittel ist, den politischen Zweck zu erreichen, sobald es andere Gegenstände giebt, welche man als Ziel im Kriege verfolgen kann: so folgt von selbst, daß diese Gegenstände der Zweck einzelner kriegerischer Akte werden können, und also auch der Zweck von Gefechten.

Aber selbst diejenigen Gefechte, welche der Niederwerfung der feindlichen Streitkraft, als untergeordnete Glieder, ganz eigentlich gewidmet sind, brauchen die Vernichtung derselben nicht gerade zu ihrem nächsten Zweck zu haben.

Wenn man an die mannichfaltige Gliederung einer großen Streitkraft denkt, an die Menge von Umständen, die bei ihrer Anwendung in Wirksamkeit kommen: so ist begreiflich, daß auch der Kampf einer solchen Streitkraft eine mannichfache Gliederung, Unterordnung und Zusammensetzung bekommen muß. Da können und müssen, natürlich, für die einzelnen Glieder eine Menge von Zwecken vorkommen, die nicht selbst Vernichtung feindlicher Streitkraft sind, und dieselbe, zwar in einem gesteigerten Maaße, aber nur mittelbar bewirken. Wenn ein Bataillon den Auftrag erhält, den Feind von einem Berge, einer Brücke u. s. w., zu vertreiben, so ist in der Regel der Besitz dieser Gegenstände der eigentliche Zweck, die Vernichtung der feindlichen Kräfte daselbst bloßes Mittel oder Nebensache. Kann der Feind durch eine bloße Demonstration vertrieben werden, so ist der Zweck auch erreicht; aber dieser Berg, diese Brücke, werden in der Regel nur genommen, um damit eine gesteigerte Vernichtung der feindlichen Streitkraft zu bewirken. Ist es schon so auf dem Schlachtfelde, so wird es noch viel mehr so sein auf dem ganzen Kriegstheater, wo nicht bloß ein Heer dem andern, sondern ein Staat, ein Volk, ein Land, dem andern gegenüber steht. Hier muß die Zahl möglicher Beziehungen, und folglich, der Kombinationen sehr vermehrt, die Mannichfaltigkeit der Anordnungen vergrößert, und, durch die sich unterordnende Abstufung der Zwecke, das erste Mittel von dem letzten Zwecke weiter entfernt werden.

Es ist also aus vielen Gründen möglich, daß der Zweck eines Gefechts nicht die Vernichtung der feindlichen Streitkraft, nämlich der uns gegenüberstehenden, ist, sondern, daß diese bloß als Mittel erscheint. In allen diesen Fällen aber kommt es auch auf die Vollziehung dieser Vernichtung nicht mehr an; denn das Gefecht ist hier nichts als ein Abmesser der Kräfte, hat an sich keinen Werth, sondern nur den des Resultates, d. h. seiner Entscheidung.

Ein Abmessen der Kräfte kann aber, in Fällen wo sie sehr ungleich sind, schon durch das bloße Abschätzen erhalten werden. In solchen Fällen wird auch das Gefecht nicht stattfinden, sondern der Schwächere gleich nachgeben.

Ist der Zweck der Gefechte nicht immer die Vernichtung der darin begriffenen Streitkräfte, und kann ihr Zweck oft sogar erreicht werden, ohne daß das Gefecht wirklich stattfindet, durch seine bloße Feststellung und die daraus hervorgehenden Verhältnisse: so wird es erklärlich, wie ganze Feldzüge mit großer Thätigkeit geführt werden können, ohne daß das faktische Gefecht darin eine namhafte Rolle spielt.

Daß dem so sein kann, beweiset die Kriegsgeschichte in hundert Beispielen. Wie viele von diesen Fällen die unblutige Entscheidung mit Recht gehabt haben, d. h. ohne innern Widerspruch, und ob einige daher entspringende Berühmtheiten die Kritik aushalten würden: das wollen wir dahingestellt sein lassen, denn es ist uns nur darum zu thun die Möglichkeit eines solchen kriegerischen Verlaufs zu zeigen.

Wir haben nur ein Mittel im Kriege, das Gefecht, was aber, bei der Mannichfaltigkeit seiner Anwendung, uns in alle die verschiedenen Wege hineinführt, die die Mannichfaltigkeit der Zwecke zuläßt, so daß wir nichts gewonnen zu haben scheinen; so ist es aber nicht, denn von dieser Einheit des Mittels geht ein Faden aus, der sich, für die Betrachtung, durch das ganze Gewebe kriegerischer Thätigkeit fortschlingt, und es zusammen hält.

Wir haben aber die Vernichtung der feindlichen Streitkraft als einen der Zwecke betrachtet, die man im Kriege verfolgen kann, und es dahingestellt sein lassen, welche Wichtigkeit ihm unter den übrigen Zwecken gegeben werden solle. Im einzelnen Falle wird es von den Umständen abhängen, und für das Allgemeine haben wir seinen Werth unbestimmt gelassen; jetzt werden wir noch einmal darauf zurückgeführt, und wir werden einsehen lernen, welcher Werth ihm nothwendig zugestanden werden muß.

Das Gefecht ist die einzige Wirksamkeit im Kriege, im Gefecht ist die Vernichtung der uns gegenüberstehenden Streitkraft das Mittel zum Zweck, ist es selbst da, wo das Gefecht nicht faktisch eintritt, weil jedenfalls der Entscheidung die Voraussetzung zum Grunde liegt, daß diese Vernichtung als unzweifelhaft zu betrachten sei. Sonach ist also die Vernichtung der feindlichen Streitkraft die Grundlage aller kriegerischen Handlungen, der letzte Stützpunkt aller Kombinationen, die darauf, wie der Bogen auf seinen Widerlagen, ruhen. Es geschieht also alles Handeln unter der Voraussetzung: daß, wenn die dabei zum Grunde liegende Entscheidung der Waffen wirklich eintreten sollte, sie eine günstige sei. Die Waffenentscheidung ist für alle großen und kleinen Operationen des Krieges, was die baare Zahlung für den Wechselhandel ist; wie entfernt diese Beziehungen auch sein, wie selten die Realisationen eintreten mögen, ganz können sie niemals fehlen.

Ist die Waffenentscheidung die Grundlage aller Kombinationen, so folgt: daß der Gegner jede derselben durch eine glückliche Waffenentscheidung unwirksam machen kann, nicht nur wenn es die ist, auf welcher unsere Kombination unmittelbar beruht, sondern auch durch jede andere, wenn sie nur bedeutend genug ist; denn jede bedeutende Waffenentscheidung, d. i. Vernichtung feindlicher Streitkräfte, wirkt auf alle andere vorliegende zurück, weil sie sich wie ein flüssiges Element in Niveau setzen.

So erscheint also die Vernichtung der feindlichen Streitkraft immer als das höher stehende, wirksamere Mittel, dem alle andere weichen müssen.

Aber freilich können wir der Vernichtung feindlicher Streitkraft nur bei vorausgesetzter Gleichheit aller übrigen Bedingungen eine höhere Wirksamkeit zuschreiben. Es wäre also ein großes Mißverstehen, wenn man daraus den Schluß ziehen wollte: ein blindes Draufgehen müßte über behutsame Geschicklichkeit immer den Sieg davon tragen. Ein ungeschicktes Draufgehen würde zur Vernichtung der eigenen, nicht der feindlichen Streitkraft führen, und kann also von uns nicht gemeint sein. Die höhere Wirksamkeit gehört nicht dem Wege, sondern dem Ziele

an,

an, und wir vergleichen nur die Wirkung des einen er-
reichten Zieles mit dem andern.

Wenn wir von Vernichtung der feindlichen Streitmacht sprechen, so müssen wir hier ausdrücklich darauf
aufmerksam machen, daß uns nichts zwingt, diesen Begriff auf die bloße phisische Streitkraft zu beschränken,
sondern vielmehr die moralische nothwendig darunter mit
verstanden werden muß, weil ja beide sich bis in die kleinsten Theile durchdringen, und deshalb gar nicht von einander zu trennen sind. Es ist aber gerade hier, wo wir
uns auf die unvermeidliche Einwirkung berufen, die ein
großer Vernichtungsakt (ein großer Sieg) auf alle übrigen
Waffenentscheidungen hat: das moralische Element, dasjenige, was am flüssigsten ist, wenn wir uns so ausdrücken
dürfen, und also am leichtesten sich über alle Glieder vertheilt. Dem überwiegenden Werth, welchen die Vernichtung der feindlichen Streitkäfte über alle andere Mittel
hat, steht die Kostbarkeit und Gefahr dieses Mittels gegenüber, und nur um diese zu vermeiden ist es, daß andere Wege eingeschlagen werden.

Daß das Mittel kostbar sein muß, ist an sich verständlich, denn der Aufwand eigener Streitkräfte ist, bei
übrigens gleichen Umständen, immer größer, je mehr unsere
Absicht auf die Vernichtung der feindlichen gerichtet ist.

Die Gefahr dieses Mittels liegt aber darin, daß eben
die größere Wirksamkeit, welche wir suchen, im Fall des
Nichtgelingens auf uns zurückfällt, also größere Nachtheile zur Folge hat.

Die andern Wege sind also weniger kostbar beim Gelingen, und weniger gefährlich beim Mißlingen; aber es
liegt hierin nothwendig die Bedingung, daß sie es nur mit
ihres Gleichen zu thun haben, nämlich, daß der Feind

I 4

dieselben Wege geht; weil, wenn der Feind den Weg großer Waffenentscheidung wählte, der unsrige sich eben dadurch, gegen unsern Willen, auch in einen solchen verwandeln würde. Es kömmt also dann auf den Ausgang des Vernichtungsaktes an; nun ist aber klar, daß wir, alle übrigen Umstände wieder gleich genommen, in diesem Akt im Nachtheil aller Verhältnisse sein müssen, weil wir unsere Absichten und unsere Mittel zum Theil auf andere Dinge gerichtet hatten, welches der Feind nicht gethan hat. Zwei verschiedene Zwecke, deren der eine nicht Theil des andern ist, schließen einander aus, und es kann also eine Kraft, die für den einen verwendet wird, nicht zugleich dem andern dienen. Wenn also einer der beiden Kriegführenden entschlossen ist, den Weg großer Waffenentscheidungen zu gehen, so hat er auch schon eine hohe Wahrscheinlichkeit des Erfolgs für sich, sobald er gewiß ist, daß der andere ihn nicht gehen, sondern ein anderes Ziel verfolgen will; und jeder, der sich ein solches anderes Ziel vorsetzt, kann dies vernünftigerweise nur thun, insofern er von seinem Gegner voraussetzt, daß er die großen Waffenentscheidungen eben so wenig sucht.

Aber was wir hier von einer andern Richtung der Absichten und Kräfte gesagt haben, bezieht sich nur auf die positiven Zwecke, welche man, außer der Vernichtung feindlicher Kräfte, sich im Kriege noch vorsetzen kann, durchaus nicht auf den reinen Widerstand, der in der Absicht gewählt wird, die feindliche Kraft dadurch zu erschöpfen. Dem bloßen Widerstand fehlt die positive Absicht, und mithin können bei demselben unsere Kräfte dadurch nicht auf andere Gegenstände geleitet, sondern nur bestimmt sein, die Absichten des Gegners zu vernichten.

Hier ist es, wo wir von der Vernichtung der feindlichen Streitkraft die negative Seite, nämlich die Erhaltung der eigenen, zu betrachten haben. Diese beiden Bestrebungen gehen stets miteinander, weil sie in Wechselwirkung stehen; sie sind integrirende Theile einer und derselben Absicht, und wir haben nur zu untersuchen, welche Wirkung entsteht, wenn die eine oder die andere das Übergewicht hat. Das Bestreben zur Vernichtung der feindlichen Streitkräfte hat den positiven Zweck, und führt zu positiven Erfolgen, deren letztes Ziel die Niederwerfung des Gegners sein würde. Das Erhalten der eigenen Streitkräfte hat den negativen Zweck, führt also zur Vernichtung der feindlichen Absicht, d. h. zum reinen Widerstand, wovon das letzte Ziel nichts sein kann, als die Dauer der Handlung so zu verlängern, daß der Gegner sich darin erschöpft.

Das Bestreben mit dem positiven Zweck ruft den Vernichtungsakt in's Leben, das Bestreben mit dem negativen wartet ihn ab.

Wie weit dieses Abwarten gehen soll und darf, werden wir bei der Lehre von Angriff und Vertheidigung, an deren Ursprung wir uns abermals befinden, näher angeben. Hier müssen wir uns begnügen, zu sagen, daß das Abwarten kein absolutes Leiden werden darf, und daß in dem damit verbundenen Handeln die Vernichtung der, in dem Konflikt dieses Handelns begriffenen, feindlichen Streitkraft eben so gut das Ziel sein kann, wie jeder andere Gegenstand. Es wäre also ein großer Irrthum in den Grundvorstellungen, zu glauben, daß das negative Bestreben dahin führen müßte, die Vernichtung der feindlichen Streitkräfte nicht zum Zweck zu wählen, sondern eine unblutige Entscheidung vorzuziehen. Das Übergewicht des negativen

4 *

Bestrebens kann allerdings die Veranlassung dazu sein, aber dann geschieht es immer auf die Gefahr, ob dieser Weg der angemessene sei, welches von ganz andern Bedingungen abhängt, die nicht in uns, sondern im Gegner liegen. Dieser andere, unblutige Weg kann also keineswegs als das natürliche Mittel betrachtet werden, um der überwiegenden Sorge für die Erhaltung unserer Streitkräfte genug zu thun, vielmehr würden wir diese, in Fällen, wo ein solcher Weg den Umständen nicht entspräche, dadurch vollkommen zu Grunde richten. Sehr viele Feldherren sind in diesen Irrthum verfallen, und dadurch zu Grunde gegangen. Die einzige nothwendige Wirkung, welche das Übergewicht des negativen Bestrebens hat, ist das Aufhalten der Entscheidung, so daß der Handelnde sich gewissermaßen in das Abwarten der entscheidenden Augenblicke hinein flüchtet. Die Folge davon pflegt zu sein: das Zurückverlegen der Handlung in der Zeit, und insofern der Raum damit in Verbindung steht, auch im Raum, so weit es die Umstände gestatten. Ist der Augenblick, wo dies ohne überwiegenden Nachtheil nicht weiter geschehen könnte, gekommen: so muß der Vortheil der Negative als erschöpft betrachtet werden, und nun tritt das Bestreben zur Vernichtung der feindlichen Streitkraft, welches nur durch ein Gegengewicht aufgehalten, aber nicht verdrängt war, unverändert hervor.

Wir haben also in unseren bisherigen Betrachtungen gesehen, daß es im Kriege vielerlei Wege zum Ziel, d. h. zur Erlangung des politischen Zwecks, giebt, daß aber das Gefecht das einzige Mittel ist, und daß darum alles unter einem höchsten Gesetz steht: unter der Waffenentscheidung; daß, wo sie faktisch am Gegner in Anspruch genommen wird, dieser Recours niemals versagt werden

kann, daß also der Kriegführende, welcher einen andern
Weg gehen will, sicher sein muß, daß der Gegner diesen Recours nicht nehmen, oder seinen Prozeß an diesem
höchsten Gerichtshof verlieren wird; daß also, mit einem
Wort, die Vernichtung der feindlichen Streitkraft unter
allen Zwecken, die im Kriege verfolgt werden können, immer als der über alles gebietende erscheint.

Was Kombinationen anderer Art im Kriege leisten
können, werden wir erst in der Folge, und natürlich nur
nach und nach, kennen lernen. Wir begnügen uns, hier
im Allgemeinen ihre Möglichkeit, als etwas auf die
Abweichung der Wirklichkeit von dem Begriff, auf die individuellen Umstände Gerichtetes, anzuerkennen. Aber wir
dürfen nicht unterlassen, schon hier die blutige Entladung der Krise, das Bestreben zur Vernichtung der
feindlichen Streitkraft, als den erstgeborenen Sohn des
Krieges geltend zu machen. Mag bei kleinen politischen
Zwecken, bei schwachen Motiven, geringen Spannungen
der Kräfte, ein behutsamer Feldherr geschickt alle Wege
versuchen, wie er ohne große Krisen und blutige Auflö-
sungen, durch die eigenthümlichen Schwächen seines Gegners, im Felde und im Kabinet, sich zum Frieden hin-
windet; wir haben kein Recht ihn darüber zu tadeln, wenn
seine Voraussetzungen gehörig motivirt sind und zum Erfolg berechtigen; aber wir müssen doch immer von ihm
fordern, daß er sich bewußt bleibe, nur Schleifwege zu
gehen, auf denen ihn der Kriegesgott ertappen kann, daß
er den Gegner immer im Auge behalte, damit er nicht,
wenn dieser zum scharfen Schwerte greift, ihm mit einem
Galanteriedegen entgegen trete.

Diese Resultate, von dem was der Krieg ist, wie
Zweck und Mittel in ihm wirken, wie er sich von seinem

ursprünglich strengen Begriff, in den Abweichungen der Wirklichkeit, bald mehr bald weniger entfernt, hin und her spielt, aber immer unter jenem strengen Begriff wie unter einem höchsten Gesetz steht: das alles müssen wir in unserer Vorstellung festhalten, und müssen uns desselben bei jedem der folgenden Gegenstände wieder bewußt werden, wenn wir ihre wahren Beziehungen, ihre eigenthümliche Bedeutung richtig verstehen, und nicht unaufhörlich in die schreiendsten Widersprüche mit der Wirklichkeit, und zuletzt mit uns selbst, gerathen wollen.

Drittes Kapitel.
Der kriegerische Genius.

Jede eigenthümliche Thätigkeit bedarf, wenn sie mit einer gewissen Virtuosität getrieben werden soll, eigenthümlicher Anlagen des Verstandes und Gemüths. Wo diese in einem hohen Grade ausgezeichnet sind, und sich durch außerordentliche Leistungen darstellen, wird der Geist dem sie angehören, mit dem Namen des Genius bezeichnet.

Wir wissen wohl, daß dieses Wort nach Ausdehnung und Richtung in sehr verschiedenartigen Bedeutungen vorkommt, und daß in manchen dieser Bedeutungen es eine sehr schwere Aufgabe ist, das Wesen des Genius zu bezeichnen; aber da wir uns weder für einen Philosophen, noch für einen Grammatiker ausgeben, so wird es uns gestattet sein, bei einer im Sprachgebrauch üblichen Bedeutung stehen zu bleiben, und unter Genie die für gewisse Thätigkeiten sehr gesteigerte Geisteskraft zu verstehen.

Wir wollen bei dieser Fakultät und Würde des Geistes einige Augenblicke verweilen, um die Berechtigung näher nachzuweisen, und den Inhalt des Begriffs näher kennen zu lernen. Aber wir können nicht bei dem, durch ein sehr gesteigertes Talent graduirten, bei dem eigentlichen Genie stehen bleiben, denn dieser Begriff hat ja keine abgemessenen Gränzen, sondern wir müssen überhaupt jede gemeinschaftliche Richtung der Seelenkräfte zur kriegerischen Thätigkeit in Betrachtung ziehen, die wir dann als das Wesen des kriegerischen Genius ansehen können. Wir sagen die gemeinschaftlichen, denn darin besteht eben der kriegerische Genius, daß er nicht eine einzelne dahin gerichtete Kraft, z. B. der Muth, ist, während andere Kräfte des Verstandes und Gemüthes fehlen, oder eine für den Krieg unbrauchbare Richtung haben: sondern daß er ein harmonischer Verein der Kräfte ist, wobei eine oder die andere vorherrschen, aber keine widerstreben darf.

Wenn jeder Kämpfende vom kriegerischen Genius mehr oder weniger beseelt sein sollte, so würden unsere Heere wohl sehr schwach sein; denn eben weil darunter eine eigenthümliche Richtung der Seelenkräfte verstanden wird, so kann sie da nur selten vorkommen, wo in einem Volke die Seelenkräfte nach so vielen Seiten hin in Anspruch genommen und ausgebildet werden. Je weniger verschiedenartige Thätigkeiten ein Volk aber hat, je mehr die kriegerische bei demselben vorherrscht, um so mehr muß sich auch der kriegerische Genius in demselben verbreitet finden. Dies bestimmt aber nur seinen Umfang, keinesweges seine Höhe, denn diese hängt von der allgemeinen geistigen Entwicklung des Volks ab. Wenn wir ein rohes kriegerisches Volk betrachten, so ist ein kriegerischer Geist unter den Einzelnen viel gewöhnlicher als bei den gebildeten Völkern, denn bei jenen besitzt ihn fast jeder einzelne Krieger, während bei den gebildeten eine ganze Masse nur durch die Nothwendigkeit und keineswegs durch innern Trieb mit fortgerissen wird. Aber unter rohen Völkern findet man nie einen eigentlich großen Feldherrn, und äußerst selten was man ein kriegerisches Genie nennen kann, weil dazu eine Entwicklung der Verstandeskräfte erforderlich ist, die ein rohes Volk nicht haben kann. Daß auch gebildete Völker eine mehr oder weniger kriegerische Richtung und Entwicklung haben können, versteht sich von selbst, und je mehr dies der Fall ist, um so häufiger wird sich in ihrem Heere der kriegerische Geist auch in dem Einzelnen finden. Da dies nun mit dem höheren Grade desselben zusammentrifft, so gehen von solchen Völkern immer die glänzendsten kriegerischen Erscheinungen aus, wie Römer und Franzosen bewiesen haben. Die größten Namen dieser, und aller im Kriege einst berühmten Völker, fallen aber immer erst in die Zeiten einer höhern Bildung.

Es läßt uns dies schon errathen, wie groß der Antheil ist, welchen die Verstandeskräfte an dem höhern kriegerischen Genius haben. Wir wollen jetzt einen nähern Blick auf ihn werfen.

Der Krieg ist das Gebiet der Gefahr, es ist also Muth vor allen Dingen die erste Eigenschaft des Kriegers.

Der Muth ist doppelter Art: einmal Muth gegen die persönliche Gefahr, und dann Muth gegen die Verantwortlichkeit, sei es vor dem Richterstuhl irgend einer äußern Macht, oder der innern, nämlich des Gewissens. Nur von dem ersteren ist hier die Rede.

Der Muth gegen die persönliche Gefahr ist wieder

doppelter Art: erstens, kann er Gleichgültigkeit gegen die Gefahr sein, sei es daß sie aus dem Organismus des Individuums, oder aus Geringschätzung des Lebens, oder aus Gewohnheit hervorgehe, auf jeden Fall aber ist er als ein bleibender Zustand anzusehen.

Zweitens kann der Muth aus positiven Motiven hervorgehen, wie Ehrgeiz, Vaterlandsliebe, Begeisterung jeder Art. In diesem Fall ist der Muth nicht sowohl ein Zustand, als eine Gemüthsbewegung, ein Gefühl.

Es ist begreiflich, daß beide Arten verschiedener Wirkung sind. Die erste Art ist sicherer, weil sie, zur zweiten Natur geworden, den Menschen nie verläßt; die zweite führt oft weiter; der ersten gehört mehr die Standhaftigkeit, der zweiten mehr die Kühnheit an; die erste läßt den Verstand nüchterner, die zweite steigert ihn zuweilen, verblendet ihn aber auch oft. Beide vereinigt, geben die vollkommenste Art des Muthes.

Der Krieg ist das Gebiet körperlicher Anstrengungen und Leiden; um dadurch nicht zu Grunde gerichtet zu werden, bedarf es einer gewissen Kraft des Körpers und der Seele, die, angeboren oder eingeübt, gleichgültig dagegen macht. Mit diesen Eigenschaften, unter der bloßen Führung des gesunden Verstandes, ist der Mensch schon ein tüchtiges Werkzeug für den Krieg, und diese Eigenschaften sind es, die wir bei rohen und halbkultivirten Völkern so allgemein verbreitet antreffen. Gehen wir in den Forderungen weiter, die der Krieg an seine Genossen macht, so treffen wir auf vorherrschende Verstandeskräfte. Der Krieg ist das Gebiet der Ungewißheit; drei Viertheile derjenigen Dinge, worauf das Handeln im Kriege gebaut wird, liegen im Nebel einer mehr oder weniger großen Ungewißheit. Hier ist es also zuerst, wo ein feiner durchdringender Verstand in Anspruch genommen wird, um mit dem Takte seines Urtheils die Wahrheit heraus zu fühlen.

Es mag ein gewöhnlicher Verstand diese Wahrheit einmal durch Zufall treffen, ein ungewöhnlicher Muth mag das Verfehlen ein andermal ausgleichen, aber die Mehrheit der Fälle, der Durchschnittserfolg, wird den fehlenden Verstand immer an den Tag bringen.

Der Krieg ist das Gebiet des Zufalls. In keiner menschlichen Thätigkeit muß diesem Fremdling ein solcher Spielraum gelassen werden, weil keine so, nach allen Seiten hin, in beständigem Kontakt mit ihm ist. Er vermehrt die Ungewißheit aller Umstände, und stört den Gang der Ereignisse.

Jene Unsicherheit aller Nachrichten und Voraussetzungen, diese beständigen Einmischungen des Zufalls, machen, daß der Handelnde im Kriege die Dinge unaufhörlich anders findet als er sie erwartet hatte, und es kann nicht fehlen daß dies auf seinen Plan, oder wenigstens auf die diesem Plane zugehörigen Vorstellungen, Einfluß habe. Ist dieser Einfluß auch so groß, die gefaßten Vorsätze entschieden aufzuheben, so müssen doch in der Regel neue an ihre Stelle treten, für welche es dann oft in dem Augenblicke an Datis fehlt, weil im Lauf des Handelns die Umstände den Entschluß meistens drängen, und keine Zeit lassen sich von Neuem umzusehen, oft nicht einmal so viel, um reifliche Überlegungen anzustellen. Aber es ist viel gewöhnlicher, daß die Berichtigung unserer Vorstellungen, und die Kenntniß eingetretener Zufälle nicht hinreicht, unsern Vorsatz ganz umzustoßen, sondern ihn nur wankend zu machen. Die Kenntniß der Umstände hat sich in uns vermehrt, aber die Ungewißheit ist dadurch nicht verringert, sondern gesteigert. Die Ursache ist, weil man diese Erfahrungen nicht alle mit einemmal macht, sondern nach und nach, weil unsere Entschließungen nicht aufhören davon bestürmt zu werden, und der Geist, wenn wir so sagen dürfen, immer unter den Waffen sein muß.

Soll er nun diesen beständigen Streit mit dem Unerwarteten glücklich bestehen, so sind ihm zwei Eigenschaften unentbehrlich, einmal ein Verstand, der auch in dieser gesteigerten Dunkelheit nicht ohne einige Spuren des innern Lichts ist, die ihn zur Wahrheit führen, und dann Muth diesem schwachen Lichte zu folgen. Der erstere ist bildlich mit dem französischen Ausdruck coup d'oeil bezeichnet worden, der andere ist die Entschlossenheit.

Weil die Gefechte im Kriege das sind, was zuerst und am meisten den Blick auf sich gezogen hat, in den Gefechten Zeit und Raum wichtige Elemente sind, und es in jener Periode noch mehr waren, wo die Reiterei mit ihren rapiden Entscheidungen die Hauptsache war: so ist der Begriff eines schnellen und treffenden Entschlusses zuerst aus der Schätzung jener beiden Dinge hervorgetreten, und hat daher einen Ausdruck zur Bezeichnung bekommen, der nur auf richtiges Augenmaaß geht. Viele Lehrer der Kriegskunst haben ihn daher auch mit dieser beschränkten Bedeutung definirt. Aber es ist nicht zu verkennen, daß bald alle im Augenblick der Ausführung gefaßten, treffenden Entschlüsse darunter verstanden worden sind, z. B. das Erkennen des wahren Angriffspunktes u. s. w. Es ist also nicht bloß das körperliche, sondern häufiger das geistige Auge, welches in dem coup d'oeil gemeint ist. Natürlich ist der Ausdruck, wie die Sache, immer mehr im Gebiet der Taktik zu Hause gewesen, doch kann sie auch in der Strategie nicht fehlen, insofern auch in ihr oft schnelle Entscheidungen erforderlich sind. Entkleidet man diesen Begriff, von dem was ihm der Ausdruck zu Bildliches und Beschränktes gegeben hat, so ist er nichts als das schnelle Treffen einer Wahrheit, die einem gewöhnlichen Blick des Geistes gar nicht sichtbar ist, oder es erst nach langem Betrachten und Überlegen wird.

Die Entschlossenheit ist ein Akt des Muthes, in dem einzelnen Fall, und wenn sie zum Charakterzug wird, eine Gewohnheit der Seele. Aber hier ist nicht der Muth gegen körperliche Gefahr, sondern der gegen die Verantwortung, also gewissermaßen gegen Seelengefahr gemeint. Man hat diesen oft courage d'esprit genannt, weil er aus dem Verstande entspringt, aber er ist darum kein Akt des Verstandes, sondern des Gemüths. Bloßer Verstand ist noch kein Muth, denn wir sehen die gescheutesten Leute oft ohne Entschluß. Der Verstand muß also erst das Gefühl des Muthes erwecken, um von ihm gehalten und getragen zu werden, weil im Drange des Augenblicks Gefühle den Menschen stärker beherrschen als Gedanken.

Wir haben hier der Entschlossenheit diejenige Stelle angewiesen, wo sie, bei nicht hinreichenden Motiven, die Quaalen der Zweifel, die Gefahren des Zauderns heben soll. Der nicht sehr gewissenhafte Sprachgebrauch belegt freilich auch die bloße Neigung zum Wagen, Dreistigkeit, Kühnheit, Verwegenheit, mit diesem Namen. Wo aber hinreichende Motive in dem Menschen sind, sie mögen subjektiv oder objektiv, gültig oder falsch sein, ist kein Grund, von seiner Entschlossenheit zu reden, denn, indem wir das thun, setzen wir uns an seine Stelle, und legen Zweifel in die Waagschale, die er gar nicht gehabt hat.

Hier kann man nur von Kraft oder Schwäche sprechen. Wir sind nicht pedantisch genug, um mit dem Sprachgebrauch über diesen kleinen Mißgriff zu rechten, sondern unsere Bemerkung soll bloß dienen, falsche Einwürfe zu entfernen.

Diese Entschlossenheit nun, welche einen zweifelhaften Zustand besiegt, kann nur durch Verstand hervorgerufen werden, und zwar durch eine ganz eigenthümliche Richtung desselben. Wir behaupten, daß das bloße Beisammensein höherer Einsichten und nöthiger Gefühle immer noch nicht die Entschlossenheit macht. Es giebt Leute, die den schönsten Blick des Geistes für die schwierigste Aufgabe besitzen, denen es auch nicht an Muth fehlt, vieles auf sich zu nehmen, und die in schwierigen Fällen doch nicht zum Entschluß kommen können. Ihr Muth und ihre Einsicht stehen jedes einzeln, bieten sich nicht die Hand, und bringen darum nicht die Entschlossenheit als ein Drittes hervor. Diese entsteht erst durch den Akt des Verstandes, der die Nothwendigkeit des Wagens zum Bewußtsein bringt, und durch sie den Willen bestimmt. Diese ganz eigenthümliche Richtung des Verstandes, die jede andere Scheu im Menschen niederkämpft mit der Scheu vor dem Schwanken und Zaudern, ist es, welche in kräftigen Gemüthern die Entschlossenheit ausbildet; darum können Menschen mit wenig Verstand, in unserem Sinne, nicht entschlossen sein. Sie können in schwierigen Fällen ohne Zaudern handeln, aber dann thun sie es ohne Überlegung, und es können freilich den, welcher unüberlegt handelt, keine Zweifel mit sich selbst entzweien. Ein solches Handeln kann auch hin und wieder das Rechte treffen, aber wir sagen hier wie oben: es ist der Durchschnittserfolg, welcher auf das Dasein des kriegerischen Genius deutet. Wem unsere

Behauptung dennoch wunderlich vorkommt, weil er manchen entschlossenen Husarenoffizier kennt, der kein tiefer Denker ist: den müssen wir erinnern, daß hier von einer eigenthümlichen Richtung des Verstandes, nicht von einer großen Meditationskraft die Rede ist.

Wir glauben also, daß die Entschlossenheit einer eigenthümlichen Richtung des Verstandes ihr Dasein verdankt, und zwar einer, die mehr kräftigen als glänzenden Köpfen angehört, wir können diese Genealogie der Entschlossenheit noch dadurch belegen, daß es eine so große Zahl von Beispielen giebt, wo Männer, die in niedern Regionen die größte Entschlossenheit gezeigt hatten, diese in den höhern verloren. Obgleich sie das Bedürfniß haben sich zu entschließen, so sehen sie doch die Gefahren ein, die in einem falschen Entschluß liegen, und da sie mit den Dingen, die ihnen vorliegen, nicht vertraut sind, so verliert ihr Verstand seine ursprüngliche Kraft, und sie werden nur um so zaghafter, je mehr sie die Gefahr der Unentschlossenheit, in die sie gebannt sind, kennen, und je mehr sie gewohnt waren, frisch von der Faust weg zu handeln.

Bei dem coup d'oeil, und der Entschlossenheit liegt es uns ganz nahe, von der damit verwandten Geistesgegenwart zu reden, die in einem Gebiete des Unerwarteten, wie der Krieg es ist, eine große Rolle spielen muß; denn sie ist ja nichts als eine gesteigerte Besiegung des Unerwarteten. Man bewundert die Geistesgegenwart in einer treffenden Antwort auf eine unerwartete Anrede, wie man sie bewundert in der schnell gefundenen Aushilfe bei plötzlicher Gefahr. Beide, diese Antwort und diese Aushilfe, brauchen nicht ungewöhnlich zu sein, wenn sie nur treffen; denn, was nach reiflicher und ruhiger Überlegung nichts Ungewöhnliches, also in seinem Eindruck auf uns etwas Gleichgültiges wäre, kann als ein schneller Akt des Verstandes Vergnügen machen. Der Ausdruck, Geistesgegenwart, bezeichnet, gewiß sehr passend, die Nähe und Schnelligkeit der vom Verstande dargereichten Hilfe.

Ob diese herrliche Eigenschaft eines Menschen mehr der Eigenthümlichkeit seines Verstandes, oder mehr dem Gleichgewicht seines Gemüths zugeschrieben werden muß, hängt von der Natur des Falles ab, wiewohl keines von beiden je ganz fehlen darf. Eine treffende Antwort ist mehr das Werk eines witzigen Kopfes; ein treffendes Mittel in plötzlicher Gefahr setzt, vor allen Dingen, Gleichgewicht des Gemüths voraus.

Wenn wir nun einen Gesammtblick auf die vier Bestandtheile werfen, aus denen die Atmosphäre zusammengesetzt ist, in welcher sich der Krieg bewegt, auf die Gefahr, die körperliche Anstrengung, die Ungewißheit und den Zufall, so wird es leicht begreiflich, daß eine große Kraft des Gemüthes und des Verstandes erforderlich ist, um in diesem erschwerenden Element mit Sicherheit und Erfolg vorzuschreiten, eine Kraft, die wir nach den verschiedenen Modifikationen, welche sie von den Umständen annimmt, als Energie, Festigkeit, Standhaftigkeit, Gemüths- und Charakterstärke in dem Munde der Erzähler und Berichterstatter kriegerischer Ereignisse finden. Man könnte alle diese Äußerungen der Heldennatur als eine und dieselbe Kraft des Willens betrachten, die sich nach den Umständen modifizirt; aber so nahe diese Dinge miteinander verwandt sind, so sind sie doch nicht ein's und dasselbe, und es ist in unserem Interesse, das Spiel der Seelenkräfte dabei, wenigstens um etwas, genauer zu unterscheiden.

Zuerst gehört es wesentlich zur Deutlichkeit der Vorstellungen, zu sagen, daß das Gewicht, die Last, der Widerstand, wie man es nennen will, welche jene Kraft der Seele in dem Handelnden herausfordert, nur zum kleinsten Theil unmittelbar die feindliche Thätigkeit, der feindliche Widerstand, das feindliche Handeln ist. Unmittelbar hat die feindliche Thätigkeit auf den Handelnden zuerst nur für seine eigene Person Einwirkung, ohne seine Thätigkeit als Führer zu berühren. Wenn der Feind statt zwei Stunden vier Stunden widersteht, so befindet sich der Führer statt zwei Stunden vier Stunden in Gefahr; dies ist offenbar eine Größe, deren Bedeutung abnimmt, je höher der Führer steht; was will das sagen in der Rolle des Feldherrn — es ist nichts!

Zweitens wirkt der feindliche Widerstand unmittelbar auf den Führer durch den Verlust an Mitteln, der ihm bei einem längern Widerstand entsteht, und die Verantwortlichkeit, die damit verknüpft ist. Hier, durch diese sorgenvollen Betrachtungen, wird zuerst seine Willenskraft geprüft und herausgefordert. Aber wir behaupten, daß dies bei weitem nicht die schwerste Last ist, die er zu tragen hat, denn er hat es nur mit sich selbst abzumachen. Alle übrigen Wirkungen des feindlichen Widerstands aber sind auf die Kämpfenden gerichtet, die er anführt, und wirken durch diese auf ihn zurück.

So lange eine Truppe voll guten Muthes mit Lust und Leichtigkeit kämpft, ist selten eine Veranlassung da, große Willenskraft in der Verfolgung seiner Zwecke zu zeigen; so wie aber die Umstände schwierig werden, und das kann, wo Außerordentliches geleistet werden soll, nie ausbleiben, so geht die Sache nicht mehr von selbst, wie mit einer gut eingeölten Maschine, sondern die Maschine selbst

selbst fängt an Widerstand zu leisten, und diesen zu über=
winden, dazu gehört die große Willenskraft des Führers.
Unter diesem Widerstande wird man sich nicht gerade
Ungehorsam und Widerrede denken, wiewohl auch diese
bei einzelnen Individuen häufig genug vorkommen; son=
dern es ist der Gesammteindruck aller ersterbenden phisi=
schen und moralischen Kräfte, es ist der herzzerreißende
Anblick der blutigen Opfer, den der Führer in sich selbst
zu bekämpfen hat, und dann in allen Andern, die, unmit=
telbar oder mittelbar, ihre Eindrücke, ihre Empfindungen,
Besorgnisse und Bestrebungen in ihn übergehen lassen. So
wie die Kräfte in dem Einzelnen ersterben, diese nicht mehr
vom eigenen Willen angeregt und getragen werden, lastet nach
und nach die ganze Inertie der Masse auf dem Willen des
Feldherrn; an der Glut in seiner Brust, an dem Lichte seines
Geistes soll sich die Glut des Vorsatzes, das Licht der
Hoffnung aller Andern von Neuem entzünden; nur in so
weit er dies vermag, in so weit gebietet er über die Masse,
und bleibt Herr derselben; so wie das aufhört, so wie sein
eigener Muth nicht mehr stark genug ist, den Muth aller
Andern wieder zu beleben, so zieht ihn die Masse zu sich
hinab in die niedere Region der thierischen Natur, die vor
der Gefahr zurück weicht, und die Schande nicht kennt.
Dies sind die Gewichte, welche der Muth und die Seelen=
stärke des Führers im Kampfe zu überwinden hat, wenn
er Ausgezeichnetes leisten will. Sie wachsen mit den
Massen, und so müssen also die Kräfte auch zunehmen
mit der Höhe der Stellen, wenn sie den Lasten angemes=
sen bleiben sollen.

Die Energie des Handelns drückt die Stärke des
Motivs aus, wodurch das Handeln hervorgerufen wird,
das Motiv mag nun in einer Verstandesüberzeugung oder

I

in einer Gemüthsregung seinen Grund haben. Die letztere darf aber schwerlich da fehlen, wo sich eine große Kraft zeigen soll.

Von allen großartigen Gefühlen, die die menschliche Brust in dem heißen Drange des Kampfes erfüllen, ist, wir wollen es nur gestehen, keins so mächtig und konstant, wie der Seelendurst nach Ruhm und Ehre, den die deutsche Sprache so ungerecht behandelt, indem sie ihn in Ehrgeiz und Ruhmsucht, durch zwei unwürdige Nebenvorstellungen, herabzusetzen strebt. Freilich hat der Mißbrauch dieser stolzen Sehnsucht gerade im Kriege die empörendsten Ungerechtigkeiten gegen das menschliche Geschlecht hervorbringen müssen; aber ihrem Ursprunge nach, sind diese Empfindungen gewiß zu den edelsten der menschlichen Natur zu zählen, und im Kriege sind sie der eigentliche Lebenshauch, der dem ungeheuern Körper eine Seele giebt. Alle anderen Gefühle, wie viel allgemeiner sie auch werden können, oder wie viel höher manche auch zu stehen scheinen, Vaterlandsliebe, Ideenfanatismus, Rache, Begeisterung jeder Art, sie machen den Ehrgeiz und die Ruhmbegierde nicht entbehrlich. Jene Gefühle können den ganzen Haufen im Allgemeinen erregen und höher stimmen, aber geben dem Führer nicht das Verlangen mehr zu wollen als die Gefährten, welches ein wesentliches Bedürfniß seiner Stelle ist, wenn er Vorzügliches darin leisten soll; sie machen nicht, wie der Ehrgeiz thut, den einzelnen kriegerischen Akt zum Eigenthum des Anführers, welches er dann auf die beste Weise zu nutzen strebt; wo er mit Anstrengung pflügt, mit Sorgfalt säet, um reichlich zu erndten. Diese Bestrebungen aller Anführer aber, von dem höchsten bis zum geringsten, diese Art von Industrie, dieser Wetteifer, dieser Sporn, sind es vorzüglich, welche

die Wirksamkeit eines Heeres beleben und erfolgreich machen. Und was nun ganz besonders den höchsten betrifft,
so fragen wir: hat es je einen großen Feldherrn ohne Ehrgeiz gegeben, oder ist eine solche Erscheinung auch nur
denkbar?

Die Festigkeit bezeichnet den Widerstand des Willens in Bezug auf die Stärke eines einzelnen Stoßes,
die Standhaftigkeit in Bezug auf die Dauer.

So nahe beide bei einander liegen, und so oft der
eine Ausdruck für den andern gebraucht wird, so ist doch
eine merkliche Verschiedenheit ihres Wesens nicht zu verkennen, insofern die Festigkeit gegen einen einzelnen hefti-
gen Eindruck ihren Grund in der bloßen Stärke eines
Gefühls haben kann, die Standhaftigkeit aber schon mehr
von dem Verstande unterstützt sein will; denn mit der
Dauer einer Thätigkeit nimmt die Planmäßigkeit derselben zu, und aus dieser schöpft die Standhaftigkeit zum
Theil ihre Kraft.

Wenden wir uns zur Gemüths- oder Seelenstärke, so ist die erste Frage: was wir darunter verstehen sollen.

Offenbar nicht die Heftigkeit der Gemüthsäußerungen,
die Leidenschaftlichkeit, denn das wäre gegen allen Sprachgebrauch, sondern das Vermögen, auch bei den stärksten
Anregungen, im Sturm der heftigsten Leidenschaft, noch
dem Verstande zu gehorchen. Sollte dies Vermögen bloß
von der Kraft des Verstandes herrühren? Wir bezweifeln
es. Zwar würde die Erscheinung, daß es Menschen von
ausgezeichnetem Verstande giebt, die sich nicht in ihrer
Gewalt haben, noch nichts dagegen beweisen, denn man
könnte sagen, daß es einer eigenthümlichen, vielleicht einer
mehr kräftigen als umfassenden Natur des Verstandes

5 *

bedürfte. Aber wir glauben der Wahrheit doch näher zu
sein, wenn wir annehmen, daß die Kraft, sich auch in den
Augenblicken der heftigsten Gemüthsbewegung dem Verstande noch zu unterwerfen, welche wir die Selbstbeherrschung nennen, in dem Gemüthe selbst ihren Sitz
hat. Es ist nämlich ein anderes Gefühl, was in starken
Gemüthern der aufgeregten Leidenschaft das Gleichgewicht
hält, ohne sie zu vernichten, und durch dieses Gleichgewicht
wird dem Verstande erst die Herrschaft gesichert. Dieses
Gegengewicht ist nichts Anderes, als das Gefühl der Menschenwürde; dieser edelste Stolz, dieses innerste Seelenbedürfniß: überall als ein mit Einsicht und Verstand begabtes Wesen zu wirken. Wir würden darum sagen: ein starkes Gemüth ist ein solches, welches
auch bei den heftigsten Regungen nicht aus dem
Gleichgewicht kömmt.

Werfen wir einen Blick auf die Verschiedenartigkeit
der Menschen in Beziehung auf das Gemüth, so finden
wir erstens solche, die sehr wenig Regsamkeit besitzen, und
die wir phlegmatisch oder indolent nennen.

Zweitens, sehr Regsame, deren Gefühle aber nie eine
gewisse Stärke überschreiten, und die wir als gefühlvolle,
aber ruhige Menschen kennen.

Drittens, sehr Reizbare, deren Gefühle sich schnell
und heftig wie Pulver entzünden, aber nicht dauernd sind;
endlich viertens, solche, die durch kleine Veranlassungen
nicht in Bewegung zu bringen sind, und die überhaupt nicht
schnell, sondern nach und nach in Bewegung kommen, deren Gefühle aber eine große Gewalt annehmen, und viel
dauernder sind. Dies sind die Menschen mit energischen,
tief und versteckt liegenden Leidenschaften.

Dieser Unterschied der Gemüthskonstitution liegt wahrscheinlich dicht an der Gränze der körperlichen Kräfte, die sich in dem menschlichen Organismus regen, und gehört jener Amphibiennatur an, die wir Nervensystem nennen, die mit der einen Seite der Materie, mit der andern dem Geiste zugewendet scheint. Wir mit unserer schwachen Philosophie, haben in diesem dunkeln Felde nichts weiter zu suchen. Wichtig ist es uns aber, bei der Wirkung einen Augenblick zu verweilen, welche diese verschiedenen Naturen in der kriegerischen Thätigkeit haben, und in wie fern eine große Seelenstärke von ihnen zu erwarten ist.

Die indolenten Menschen können nicht leicht aus dem Gleichgewicht gebracht werden, aber freilich kann man das nicht Seelenstärke nennen, wo es an aller Kraftäußerung fehlt. Es ist aber nicht zu verkennen, daß solche Menschen, eben wegen ihres beständigen Gleichgewichts, im Kriege von einer gewissen einseitigen Tüchtigkeit sind. Es fehlt ihnen oft das positive Motiv des Handelns, der Antrieb, und, als Folge davon, die Thätigkeit, aber sie verderben nicht leicht Etwas.

Die Eigenthümlichkeit der zweiten Klasse ist, daß sie von kleinen Gegenständen leicht zum Handeln angeregt, von großen aber leicht erdrückt wird. Menschen dieser Art werden eine lebhafte Thätigkeit zeigen, einem einzelnen Unglücklichen zu helfen, aber von dem Unglück eines ganzen Volks nur traurig gestimmt, nicht zum Handeln angeregt werden.

Im Kriege wird es solchen Männern weder an Thätigkeit noch an Gleichgewicht fehlen, aber etwas Großes werden sie nicht vollbringen, es müßte denn sein, daß in einem sehr kräftigen Verstande die Motive dazu vorhanden wären. Es ist aber selten, daß sich mit solchen Gemüthern ein sehr starker, unabhängiger Verstand verbände.

Die aufbrausenden, aufflammenden Gefühle sind an sich für das praktische Leben, und also auch für den Krieg, nicht sehr geeignet. Sie haben zwar das Verdienst starker Antriebe, aber diese halten nicht vor. Wenn indessen in solchen Menschen die Regsamkeit die Richtung des Muthes und des Ehrgeizes hat, so wird sie im Kriege auf niedrigen Stellen oft sehr brauchbar, aus dem bloßen Grunde, weil der kriegerische Akt, über den ein Führer der niedern Stufen zu gebieten hat, von viel kürzerer Dauer ist. Hier reicht oft ein einzelner muthiger Entschluß, eine Aufwallung der Seelenkräfte hin. Ein kühner Anfall, ein kräftiges Hurrah, ist das Werk weniger Minuten, ein kühner Schlachtenkampf ist das Werk eines ganzen Tages, und ein Feldzug das Werk eines Jahres.

Bei der reißenden Schnelligkeit ihrer Gefühle ist es solchen Menschen doppelt schwer, das Gleichgewicht des Gemüths zu behaupten, daher verlieren sie häufig den Kopf, und dies ist für die Kriegführung die schlimmste ihrer Seiten. Aber es würde gegen die Erfahrung sein, zu behaupten: daß sehr reizbare Gemüther niemals stark, d. h. auch in ihren stärksten Regungen im Gleichgewicht sein könnten. Warum sollte auch das Gefühl für die eigene Würde in ihnen nicht vorhanden sein, da sie in der Regel den edleren Naturen angehören. Dies Gefühl fehlt ihnen selten, es hat aber nicht Zeit wirksam zu werden. Hinterher sind sie meist von Selbstbeschämung durchdrungen. Wenn Erziehung, Selbstbeobachtung und Lebenserfahrung sie früh oder spät das Mittel gelehrt haben, gegen sich selbst auf der Hut zu sein, um in Augenblicken lebhafter Anregung sich des, in ihrer eigenen Brust ruhenden, Ge-

gengewichts noch bei Zeiten bewußt zu werden, so können auch sie einer großen Seelenstärke fähig sein.

Endlich sind die wenig beweglichen, aber darum tief bewegten Menschen, die sich zu den vorigen wie die Glut zur Flamme verhalten, am meisten geeignet, mit ihrer Titanenkraft die ungeheueren Massen wegzuwälzen, unter welchen wir uns bildlich die Schwierigkeiten des kriegerischen Handelns vorstellen können. Die Wirkung ihrer Gefühle gleicht der Bewegung großer Massen, die, wenn auch langsamer, doch überwältigender ist.

Obgleich solche Menschen nicht so von ihren Gefühlen überfallen, und zu ihrer eigenen Beschämung fortgerissen werden, wie die vorigen, so wäre es doch wieder gegen die Erfahrung, zu glauben, daß sie das Gleichgewicht nicht verlieren, und blinder Leidenschaft nicht unterwürfig werden könnten; dies wird vielmehr immer geschehen, sobald ihnen der edle Stolz der Selbstbeherrschung fehlt, oder so oft er nicht stark genug ist. Wir sehen diese Erfahrung am häufigsten bei großartigen Männern roher Völker, wo die geringe Verstandesausbildung immer ein Vorherrschen der Leidenschaft begünstigt. Aber auch unter den gebildeten Völkern, und in den gebildetsten Ständen derselben, ist ja das Leben voll solcher Erscheinungen, wo Menschen durch gewaltsame Leidenschaften fortgerissen werden, wie im Mittelalter die auf Hirschen angeschmiedeten Wilddiebe durch's Gehölz.

Wir sagen es also noch einmal: ein starkes Gemüth ist nicht ein solches, welches bloß starker Regungen fähig ist, sondern dasjenige, welches bei den stärksten Regungen im Gleichgewicht bleibt, so daß, trotz den Stürmen in der Brust, der Einsicht und Überzeugung, wie der Nadel des Kompasses auf dem sturmbewegten Schiff, das feinste Spiel gestattet ist.

Mit dem Namen der Charakterstärke, oder überhaupt des Charakters, bezeichnet man das feste Halten an seiner Überzeugung, sie mag nun das Resultat fremder oder eigner Einsicht sein, und mag sie Grundsätzen, Ansichten, augenblicklichen Eingebungen, oder was immer für Ergebnissen des Verstandes angehören. Aber diese Festigkeit kann sich freilich nicht kund thun, wenn die Einsichten selbst häufigem Wechsel unterliegen. Dieser häufige Wechsel braucht nicht die Folge fremden Einflusses zu sein, sondern er kann aus der eigenen fortwirkenden Thätigkeit des Verstandes hervorgehen, deutet dann aber freilich auf eine eigenthümliche Unsicherheit desselben. Offenbar wird man von einem Menschen, der seine Ansicht alle Augenblicke ändert, wie sehr dies auch aus ihm selbst hervorgehen mag, nicht sagen: er hat Charakter. Man bezeichnet also nur solche Menschen mit dieser Eigenschaft, deren Überzeugung sehr konstant ist, entweder weil sie tief begründet und klar, an sich zu einer Veränderung wenig geeignet ist, oder weil es, wie bei indolenten Menschen, an Verstandesthätigkeit und damit an dem Grund zur Veränderung fehlt, oder endlich, weil ein ausdrücklicher Akt des Willens, aus einem gesetzgebenden Grundsatz des Verstandes entsprungen, den Wechsel der Meinungen bis auf einen gewissen Grad zurückweist.

Nun liegen im Kriege, in den zahlreichen und starken Eindrücken, welche das Gemüth erhält, und in der Unsicherheit alles Wissens und aller Einsicht, mehr Veranlassungen, den Menschen von seiner angefangenen Bahn abzudrängen, ihn an sich und Andern irre zu machen, als dies in irgend einer andern menschlichen Thätigkeit vorkommt.

Der herzzerreißende Anblick von Gefahren und Leiden läßt das Gefühl leicht ein Übergewicht über die Verstanstandesüberzeugung gewinnen, und in dem Dämmerlicht aller Erscheinungen ist eine tiefe klare Einsicht so schwer, daß der Wechsel derselben begreiflicher und verzeihlicher wird. Es ist immer nur ein Ahnen und Herausfühlen der Wahrheit, nach welcher gehandelt werden muß. Darum ist nirgends die Meinungsverschiedenheit so groß als im Kriege, und der Strom der Eindrücke gegen die eigene Überzeugung hört nie auf. Selbst das größte Phlegma des Verstandes kann kaum dagegen schützen, weil die Eindrücke zu stark und lebhaft, und immer zugleich gegen das Gemüth mit gerichtet sind.

Nur die allgemeinen Grundsätze und Ansichten, welche das Handeln von einem höhern Standpunkt aus leiten, können die Frucht einer klaren und tiefen Einsicht sein, und an ihnen liegt, so zu sagen, die Meinung über den vorliegenden, individuellen Fall, gewissermaßen vor Anker. Aber das Halten an diesen Resultaten eines frühern Nachdenkens gegen den Strom der Meinungen und Erscheinungen, welchen die Gegenwart herbeiführt, ist eben die Schwierigkeit. Zwischen dem individuellen Fall und dem Grundsatz ist oft ein weiter Raum, der sich nicht immer an einer sichtbaren Kette von Schlüssen durchziehen läßt, und wo ein gewisser Glaube an sich selbst nothwendig ist, und ein gewisser Skeptizismus wohlthätig. Hier hilft oft nichts Anderes als ein gesetzgebender Grundsatz, der, außer das Denken selbst gestellt, dasselbe beherrscht; es ist der Grundsatz, bei allen zweifelhaften Fällen bei seiner ersten Meinung zu beharren, und nicht eher zu weichen, bis eine klare Überzeugung dazu zwingt. Man muß stark sein in dem Glauben an die bessere Wahrheit wohlgeprüfter Grundsätze, und bei der Lebhaftigkeit der augenblicklichen Erscheinungen nicht vergessen, daß ihre

Wahrheit von einem geringern Gepräge ist. Durch dieses Vorrecht, welches wir in zweifelhaften Fällen unserer frühern Überzeugung geben, durch dieses Beharren bei derselben, gewinnt das Handeln diejenige Stätigkeit und Folge, die man Charakter nennt.

Wie sehr das Gleichgewicht des Gemüths die Charakterstärke befördert, ist leicht einzusehen, daher auch Menschen von großer Seelenstärke meistens viel Charakter haben.

Die Charakterstärke führt uns zu einer Abart derselben, dem Eigensinn.

Sehr schwer ist es oft, im konkreten Falle zu sagen, wo die eine aufhört und der andere anfängt, dagegen scheint es nicht schwer, den Unterschied im Begriffe festzustellen.

Eigensinn ist kein Fehler des Verstandes; wir bezeichnen damit das Widerstreben gegen bessere Einsicht, und dieses kann nicht ohne Widerspruch in dem Verstand, als dem Vermögen der Einsicht, gesetzt werden. Der Eigensinn ist ein Fehler des Gemüths. Diese Unbeugsamkeit des Willens, diese Reizbarkeit gegen fremde Einrede haben ihren Grund nur in einer besondern Art von Selbstsucht, welche höher als alles Andere das Vergnügen stellt, über sich und Andere nur mit eigener Geistesthätigkeit zu gebieten. Wir würden es eine Art Eitelkeit nennen, wenn es nicht allerdings etwas Besseres wäre; der Eitelkeit genügt der Schein, der Eigensinn aber beruhet auf dem Vergnügen an der Sache.

Wir sagen also: die Charakterstärke wird zum Eigensinn, sobald das Widerstreben gegen fremde Einsicht nicht aus besserer Überzeugung, nicht aus Vertrauen auf einen höhern Grundsatz, sondern aus einem widerstrebenden

Gefühl entsteht. Wenn diese Definition uns auch, wie wir schon eingeräumt haben, praktisch wenig hilft, so wird sie doch verhindern, den Eigensinn für eine bloße Steigerung der Charakterstärke zu halten, während er etwas wesentlich Verschiedenes davon ist, was derselben zwar zur Seite liegt und mit ihr gränzt, aber so wenig ihre Steigerung ist, daß es sogar sehr eigensinnige Menschen giebt, die wegen Mangel an Verstand wenig Charakterstärke haben.

Nachdem wir in diesen Virtuositäten eines ausgezeichneten Führers im Kriege, diejenigen Eigenschaften kennen gelernt haben, in welchen Gemüth und Verstand zusammen wirken, kommen wir jetzt zu einer Eigenthümlichkeit der kriegerischen Thätigkeit, welche vielleicht als die stärkste betrachtet werden kann, wenn es auch nicht die wichtigste ist, und die, ohne Beziehung auf die Gemüthskräfte, bloß das Geistesvermögen in Anspruch nimmt. Es ist die Beziehung, in welcher der Krieg zu Gegend und Boden steht.

Diese Beziehung ist, erstens, ganz unausgesetzt vorhanden, so, daß man sich einen kriegerischen Akt unserer gebildeten Heere gar nicht anders, als in einem bestimmten Raum vorgehend denken kann; sie ist, zweitens, von der entscheidendsten Wichtigkeit, weil sie die Wirkungen aller Kräfte modifizirt, zuweilen total verändert; drittens, führt sie auf der einen Seite oft zu den kleinsten Zügen der Örtlichkeit, während sie auf der andern die weitesten Räume umfaßt.

Auf diese Weise ist es, daß die Beziehung, welche der Krieg zu Gegend und Boden hat, seiner Thätigkeit eine hohe Eigenthümlichkeit giebt. Wenn wir an die andern menschlichen Thätigkeiten denken, die eine Beziehung zu jenem Gegenstande haben, an Garten- und Landbau, an Häuser- und Wasserbauten, an Bergbau, an Jägerei und Forstbetrieb, so sind alle auf sehr mäßige Räume beschränkt, welche sie bald mit genügender Genauigkeit erforschen können. Der Führer im Kriege aber muß das Werk seiner Thätigkeit einem mitwirkenden Raume übergeben, den seine Augen nicht überblicken, den der regste Eifer nicht immer erforschen kann, und mit dem er, bei dem beständigen Wechsel, auch selten in eigentliche Bekanntschaft kömmt. Zwar ist der Gegner im Allgemeinen in demselben Fall, aber erstlich, ist die gemeinschaftliche Schwierigkeit doch immer eine solche, und es wird der, welcher ihrer durch Talent und Übung Herr wird, einen großen Vortheil auf seiner Seite haben, zweitens, findet diese Gleichheit der Schwierigkeit nur im Allgemeinen statt, keinesweges in dem einzelnen Fall, wo gewöhnlich einer der beiden Kämpfenden (der Vertheidiger) viel mehr von der Örtlichkeit weiß, als der Andere.

Diese höchst eigenthümliche Schwierigkeit muß eine eigenthümliche Geistesanlage besiegen, welche, mit einem zu beschränkten Ausdruck, der Ortssinn genannt wird. Es ist das Vermögen, sich von jeder Gegend schnell eine richtige geometrische Vorstellung zu machen, und als Folge davon sich in ihr jedesmal leicht zurecht zu finden. Offenbar ist dies ein Akt der Phantasie. Zwar geschieht das Auffassen dabei theils durch das körperliche Auge, theils durch den Verstand, der mit seinen, aus Wissenschaft und Erfahrung geschöpften Einsichten das Fehlende ergänzt, und aus den Bruchstücken des körperlichen Blicks ein Ganzes macht; aber, daß dies Ganze nun lebhaft vor die Seele trete, ein Bild, eine innerlich gezeichnete Karte werde, daß dies Bild bleibend sei, die einzelnen Züge nicht

immer wieder auseinander fallen, das vermag nur die
Geisteskraft zu bewirken, die wir Phantasie nennen. Wenn ein genialer Dichter oder Maler sich verletzt
fühlt, daß wir seiner Göttin eine solche Wirksamkeit zu-
muthen, wenn er die Achseln zuckt, daß ein sindiger Jäger-
bursche darum eine ausgezeichnete Phantasie haben solle,
so wollen wir gern einräumen, daß nur von einer sehr beschränkten Anwendung, von einem wahren Sklavendienst
derselben die Rede ist. Aber wie weniges dies auch sei,
es muß doch von dieser Naturkraft entnommen werden,
denn wenn sie ganz abgeht, dann wird es schwer werden,
sich die Dinge in ihrem Formenzusammenhange bis zur
Anschauung deutlich vorzustellen. Daß ein gutes Gedächtniß dabei sehr zu Hilfe komme, räumen wir gern ein; ob
aber das Gedächtniß dann als eine eigene Seelenkraft anzunehmen ist, oder ob es eben in jenem Vorstellungsver-
mögen liegt, das Gedächtniß für diese Dinge besser zu
fixiren, müssen wir um so mehr unausgemacht lassen, als
es überhaupt schwer scheint, diese beiden Seelenkräfte in
manchen Beziehungen getrennt zu denken.

Daß Übung und Verstandeseinsicht dabei sehr viel
thun, ist nicht zu läugnen. Puisegur, der berühmte Ge-
neralquartiermeister des berühmten Luxemburg, sagt: daß
er sich anfangs in diesem Punkt wenig zugetraut, weil er
bemerkt, daß, wenn er die Parole weit zu holen gehabt,
er jedesmal den Weg verfehlt habe.

Es ist natürlich, daß auch die Anwendungen dieses
Talents sich nach oben hin erweitern. Müssen der Husar
und Jäger, bei Führung einer Patrouille, in Weg und
Steg sich leicht finden, und bedarf es dafür immer nur
weniger Kennzeichen, einer beschränkten Auffassung und
Vorstellungsgabe, so muß der Feldherr sich bis zu den

allgemeinen geographischen Gegenständen einer Provinz und eines Landes erheben, den Zug der Straßen, Ströme und Gebirge immer lebhaft vor Augen haben, ohne darum den beschränkten Ortssinn entbehren zu können. Zwar sind ihm, für die allgemeinen Gegenstände, Nachrichten aller Art, Karten, Bücher, Memoiren, und für die Einzelnheiten der Beistand seiner Umgebungen eine große Hilfe, aber gewiß ist es dennoch, daß ein großes Talent in schneller und klarer Auffassung der Gegend seinem ganzen Handeln einen leichtern und festern Schritt verleiht, ihn vor einer gewissen innern Unbehilflichkeit schützt, und weniger abhängig von Andern macht.

Ist diese Fähigkeit der Phantasie zuzuschreiben, so ist dies auch fast der einzige Dienst, welchen die kriegerische Thätigkeit von dieser ausgelassenen Göttin fordert, die ihr übrigens eher verderblich als nützlich ist. —

Wir glauben hiemit diejenigen Äußerungen der Geistes- und Seelenkräfte in Betrachtung gezogen zu haben, welche durch die kriegerische Thätigkeit der menschlichen Natur abgefordert werden. Überall erscheint der Verstand als eine wesentlich mitwirkende Kraft, und so wird es denn begreiflich, wie das in seinen Erscheinungen so einfache, wenig zusammengesetzte kriegerische Wirken von Leuten ohne ausgezeichnete Verstandeskräfte nicht auf eine ausgezeichnete Art geleistet werden kann.

Hat man diese Ansicht gewonnen, so ist man nicht mehr genöthigt, das Umgehen einer feindlichen Stellung, eine an sich so natürliche, tausendmal da gewesene Sache, und hundert ähnliche, für das Werk großer Geistesanstrengung zu halten.

Freilich ist man gewohnt, den einfachen tüchtigen Soldaten als einen Gegensatz zu denken zu den meditativen, oder erfindungs- oder ideenreichen Köpfen, und den in Bildungsschmuck aller Art glänzenden Geistern; auch ist dieser Gegensatz keinesweges ohne Realität, aber er beweist nur nicht, daß die Tüchtigkeit des Soldaten bloß in seinem Muthe bestände, und daß es nicht auch einer gewissen eigenthümlichen Thätigkeit und Tüchtigkeit des Kopfes bedürfte, um nur das zu sein, was man einen guten Degen nennt. Wir müssen immer wieder darauf zurückkommen, daß Nichts gewöhnlicher ist als Beispiele von Männern, die ihre Thätigkeit verlieren, sobald sie zu höhern Stellen gelangen, denen ihre Einsichten nicht mehr gewachsen sind; wir müssen aber auch immer wieder daran erinnern, daß wir von vorzüglichen Leistungen reden, von solchen, die Ruf in der Art von Thätigkeit geben, der sie angehören. Es bildet daher jede Stufe des Befehls im Kriege ihre eigene Schicht, von erforderlichen Geisteskräften, von Ruhm und Ehre.

Eine sehr große Kluft liegt zwischen einem Feldherrn, d. h. einem, entweder an der Spitze eines ganzen Krieges, oder eines Kriegstheaters stehenden General, und der nächsten Befehlshaberstufe unter ihm, aus dem einfachen Grunde weil dieser einer viel nähern Leitung und Aufsicht unterworfen ist, folglich der eigenen Geistesthätigkeit einen viel kleineren Kreis läßt. Dies hat denn veranlaßt, daß die gewöhnliche Meinung eine ausgezeichnete Verstandesthätigkeit nur in dieser höchsten Stelle sieht, und bis dahin mit dem gemeinen Verstande auszureichen glaubt; ja, man ist nicht abgeneigt, in einem unter den Waffen ergrauten Unterfeldherrn, den seine einseitige Thätigkeit zu einer unverkennbaren Geistesarmuth geführt hat, ein gewisses Verdummen zu erblicken, und, bei aller Verehrung für seinen Muth, über seine Einfalt zu lächeln. Es ist nicht unser Vorsatz, diesen braven Leuten ein besseres Loos zu erkämpfen, dies würde nichts zu ihrer Wirksamkeit, und wenig zu ihrem Glück beitragen, sondern wir wollen nur die Sachen zeigen wie sie sind, und vor dem Irrthum warnen, daß im Kriege ein bloßer Bravo ohne Verstand Vorzügliches leisten könne.

Wenn wir schon in den niedrigsten Führerstellen für den, welcher ausgezeichnet sein soll, auch ausgezeichnete Geisteskräfte fordern, und diese mit jeder Stufe steigern, so folgt daraus von selbst, daß wir eine ganz andere Ansicht von den Leuten haben, welche die zweiten Stellen in einem Heere mit Ruhm bekleiden, und ihre scheinbare Einfalt neben dem Polyhistor, dem federthätigen Geschäftsmann, dem conferirenden Staatsmann, soll uns nicht irre machen an der ausgezeichneten Natur ihres werkthätigen Verstandes. Freilich geschieht es zuweilen, daß Männer den Ruhm, welchen sie sich in niedrigen Stellen erworben haben, in die höhern mit hinüber bringen, ohne ihn wirklich dort zu verdienen; werden sie nun in diesen nicht viel gebraucht, kommen sie also nicht in die Gefahr, sich Blößen zu geben, so unterscheidet das Urtheil nicht so genau, welche Art von Ruf ihnen zukömmt, und so tragen solche Männer oft bei, daß man einen geringen Begriff faßt von der Persönlichkeit, die in gewissen Stellen noch zu glänzen vermag.

Es gehört also, von unten herauf, zu den ausgezeichneten Leistungen im Kriege ein eigenthümlicher Genius. Mit dem Namen des eigentlichen Genius pflegt aber die Geschichte und das Urtheil der Nachwelt nur diejenigen Geister zu belegen, die in den ersten, d. h. in den Feldherrnstellen geglänzt haben. Die Ursache ist, weil hier allerdings mit einemmal die Forderungen an Verstand und Geist sehr gesteigert werden.

Um

Um einen ganzen Krieg, oder seine größten Akte, die wir Feldzüge nennen, zu einem glänzenden Ziel zu führen, dazu gehört eine große Einsicht in die höhern Staatsverhältnisse. Kriegführung und Politik fallen hier zusammen, und aus dem Feldherrn wird zugleich der Staatsmann.

Man giebt Carl dem XII. nicht den Namen eines großen Genies, weil er die Wirksamkeit seiner Waffen nicht einer höhern Einsicht und Weisheit zu unterwerfen, nicht damit zu einem glänzenden Ziel zu gelangen wußte; man giebt ihn nicht Heinrich dem IV., weil er nicht lange genug gelebt hat, um mit seiner kriegerischen Wirksamkeit die Verhältnisse mehrerer Staaten zu berühren, und in dieser höhern Region sich zu versuchen, wo ein edles Gefühl und ritterliches Wesen nicht so viel über den Gegner vermögen, wie bei der Besiegung eines innern Geistes.

Um fühlen zu lassen, was hier Alles mit einem Blick umfaßt und richtig getroffen sein will, verweisen wir auf unser erstes Kapitel. Wir sagen: der Feldherr wird zum Staatsmann, aber er darf nicht aufhören das Erstere zu sein; er umfaßt mit seinem Blick auf der einen Seite alle Staatsverhältnisse, auf der andern ist er sich genau bewußt, was er mit den Mitteln leisten kann, die in seiner Hand liegen.

Da hier die Mannichfaltigkeit und die unbestimmte Gränze aller Beziehungen eine große Menge von Größen in die Betrachtung bringen, da die meisten dieser Größen nur nach Wahrscheinlichkeitsgesetzen geschätzt werden können: so würde, wenn der Handelnde dies Alles nicht mit dem Blick eines, die Wahrheit überall ahnenden Geistes träfe, eine Verwickelung von Betrachtungen und Rücksichten entstehen, aus denen sich das Urtheil gar nicht mehr herausfinden könnte. In diesem Sinne hat Bonaparte

I

ganz richtig gesagt: daß viele dem Feldherrn vorliegende Entscheidungen eine Aufgabe mathematischer Kalküls bilden würden, der Kräfte eines Newton und Euler nicht unwürdig.

Was hier von höhern Geisteskräften gefordert wird, ist Einheit und Urtheil zu einem wunderbaren Geistesblick gesteigert, der in seinem Fluge tausend halb dunkle Vorstellungen berührt und beseitigt, welche ein gewöhnlicher Verstand erst mühsam an's Licht ziehen, und an denen er sich erschöpfen würde. Aber diese höhere Geistesthätigkeit, dieser Blick des Genies, würde doch nicht zur historischen Erscheinung werden, wenn die Gemüths- und Charaktereigenschaften, von denen wir gehandelt haben, ihn nicht unterstützten.

Das bloße Motiv der Wahrheit ist in dem Menschen nur äußerst schwach, und darum immer ein großer Unterschied zwischen dem Erkennen und Wollen, zwischen dem Wissen und Können. Den stärksten Anlaß zum Handeln bekömmt der Mensch immer durch Gefühle, und den kräftigsten Nachhalt, wenn man uns den Ausdruck gestatten will, durch jene Legirungen von Gemüth und Verstand, die wir in der Entschlossenheit, Festigkeit, Standhaftigkeit, und Charakterstärke kennen gelernt haben.

Wenn übrigens diese erhöhete Geistes- und Gemüthsthätigkeit des Feldherrn sich nicht in dem Totalerfolg seines Wirkens kund thäte, und nur auf Treue und Glauben angenommen würde, so würde sie nur selten zur historischen Erscheinung werden.

Was von dem Gange der kriegerischen Ereignisse bekannt wird, ist gewöhnlich sehr einfach, sieht sich einander sehr ähnlich, und Niemand, der sich an die bloße Erzählung hält, sieht von den Schwierigkeiten, die dabei überwunden wurden, etwas ein. Nur hin und wieder kömmt in den Memoiren der Feldherrn, oder ihrer Vertrauten, oder bei Gelegenheit einer besondern historischen Forschung, die sich auf ein Ereigniß verbissen hat, ein Theil der vielen Fäden an das Tageslicht, die das ganze Gewebe bilden. Die meisten Überlegungen und Geisteskämpfe, welche einer bedeutenden Ausführung vorhergehen, werden absichtlich verborgen, weil sie politische Interessen berühren, oder gerathen zufällig in Vergessenheit, weil sie als bloße Gerüste betrachtet werden, die nach Vollendung des Baues weggenommen werden müssen.

Wollen wir nun endlich noch, ohne uns an eine nähere Bestimmung der höhern Seelenkräfte zu wagen, einen Unterschied in der Verstandeskraft selbst gelten lassen, nach gewohnten Vorstellungen, wie sie sich in der Sprache fixirt haben, und uns dann fragen: welche Art von Verstand dem kriegerischen Genius am nächsten angehört, so wird uns sowohl der Blick auf den Gegenstand, als auf die Erfahrung sagen: daß es mehr die prüfenden als schaffenden, mehr die umfassenden als einseitig verfolgenden, mehr die kühlen als die heißen Köpfe sind, denen wir im Kriege das Heil unserer Brüder und Kinder, die Ehre und Sicherheit unseres Vaterlandes anvertrauen mögten.

Viertes Kapitel.
Von der Gefahr im Kriege.

Gewöhnlich macht man sich, ehe man sie kennen gelernt hat, eine Vorstellung davon, die eher anziehend als zurückschreckend ist. Im Rausche der Begeisterung sturmschritts auf den Feind eindringen — wer zählt da die Kugeln und die Fallenden — die Augen wenig Momente zugedrückt, sich dem kalten Tode entgegen zu werfen, ungewiß, ob wir oder Andere ihm entrinnen werden — und dies Alles dicht am goldenen Ziel des Sieges — dicht vor der labenden Frucht, nach welcher der Ehrgeiz durstet — kann das schwer sein? Es wird nicht schwer sein, und noch weniger wird es so scheinen. Aber solcher Momente, die dennoch nicht das Werk eines einzigen Pulsschlages sind, wie sie gedacht werden, sondern, wie arzneiliche Mischungen, mit Zeit verdünnt, und verdorben genossen werden müssen — solcher Momente, sagen wir, giebt es nur wenige.

Begleiten wir den Neuling auf das Schlachtfeld. Wenn wir uns demselben nähern, so wechselt der immer deutlicher werdende Donner des Geschützes endlich mit dem Heulen der Kugeln, welches nun die Aufmerksamkeit des Unerfahrnen auf sich zieht. Kugeln fangen an nahe vor und hinter uns einzuschlagen. Wir eilen zu dem Hügel, auf welchem der kommandirende General mit seinem zahlreichen Gefolge hält. Hier wird das nahe Einschlagen der Kanonenkugeln, das Zerspringen der Granaten schon so häufig, daß der Ernst des Lebens sich durch das jugendliche Phantasiebild hindurch drängt. Plötzlich stürzt ein Bekannter — es schlägt eine Granate in den Haufen und bringt einige unwillkürliche Bewegungen hervor — man fängt an zu fühlen, daß man nicht mehr völlig ruhig und gesammelt ist; auch der Bravste wird, wenigstens etwas, zerstreut. — Jetzt einen Schritt in die Schlacht hinein, die vor uns tobt, fast noch wie ein Schauspiel, zum nächsten Divisionsgeneral; hier folgt Kugel auf Kugel, und der Lärm des eigenen Geschützes mehrt die Zerstreuung. — Vom Divisions- zum Brigadegeneral — dieser, von anerkannter Tapferkeit, hält vorsichtig hinter einem Hügel, einem Hause, oder hinter Bäumen; — ein sicherer Exponent der steigenden Gefahr — Kartätschen rasseln in Dächern und Feldern, Kanonenkugeln sausen, in allen Richtungen, an und über uns weg, und schon stellt sich ein häufiges Pfeifen der Flintenkugeln ein; — noch ein Schritt, zu den Truppen, zu der, im Stunden langen Feuergefecht mit unbeschreiblicher Standhaftigkeit ausharrenden Infanterie; — hier ist die Luft erfüllt von zischenden Kugeln, die ihre Nähe bald durch den kurzen scharfen Laut verkünden, womit sie Zoll weit an Ohr, Kopf und Seele vorüber fliegen. Zum Überfluß schlägt das Mitleiden über den Anblick der Verstümmelten und Hinstürzenden mit Jammerschlägen an unser klopfendes Herz.

Keine dieser verschiedenen Dichtigkeitsschichten der Gefahr wird ein Neuling berühren, ohne zu fühlen, daß das Licht der Gedanken sich hier durch andere Mittel bewege, und in andern Strahlen gebrochen werde, als bei der spekulativen Thätigkeit; ja, es müßte der ein sehr außerordentlicher Mensch sein, der bei diesen ersten Eindrücken nicht die Fähigkeit zu einem augenblicklichen Entschluß verlöre. Es ist wahr, die Gewohnheit stumpft diese Eindrücke sehr bald ab; nach einer halben Stunde fangen wir an, gleichgültiger gegen Alles zu werden was uns umgiebt;

der Eine mehr, der Andere weniger; aber bis zur völligen Unbefangenheit, und zur natürlichen Elastizität der Seele, bringt ein gewöhnlicher Mensch es immer nicht — und so mag man denn erkennen, daß mit Gewöhnlichem hier wieder nicht auszureichen ist, welches um so wahrer wird, je größer der Wirkungskreis ist, der ausgefüllt werden soll. Enthusiastische, stoische, angeborene Bravour, gebieterischer Ehrgeiz, oder auch lange Bekanntschaft mit der Gefahr, viel von allem dem muß da sein, wenn nicht alle Wirkung in diesem erschwerenden Mittel hinter dem Maaß zurückbleiben soll, welches auf dem Zimmer als ein gewöhnliches erscheinen mag.

Die Gefahr im Kriege gehört zur Friktion desselben, eine richtige Vorstellung davon ist zur Wahrheit der Erkenntniß nothwendig und darum ist ihrer hier Erwähnung geschehen.

Fünftes Kapitel.

Von der körperlichen Anstrengung im Kriege.

Wenn Niemand ein Urtheil über kriegerische Ereignisse anders fällen dürfte, als in dem Augenblick, wo er, von Frost erstarrt, oder, vor Hitze und Durst verschmachtend, von Mangel und Müdigkeit niedergedrückt ist: so würden wir zwar noch weniger Urtheile haben, die objektiv richtig wären, aber sie würden es wenigstens subjektiv sein, d. h. sie würden das Verhältniß des Urtheilenden zum Gegenstande genau in sich enthalten. Man erkennt dies schon, wenn man sieht, wie billig herabstimmend, ja schlaff und klein das Urtheil derjenigen über die Resultate schlimmer Fälle ist, welche Augenzeugen waren, besonders so lange sie sich mitten darin befanden. Dies sei unsere Anschauung, ein Maaß des Einflusses, den die körperliche Anstrengung übt, und der Rücksicht, die sie beim Urtheil verdient.

Unter den vielen Dingen im Kriege, für deren Gebrauch keine Polizeitaxe ein Maaß festsetzen kann, gehört hauptsächlich die körperliche Anstrengung. Vorausgesetzt, daß sie nicht verschwendet wird, ist sie ein Coefficient aller Kräfte, und Niemand kann genau sagen, wie weit sie getrieben werden darf. Das Merkwürdige aber ist, daß, so wie nur ein starker Arm des Schützen die Sehne des Bogens schärfer spannen kann, so ist auch nur von einem starken Geist zu erwarten, daß er im Kriege die Kräfte seines Heeres höher spannen werde. Denn ein Anderes ist es, wenn in Folge großer Unglücksfälle ein Heer, von Gefahren umgeben, sich wie niederstürzendes Gemäuer in Trümmer auflöst, und seine Rettung nur in der höchsten Anstrengung seiner körperlichen Kräfte finden kann; ein Anderes, wenn ein siegreiches Heer, allein von stolzen Empfindungen fortgezogen, von seinem Feldherrn nach freier Willkühr geleitet wird. Dieselbe Anstrengung, die dort höchstens Mitleiden erregen könnte, müßte uns hier Bewunderung einflößen, weil sie viel schwerer zu erhalten war.

Es tritt also hiermit, für das ungeübte Auge, einer der Gegenstände an's Licht, die den Bewegungen des Geistes gleichsam im Dunkeln Fesseln anlegen, und die Kräfte der Seele im Geheimen verzehren.

Obgleich hier eigentlich nur die Rede ist von der Anstrengung, die der Feldherr vom Heere, der Führer von seinen Untergebenen fordert, also von dem Muth sie zu begehren, von der Kunst sie zu erhalten: so darf doch die körperliche Anstrengung des Führers, und des Feldherrn selbst, nicht übergangen werden; wir müssen, nachdem wir die Analyse des Krieges ehrlich bis zu diesem Punkt getrieben haben, auch das Gewicht dieser zurückgebliebenen Schlacken in Betrachtung ziehen.

Von der körperlichen Anstrengung ist hier am Ort hauptsächlich die Rede, weil sie, wie die Gefahr, zu den vornehmsten Ursachen der Friktion gehört, und weil ihr unbestimmtes Maaß sie der Natur elastischer Körper ähnlich macht, deren Reibung sich bekanntlich schwer berechnen läßt.

Daß von diesen Betrachtungen, von diesem Ermessen der erschwerenden Bedingungen des Krieges, kein Mißbrauch gemacht werde, dazu hat die Natur unserm Urtheil einen leitenden Führer in unserer Empfindungsweise gegeben. So wie ein Einzelner sich auf seine persönliche Unvollkommenheit nicht mit Vortheil berufen wird, wenn er beschimpft und gemißhandelt ist, wohl aber dann, wenn er die Beschimpfung glücklich abwies oder glänzend rächte, so wird kein Feldherr und kein Heer den Eindruck einer schimpflichen Niederlage verbessern durch Darstellung derselben Gefahr, Noth und Anstrengung, die den Glanz eines Sieges unendlich erhöhen würden. So verbietet uns eine anscheinende Billigkeit, zu der unser Urtheil geneigt sein würde, unser Gefühl, welches aber nur ein höheres Urtheil ist.

Sechstes Kapitel.

Nachrichten im Kriege.

———

Mit dem Worte Nachrichten bezeichnen wir die ganze
Kenntniß, welche man von dem Feinde und seinem Lande hat,
also die Grundlage aller eigenen Ideen und Handlungen.
Man betrachte einmal die Natur dieser Grundlage, ihre
Unzuverlässigkeit und Wandelbarkeit, und man wird bald
das Gefühl haben, wie gefährlich das Gebäude des Krieges ist, wie leicht es zusammenstürzen und uns unter seinen Trümmern begraben kann. — Denn, daß man nur
sichern Nachrichten trauen solle, daß man das Mißtrauen
nie von sich lassen müsse, steht wohl in allen Büchern, ist
aber ein elender Büchertrost, und gehört zu der Weisheit,
zu welcher System- und Kompendienschreiber, in Ermangelung von etwas Besserem, ihre Zuflucht nehmen.

Ein großer Theil der Nachrichten, die man im Kriege
bekömmt, ist widersprechend, ein noch größerer ist falsch,
und bei weitem der größte einer ziemlichen Ungewißheit
unterworfen. Was man hier vom Offizier fordern kann,
ist ein gewisses Unterscheiden, was nur Sach- und Men-
schenkenntniß, und Urtheil geben können. Das Gesetz des
Wahrscheinlichen muß ihn leiten. Diese Schwierigkeit ist
nicht unbedeutend bei den ersten Entwürfen, die auf dem
Zimmer und noch außer der eigentlichen Kriegssphäre gemacht werden, aber unendlich größer ist sie da, wo, im
Getümmel des Krieges selbst, eine Nachricht die andere
drängt; ein Glück noch, wenn sie, einander widersprechend,
ein gewisses Gleichgewicht erzeugen, und die Kritik selbst
herausfordern. Viel schlimmer für den Nichtgeprüften,

wenn ihm der Zufall diesen Dienst nicht erweiset, sondern
eine Nachricht die andere unterstützt, bestätigt, vergrößert,
das Bild mit immer neuen Farben ausmalt, bis die Nothwendigkeit uns in fliegender Eile den Entschluß abgedrängt
hat, der — bald als Thorheit erkannt wird, so wie alle
jene Nachrichten, als Lügen, Übertreibungen, Irrthümer,
u. s. w. Mit kurzen Worten: die meisten Nachrichten sind
falsch, und die Furchtsamkeit der Menschen wird zur neuen
Kraft der Lüge und Unwahrheit. In der Regel ist jeder
geneigt, das Schlimme eher zu glauben als das Gute;
jeder ist geneigt das Schlimme etwas zu vergrößern, und
die Gefährlichkeiten, welche auf diese Weise berichtet werden, ob sie gleich, wie die Wellen des Meeres, in sich selbst
zusammen sinken, kehren doch wie jene, ohne sichtbare Veranlassung immer von Neuem zurück. Fest, im Vertrauen
auf sein besseres inneres Wissen, muß der Führer da stehen, wie der Fels an dem die Welle sich bricht. Die
Rolle ist nicht leicht; wer nicht von Natur mit leichtem
Blute begabt, oder durch kriegerische Erfahrungen geübt,
und im Urtheil gestärkt ist, mag es sich eine Regel sein
lassen, sich gewaltsam, d. h. gegen das innere Niveau seiner eigenen Überzeugung, von der Seite der Befürch-
tungen ab, auf die Seite der Hoffnungen hinzuneigen;
er wird nur dadurch das wahre Gleichgewicht erhalten
können. Diese Schwierigkeit richtig zu sehen, welche
eine der allergrößten Friktionen im Kriege ausmacht, läßt
die Dinge ganz anders erscheinen als man sie gedacht hat.
Der Eindruck der Sinne ist stärker als die Vorstellungen
des überlegenden Kalküls, und dies geht so weit, daß
wohl noch nie eine einigermaßen wichtige Unternehmung
ausgeführt worden ist, wo der Befehlshaber nicht, in den
ersten Momenten der Ausführung, neue Zweifel bei sich

zu besiegen gehabt hätte. Gewöhnliche Menschen, die fremden Eingebungen folgen, werden daher meistens unschlüssig an Ort und Stelle, sie glauben die Umstände anders gefunden zu haben, als sie solche vorausgesetzt hatten, und zwar um so mehr, da sie auch hier sich wieder fremden Eingebungen überlassen. Aber auch der, welcher selbst entwarf, und jetzt mit eigenen Augen sieht, wird leicht an seiner vorigen Meinung irre. Festes Vertrauen zu sich selbst, muß ihn gegen den scheinbaren Drang des Augenblickes waffnen; seine frühere Überzeugung wird sich bei der Entwickelung bewähren, wenn die vorderen Koulissen, welche das Schicksal in die Kriegsscenen einschiebt, mit ihren dick aufgetragenen Gestalten der Gefahr, weggezogen, und der Horizont erweitert ist. — Dies ist eine der großen Klüfte zwischen Entwerfen und Ausführen.

Siebentes Kapitel.
Friktion im Kriege.

So lange man selbst den Krieg nicht kennt, begreift man nicht, wo die Schwierigkeiten der Sache liegen, von denen immer die Rede ist, und was eigentlich das Genie und die außerordentlichen Geisteskräfte zu thun haben, die vom Feldherrn gefordert werden. Alles erscheint so einfach, alle erforderlichen Kenntnisse erscheinen so flach, alle Kombinationen so unbedeutend, daß, in Vergleichung damit, uns die einfachste Aufgabe der höhern Mathematik mit einer gewissen wissenschaftlichen Würde imponirt. Wenn man aber den Krieg gesehen hat, wird Alles begreiflich, und doch ist es äußerst schwer, dasjenige zu beschreiben, was diese Veränderung hervorbringt, diesen unsichtbaren und überall wirksamen Faktor zu nennen.

Es ist Alles im Kriege sehr einfach, aber das Einfachste ist schwierig. Diese Schwierigkeiten häufen sich, und bringen eine Friktion hervor, die sich Niemand richtig vorstellt, der den Krieg nicht gesehen hat. Man denke sich einen Reisenden, der zwei Stationen am Ende seiner Tagereise, noch gegen Abend zurück zu legen denkt, vier bis fünf Stunden, mit Postpferden, auf der Chaussee; es ist Nichts. Nun kömmt er auf der vorletzten Station an, findet keine, oder schlechte Pferde, dann eine bergige Gegend, verdorbene Wege, es wird finstere Nacht, und er ist froh, die nächste Station, nach vielen Mühseligkeiten, erreicht zu haben und eine dürftige Unterkunft dort zu finden. So stimmt sich im Kriege, durch den Einfluß unzähliger kleiner Umstände, die auf dem Papier nie gehörig in Betrachtung kommen können, Alles herab, und man bleibt weit hinter dem Ziel. Ein mächtiger eiserner Wille überwindet diese Friktion, er zermalmt die Hindernisse, aber freilich die Maschine mit. Wir werden noch oft auf das Resultat kommen. Wie ein Obelisk, auf den die Hauptstraßen eines Ortes zugeführt sind, steht, in der Mitte der Kriegskunst gebieterisch hervorragend, der feste Wille eines stolzen Geistes.

Friktion ist der einzige Begriff, welcher dem ziemlich allgemein entspricht, was den wirklichen Krieg von dem auf dem Papier unterscheidet. Die militärische Maschine, die Armee, und Alles was dazu gehört, ist im Grunde sehr einfach, und scheint deswegen leicht zu handhaben. Aber man bedenke, daß kein Theil davon aus einem Stücke ist, daß Alles aus Individuen zusammengesetzt ist, deren jedes

seine eigene Friktion nach allen Seiten hin behält. Theoretisch klingt es ganz gut: der Chef des Bataillons ist
verantwortlich für die Ausführung des gegebenen Befehls,
und da das Bataillon durch die Disziplin zu einem Stück
zusammen geleimt ist, der Chef aber ein Mann von aner-
kanntem Eifer sein muß, so drehet sich der Balken um
einen eisernen Zapfen mit wenig Friktion. So aber ist
es in der Wirklichkeit nicht, und Alles was die Vorstellung Übertriebenes und Unwahres hat, zeigt sich im Kriege
auf der Stelle. Das Bataillon bleibt immer aus einer
Anzahl Menschen zusammengesetzt, von denen, wenn der
Zufall es will, der unbedeutendste im Stande ist, einen
Aufenthalt, oder sonst eine Unregelmäßigkeit zu bewirken.
Die Gefahren, welche der Krieg mit sich bringt, die körperlichen Anstrengungen, die er fordert, steigern das Übel
so sehr, daß sie als die beträchtlichsten Ursachen desselben
angesehen werden müssen.

Diese entsetzliche Friktion, die sich nicht, wie in der
Mechanik, auf wenig Punkte konzentriren läßt, ist deswegen überall im Kontakt mit dem Zufall, und bringt dann
Erscheinungen hervor, die sich gar nicht berechnen lassen,
eben weil sie zum großen Theil dem Zufall angehören.
Ein solcher Zufall ist z. B. das Wetter. Hier verhindert
der Nebel, daß der Feind zu gehöriger Zeit entdeckt wird,
daß ein Geschütz zur rechten Zeit schießt, daß eine Mel-
dung den kommandirenden Offizier findet; dort der Regen,
daß ein Bataillon ankommt, daß ein anderes zur rechten
Zeit kömmt, weil es, statt drei, vielleicht acht Stunden
marschiren mußte, daß die Kavallerie wirksam einhauen
kann, weil sie im tiefen Boden stecken bleibt u. s. w.

Diese Paar Detailzüge nur zur Deutlichkeit, und damit Verfasser und Leser zusammen bei der Sache bleiben,

denn sonst ließen sich von solchen Schwierigkeiten ganze Bände voll schreiben. Um dies zu vermeiden und doch einen deutlichen Begriff von dem Heere kleiner Schwierigkeiten hervor zu bringen, womit man im Kriege kämpft, mögten wir uns in Bildern erschöpfen, wenn wir nicht zu ermüden befürchteten. Aber ein Paar werden uns auch diejenigen noch zu gut halten, die uns längst verstanden haben.

Das Handeln im Kriege ist eine Bewegung im erschwerenden Mittel. So wenig man im Stande ist, im Wasser die natürlichste und einfachste Bewegung, das bloße Gehen, mit Leichtigkeit und Präzision zu thun, so wenig kann man im Kriege mit gewöhnlichen Kräften auch nur die Linie des Mittelmäßigen halten. Daher kömmt es, daß der richtige Theoretiker wie ein Schwimmmeister erscheint, der Bewegungen, die für's Wasser nöthig sind, auf dem Trocknen üben läßt, die denen grotesk und übertrieben vorkommen, die nicht an das Wasser denken; daher kömmt es aber auch, daß Theoretiker, die selbst nie untergetaucht haben, oder von ihren Erfahrungen nichts Allgemeines zu abstrahiren wissen, unpraktisch und selbst abgeschmackt sind, weil sie nur das lehren was ein Jeder kann — Gehen.

Ferner: jeder Krieg ist reich an individuellen Erscheinungen, mithin ist jeder ein unbefahrenes Meer voll Klippen, die der Geist des Feldherrn ahnen kann, die aber sein Auge nie gesehen hat, und die er nun in dunkler Nacht umschiffen soll. Erhebt sich noch ein widriger Wind, d. h. erklärt sich noch irgend ein großer Zufall gegen ihn, so ist die höchste Kunst, Geistesgegenwart und Anstrengung, da nöthig, wo dem Entfernten Alles von selbst zu gehen scheint. Die Kenntniß dieser Friktion ist ein Haupttheil der oft gerühmten Kriegserfahrung, welche von einem guten General gefordert wird. Freilich ist der nicht der Beste, der die größte Vorstellung davon hat, dem sie am meisten imponirt (dies giebt jene Klasse von ängstlichen Generalen, die unter den Erfahrenen so häufig zu finden sind), sondern der General muß sie kennen um sie zu überwinden, wo dies möglich ist, und um nicht eine Präzision in den Wirkungen zu erwarten, die, eben wegen dieser Friktion, nicht möglich ist. — Man wird sie übrigens theoretisch nie ganz kennen lernen, und könnte man es, so würde jene Übung des Urtheils immer noch fehlen, die man Takt nennt, und die allemal, in einem Felde voll unendlich kleiner und mannichfaltiger Gegenstände, nöthiger ist, als in großen entscheidenden Fällen, wo man mit sich und Andern Konzilium hält. So wie den Weltmann nur der fast zur Gewohnheit gewordene Takt seines Urtheils immer passend sprechen, handeln und sich bewegen läßt: so wird nur der kriegserfahrene Offizier, bei großen und kleinen Vorfällen, man möchte sagen, bei jedem Pulsschlage des Krieges, immer passend entscheiden und bestimmen. Durch diese Erfahrung und Übung kommt ihm der Gedanke von selbst: das Eine geht, das Andere nicht. Er wird also nicht leicht in den Fall kommen, sich eine Blöße zu geben, was im Kriege, wenn es häufig geschieht, die Grundfeste des Vertrauens erschüttert und äußerst gefährlich ist.

Die Friktion, oder was hier so genannt ist, ist es also, welche das scheinbar Leichte schwer macht. Wir werden in der Folge noch oft auf diesen Gegenstand zurück kommen, und es wird dann auch klar werden, daß, außer Erfahrung und einem starken Willen, noch manche andere, seltene Eigenschaften des Geistes zum ausgezeichneten Feldherrn erforderlich sind.

Achtes Kapitel.
Schlußbemerkungen zum Ersten Buch.

Wir haben mit der Gefahr, den körperlichen Anstrengungen, den Nachrichten und der Friktion diejenigen Gegenstände genannt, welche sich als Elemente in der Atmosphäre des Krieges zusammen finden, und dieselbe zu einem erschwerenden Mittel für alle Thätigkeit machen. Sie lassen sich also in ihren hindernden Wirkungen wieder unter dem Gesammtbegriff einer allgemeinen Friktion zusammenfassen. — Giebt es nun kein milderndes Öl für diese Reibung? — Nur Eins, und dieses eine steht dem Feldherrn und dem Kriegsheer nicht nach Willkühr zu Gebote; es ist die Kriegsgewohnheit des Heeres.

Gewohnheit stärkt den Körper in großen Anstrengungen, die Seele in großen Gefahren, das Urtheil gegen den ersten Eindruck. Überall wird durch sie eine kostbare Besonnenheit gewonnen, welche vom Husaren und Schützen bis zum Divisionsgeneral hinaufreicht, und dem Feldherrn das Handeln erleichtert.

Wie das menschliche Auge im finstern Zimmer seine Pupille erweitert, das wenige vorhandene Licht einsaugt, nach und nach die Dinge nothdürftig unterscheidet, und zuletzt ganz gut Bescheid weiß: so der geübte Soldat im Kriege, während dem Neulinge nur die stockfinstre Nacht entgegen tritt.

Kriegsgewohnheit kann kein Feldherr seinem Heere geben, und schwach ist der Ersatz, den Friedensübungen gewähren; schwach im Vergleich mit der wirklichen Kriegserfahrung, aber nicht im Vergleich mit einem Heere, wo

auch

auch diese Übungen nur auf mechanische Kunstfertigkeiten gerichtet sind. Die Übungen des Friedens so einzurichten, daß ein Theil jener Friktionsgegenstände darin vorkomme, das Urtheil, die Umsichtigkeit, selbst die Entschlossenheit der einzelnen Führer geübt werde, ist von viel größerem Werth, als diejenigen glauben, welche den Gegenstand nicht aus Erfahrung kennen. Es ist unendlich wichtig, daß der Soldat, hoch oder niedrig, auf welcher Stufe er auch stehe, diejenigen Erscheinungen des Krieges, die ihn beim erstenmal in Verwunderung und Verlegenheit setzen, nicht erst im Kriege zum erstenmal sehe; sind sie ihm früher nur ein einzigesmal vorgekommen, so ist er schon halb damit vertraut. Das bezieht sich selbst auf körperliche Anstrengungen. Sie müssen geübt werden, weniger, daß sich die Natur, als daß sich der Verstand daran gewöhne. Im Kriege ist der neue Soldat sehr geneigt, ungewöhnliche Anstrengungen für Folgen großer Fehler, Irrungen und Verlegenheiten in der Führung des Ganzen zu halten, und dadurch doppelt niedergedrückt zu werden. Dies wird nicht geschehen, wenn er bei Friedensübungen darauf vorbereitet wird.

Ein anderes, weniger umfassendes, aber doch höchst wichtiges Mittel, die Kriegsgewohnheit im Frieden zu gewinnen, ist das Heranziehen kriegserfahrener Offiziere anderer Heere. Selten ist in Europa überall Frieden, und nie geht der Krieg in den anderen Welttheilen aus. Ein Staat, der lange im Frieden ist, sollte also stets suchen von diesen Kriegsschauplätzen sich einzelne Offiziere, aber freilich nur solche, die gut gedient haben, zu verschaffen, oder von den seinigen einige dahin zu schicken, damit sie den Krieg kennen lernen.

Wie gering auch die Anzahl solcher Offiziere zur

I

Masse eines Heeres erscheinen möge, so ist doch ihr Einfluß sehr fühlbar. Ihre Erfahrungen, die Richtung ihres Geistes, die Ausbildung des Charakters, wirken auf ihre Untergebenen und Kameraden, und außerdem sind sie auch dann, wenn sie nicht an die Spitze eines Wirkungskreises gestellt werden können, als der Gegend kundige Männer zu betrachten, die man in vielen einzelnen Fällen befragen kann.

Zweites Buch.

über die Theorie des Krieges.

———

Erstes Kapitel.
Eintheilung der Kriegskunst.

———

Krieg, in seiner eigentlichen Bedeutung, ist Kampf, denn Kampf ist allein das wirksame Prinzip in der mannichfaltigen Thätigkeit, die man in der weitern Bedeutung Krieg nennt. Kampf aber ist ein Abmessen der geistigen und körperlichen Kräfte, vermittelst der letztern. Daß man die geistigen nicht ausschließen darf, versteht sich von selbst, denn der Zustand der Seele hat ja den entschiedensten Einfluß auf die kriegerischen Kräfte.

Das Bedürfniß des Kampfes hat den Menschen früh zu eigenen Erfindungen geführt, um sich die Vortheile in demselben zuzuwenden; dadurch ist der Kampf sehr verändert worden; wie er aber auch beschaffen sein mag, sein Begriff wird dadurch nicht verändert, und er ist es, der den Krieg ausmacht.

Die Erfindungen sind zunächst Waffen und Ausrüstung der einzelnen Kämpfenden gewesen. Diese müssen geschaffen und eingeübt werden, ehe der Krieg beginnt; sie werden nach der Natur des Kampfes eingerichtet, erhalten also von ihm das Gesetz; aber offenbar ist die Thätigkeit, welche sich damit beschäftigt, eine andere als der

Kampf selbst; sie ist nur die Vorbereitung zum Kampf, nicht die Führung desselben. Daß Bewaffnung und Ausrüstung nicht wesentlich zum Begriff des Kampfes gehören, ist klar, denn bloßes Ringen ist auch Kämpfen.

Der Kampf hat die Einrichtung der Waffen und der Ausrüstung bestimmt, und diese modifiziren den Kampf; es ist also Wechselwirkung zwischen beiden.

Aber der Kampf selbst bleibt darum doch eine ganz eigenthümliche Thätigkeit, und das um so mehr, als er sich in einem ganz eigenthümlichen Elemente, nämlich in dem Elemente der Gefahr bewegt.

Ist also je irgendwo eine Trennung verschiedenartiger Thätigkeiten nothwendig, so ist es hier, und wir brauchen, um die praktische Wichtigkeit dieses Gedankens durchschauen zu lassen, nur leise daran zu erinnern, wie oft die tüchtigste Persönlichkeit in dem einen Felde als die unbrauchbarste Pedanterie in dem andern erschienen ist.

Es ist auch keinesweges schwer, in der Betrachtung die eine Thätigkeit von der andern zu trennen, wenn man die bewaffnete und ausgerüstete Streitkraft als gegebene Mittel betrachtet, von denen man, um sie zweckmäßig zu gebrauchen, Nichts zu kennen braucht als ihre Hauptresultate.

Die Kriegskunst, im eigentlichen Sinne, wird also die Kunst sein, sich der gegebenen Mittel im Kampf zu bedienen, und wir können sie nicht besser als mit dem Namen der Kriegführung bezeichnen. Dagegen werden allerdings zur Kriegskunst, im weitern Sinne, auch alle Thätigkeiten gehören, die um des Krieges willen da sind, also die ganze Schöpfung der Streitkräfte, d. i. Aushebung, Bewaffnung, Ausrüstung und Übung.

Es ist für die Realität einer Theorie höchst wesentlich,

diese beiden Thätigkeiten zu trennen, denn es ist leicht einzusehen, daß, wenn jede Kriegskunst mit der Einrichtung
der Streitkräfte anfangen, und diese für die Kriegführung,
so wie sie dieselbe angegeben, bedingen wollte, sie nur auf
die wenigen Fälle anwendbar sein könnte, wo die vorhandenen Streitkräfte dem gerade entsprächen. Will man dagegen eine Theorie haben, die für die große Mehrheit der
Fälle geeignet, für keinen aber ganz unbrauchbar sei: so
muß sie auf die große Mehrheit der gewöhnlichen Streit-
mittel, und bei diesen auch nur auf die wesentlichsten Resultate gebaut sein.

Die Kriegführung ist also die Anordnung und Führung des Kampfes. Wäre dieser Kampf ein einzelner Akt,
so würde kein Grund zu einer weitern Eintheilung sein;
allein der Kampf besteht aus einer mehr oder weniger
großen Zahl einzelner, in sich geschlossener Akte, die
wir Gefechte nennen, wie wir das im ersten Kapitel des
ersten Buchs gezeigt haben, und die neue Einheiten bilden.
Daraus entspringt nun die ganz verschiedene Thätigkeit
diese Gefechte in sich anzuordnen und zu führen,
und sie unter sich zum Zweck des Krieges zu verbinden.
Das Eine ist die Taktik, das Andere die Strategie
genannt worden.

Die Eintheilung in Taktik und Strategie ist jetzt im
Gebrauch fast allgemein, und Jeder weiß ziemlich bestimmt,
wohin er ein einzelnes Faktum stellen soll, ohne daß er
sich des Eintheilungsgrundes klar bewußt sei. Wo aber
solche Eintheilungen vom Gebrauch dunkel befolgt werden,
müssen sie einen tiefen Grund für sich haben. Diesen
Grund haben wir aufgesucht, und wir können sagen, daß
es eben der Gebrauch der Majorität ist, der uns zu ihm
geführt hat. Dagegen müssen wir die von einzelnen Schrift-

stellern versuchten, willkührlichen, nicht aus der Natur der
Sache genommenen, Feststellungen des Begriffs eben darum nicht gefaßt haben, auch als nicht im Gebrauch vorhanden betrachten.

Es ist also nach unserer Eintheilung die Taktik, die
Lehre vom Gebrauch der Streitkräfte im Ge-
fecht, die Strategie, die Lehre vom Gebrauch der
Gefechte zum Zweck des Krieges.

Wie sich der Begriff des einzelnen oder selbstständigen
Gefechtes näher bestimmt, an welche Bedingungen diese
Einheit gebunden ist: werden wir erst ganz deutlich machen
können, wenn wir das Gefecht näher betrachten; jetzt müssen wir uns begnügen zu sagen: daß in Beziehung auf
den Raum, also unter gleichzeitigen Gefechten, die Einheit
gerade so weit reicht, wie der persönliche Befehl, in
Beziehung auf die Zeit aber, also unter Gefechten, die
einander nahe folgen, so weit bis die Krise, welche jedes
Gefecht hat, ganz vorüber ist.

Daß hier zweifelhafte Fälle vorkommen können, nämlich solche, wo mehrere Gefechte auch allenfalls als ein
einziges betrachtet werden können, wird unserem Einthei-
lungsgrunde nicht zum Vorwurf gereichen, denn das hat
er mit allen Eintheilungsgründen wirklicher Dinge gemein,
deren Verschiedenheiten immer durch abstufende Übergänge
vermittelt sind. Es kann also allerdings einzelne Thätig-
keitsakte geben, die eben so gut, und zwar ohne Veränderung des Gesichtspunktes, zur Strategie als zur Taktik zu
zählen sind, z. B. sehr ausgedehnte Stellungen, die Posti-
rungen ähnlich werden; die Anordnung mancher Flußüber-
gänge u. s. w.

Unsere Eintheilung trifft und erschöpft nur den Gebrauch der Streitkräfte. Nun giebt es aber im Kriege

eine Menge von Thätigkeiten, die ihm dienen, aber von ihm doch verschieden, ihm bald näher verwandt, bald fremdartiger sind. Diese Thätigkeiten alle beziehen sich auf die Erhaltung der Streitkräfte. So wie die Schaffung und Ausbildung dem Gebrauch vorhergeht, so bleibt ihre Erhaltung demselben zur Seite, und ist eine nothwendige Bedingung. Genau betrachtet aber, sind alle Thätigkeiten, die sich darauf beziehen, immer als Vorbereitungen zum Kampfe zu betrachten, nur freilich als solche, die der Handlung sehr nahe liegen, so, daß sie den kriegerischen Akt mit durchziehen, und mit dem Gebrauch abwechselnd vorkommen. Man hat also ein Recht, sie, wie die andern vorbereitenden Thätigkeiten, von der Kriegskunst im engern Sinne, von der eigentlichen Kriegführung auszuschließen, und man ist dazu genöthigt, wenn man die Hauptaufgabe jeder Theorie, die Trennung des Ungleichartigen, erfüllen will. Wer wollte die ganze Litanei der Verpflegung und Administration zur eigentlichen Kriegführung zählen, da sie mit dem Gebrauch der Truppen zwar in beständiger Wechselwirkung steht, aber etwas wesentlich Verschiedenes davon ist.

Wir haben in unserem dritten Kapitel des ersten Buchs gesagt, daß, indem der Kampf oder das Gefecht als die einzige unmittelbar wirksame Thätigkeit bestimmt wird, die Fäden aller andern, weil sie sich in ihm endigen, mit aufgenommen werden. Hiermit haben wir ausdrücken wollen, daß allen andern dadurch der Zweck gestellt wird, welchen sie nun nach ihren eigenthümlichen Gesetzen zu erreichen suchen. Hier müssen wir uns über diesen Gegenstand näher auslassen.

Die Gegenstände der noch außer dem Gefecht vorhandenen Thätigkeiten sind sehr verschiedener Natur.

Der eine Theil gehört in einer Beziehung dem Kampfe selbst noch an, ist identisch mit demselben, während er in einer andern der Erhaltung der Streitkräfte dient. Der andere Theil gehört bloß der Erhaltung an, und hat nur wegen der Wechselwirkung mit seinen Resultaten einen bedingenden Einfluß auf den Kampf.

Die Gegenstände, welche in einer Beziehung dem Kampfe selbst noch angehören, sind: Märsche, Läger und Quartiere, denn sie begreifen eben so viele verschiedene Zustände der Truppen, und wo Truppen gedacht werden, muß immer die Idee des Gefechts vorhanden sein.

Die andern, welche nur der Erhaltung angehören, sind: Ernährung, Krankenpflege, Waffen- und Ausrüstungsersatz.

Die Märsche sind mit dem Gebrauch der Truppen ganz identisch. Der Marsch im Gefecht, gewöhnlich Evolution genannt, ist zwar noch nicht eigentlicher Waffengebrauch, aber er ist so innig und nothwendig damit verbunden, daß er einen integrirenden Theil dessen ausmacht, was wir Gefecht nennen. Der Marsch außer dem Gefecht ist aber Nichts als die Ausführung der strategischen Bestimmung. Durch diese wird gesagt: wann, wo, und mit welcher Streitkraft ein Gefecht gegeben werden soll, und dies zur Ausführung zu bringen, ist der Marsch das einzige Mittel.

Der Marsch außer dem Gefecht ist also ein strategisches Instrument, aber darum nicht bloß ein Gegenstand der Strategie, sondern weil die Streitkraft, die ihn ausführt, in jedem Augenblick ein mögliches Gefecht konstituirt, so steht auch seine Ausführung unter taktischen und strategischen Gesetzen. Wenn wir einer Kolonne den Weg diesseits eines Flusses oder Gebirgsarmes vorschreiben, so ist das eine strategische Bestimmung, denn es liegt darin die Absicht, dem Gegner, wenn während des Marsches ein Gefecht nöthig werden sollte, dasselbe lieber diesseit als jenseit anzubieten.

Wenn aber eine Kolonne, statt im Thale der Straße zu folgen, auf dem sie begleitenden Höhenrücken fortzieht, oder sich, des bequemen Aufmarsches wegen, in mehrere kleine Kolonnen spaltet: so sind das taktische Bestimmungen, denn sie beziehen sich auf die Art wie wir im vorkommenden Gefecht unsere Streitkräfte brauchen wollen.

Die innere Ordnung des Marsches hat eine konstante Beziehung zur Gefechtsbereitschaft, ist also taktischer Natur, denn sie ist ja nichts Anderes, als die erste vorläufige Disposition zu dem Gefechte, welches vorkommen könnte.

Da der Mensch das Instrument ist, durch welches die Strategie ihre wirksamen Prinzipe, die Gefechte, vertheilt, diese aber oft bloß mit ihrem Resultate, und nicht mit ihrem faktischen Verlauf, eintreten: so hat es nicht fehlen können, daß man, in der Betrachtung, oft das Instrument an die Stelle des wirksamen Prinzips gesetzt hat. So spricht man von entscheidenden gelehrten Märschen, und meint diejenigen Gefechtskombinationen, zu denen sie geführt haben. Diese Substitution der Vorstellungen ist zu natürlich, und die Kürze des Ausdrucks zu wünschenswerth, um sie zu verdrängen, aber immer ist es nur eine zusammengeschobene Vorstellungsreihe, bei der man nicht versäumen muß, sich das Gehörige zu denken, wenn man nicht auf Abwege gerathen will.

Ein solcher Abweg ist es, wenn den strategischen Kombinationen eine von den taktischen Erfolgen unabhängige Kraft zugeschrieben wird. Man kombinirt Märsche und Manöver, erreicht seinen Zweck, und es ist von keinem

Gefecht dabei die Rede, woraus man schließt, daß es Mittel giebt, den Feind auch ohne Gefecht zu überwinden.
Wir werden erst in der Folge die ganze folgenreiche Größe
dieses Irrthums zeigen können.

Aber wenn gleich der Marsch vollkommen als ein in-
tegrirender Theil des Kampfes betrachtet werden kann: so
giebt es doch auch in ihm schon gewisse Beziehungen, die
nicht dazu gehören, also weder taktisch noch strategisch sind.
Dazu gehören alle Einrichtungen, die bloß zur Bequemlichkeit der Truppen dienen, die Ausführung von Brücken-
und Wegebau, u. s. w., dieß sind bloß Bedingungen; sie
können, unter manchen Umständen, dem Gebrauche der
Truppen sehr nahe treten, und sich fast mit demselben iden-
tifiziren, wie der Bau einer Brücke unter den Augen des
Feindes; aber an sich sind es immer fremdartige Thätigkeiten, deren Theorie nicht in die Theorie der Kriegführung gehört.

Läger, worunter wir jede versammelte, also schlagfer-
tige, Aufstellung der Truppen begreifen, im Gegensatze der
Quartiere, sind ein Zustand der Ruhe, also der Erholung,
aber sie sind auch zugleich die strategische Feststellung eines
Gefechts, an der Stelle wo sie genommen werden; durch
die Art aber, wie sie genommen werden, enthalten sie schon
die Grundlinie des Gefechts, eine Bedingung, von der jedes Vertheidigungsgefecht ausgeht; sie sind also wesentliche
Theile der Strategie und Taktik.

Quartiere vertreten, zu besserer Erquickung der Truppen, die Stelle der Läger, sie sind also, wie jene, der Lage
und Ausdehnung nach, strategische; der auf die Gefechtsbereitschaft gerichteten, innern Einrichtung nach taktische
Gegenstände.

Der Zweck der Läger und Quartiere ist freilich,

neben der Erholung der Truppen, gewöhnlich auch noch ein anderer, z. B. die Deckung einer Gegend, die Behauptung einer Stellung; aber er kann sehr wohl bloß der erstere sein. Wir erinnern uns, daß die Zwecke, welche die Strategie verfolgt, eine sehr große Mannichfaltigkeit haben können, denn Alles, was als ein Vortheil erscheint, kann der Zweck eines Gefechts sein, und die Erhaltung des Instruments, mit dem man den Krieg führt, muß nothwendig sehr häufig der Zweck ihrer einzelnen Kombination werden.

Wenn also, in einem solchen Falle, die Strategie der bloßen Erhaltung der Truppen dient: so befinden wir uns dadurch nicht etwa in einem fremden Felde, sondern wir sind immer beim Gebrauch der Streitkraft, weil jede Aufstellung derselben auf irgend einem Punkte des Kriegstheaters ein solcher ist.

Wenn aber die Erhaltung der Truppen, in Lägern und Quartieren, Thätigkeiten hervorruft, die kein Gebrauch der Streitkräfte sind, wie der Bau der Hütten, das Aufschlagen der Zelte, der Verpflegungs- und Reinlichkeitsdienst im Lager und Quartier: so gehört das weder zur Strategie noch Taktik.

Selbst Verschanzungen, deren Lage und Einrichtung ganz offenbar ein Theil der Gefechtsdisposition sind, also taktische Gegenstände, gehören doch, für die Ausführung ihres Baues, nicht zur Theorie der Kriegführung, sondern die dahin gehörigen Kenntnisse und Fertigkeiten müssen der ausgebildeten Streitkraft schon innwohnen; die Gefechtslehre setzt sie voraus.

Von den Gegenständen, welche der bloßen Erhaltung der Streitkraft angehören, weil keiner ihrer Theile sich mit dem Gefecht identifizirt, steht die Ernährung der Truppen demselben doch am nächsten, weil sie fast täglich und für jedes Individuum thätig sein muß. So geschieht es, daß sie den kriegerischen Akt in seinen strategischen Bestandtheilen ganz durchdringt. Wir sagen: in seinen strategischen Bestandtheilen, weil innerhalb des einzelnen Gefechts die Ernährung der Truppen höchst selten einen, den Plan modifizirenden Einfluß haben wird, wenn gleich der Fall doch auch denkbar genug bleibt. Die meiste Wechselwirkung wird also zwischen der Strategie und der Sorge für den Unterhalt der Streitkräfte eintreten, und es ist Nichts gewöhnlicher, als daß die Rücksicht auf diesen Unterhalt die strategischen Hauptlineamente eines Feldzuges und Krieges mit bestimmt. Wie häufig, und wie entscheidend diese Rücksichten auch sein mögen, der Unterhaltsbetrieb der Truppen bleibt immer eine von dem Gebrauch derselben wesentlich verschiedene Thätigkeit, die nur mit ihren Resultaten darauf Einfluß hat.

Viel entfernter stehen dem Gebrauch der Truppen die andern, von uns genannten, Gegenstände administrativer Thätigkeit. Die Krankenpflege, so höchst wichtig sie für das Wohl eines Heeres ist, trifft doch dasselbe nur immer in einem kleinen Theil seiner Individuen, und hat daher nur einen sehr schwachen, und mittelbaren Einfluß auf den Gebrauch der übrigen; die Ergänzung der Ausrüstungsgegenstände tritt, in so fern sie nicht schon durch den Organismus der Streitkräfte eine ihnen innwohnende fortlaufende Thätigkeit hat, nur periodisch ein, und wird also auch bei den strategischen Entwürfen nur selten zur Sprache kommen.

Wir müssen uns aber hier vor einem Mißverständniß bewahren. Im einzelnen Fall können faktisch diese Gegenstände von entscheidender Wichtigkeit sein. Die Entfer-

nung der Hospitäler und Munitionsvorräthe kann sehr
füglich als der einzige Grund für sehr wichtige strategische
Entscheidungen gedacht werden; das wollten wir weder in
Abrede noch in den Schatten stellen. Wir sprechen aber
nicht von dem faktischen Verhältniß des einzelnen Falles,
sondern von dem Abstrakten der Theorie, und unsere Behauptung ist also: daß ein solcher Einfluß zu selten ist,
um der Theorie der Krankenpflege und der Munitions-
und Waffenergänzung eine Wichtigkeit für die Theorie
des Kriegführens zu geben, es also der Mühe werth erscheinen zu lassen, die verschiedenen Wege und Systeme,
welche jene Theorieen angeben mögten, mit ihren Resultaten in der Theorie des Kriegführens mit aufzunehmen,
wie das mit der Ernährung der Truppen allerdings der
Fall ist.

Werden wir uns jetzt des Resultates unserer Betrachtungen noch einmal deutlich bewußt, so zerfallen die
dem Kriege angehörigen Thätigkeiten in zwei Hauptab-
theilungen: in solche, die nur Vorbereitungen zum
Kriege sind, und in den Krieg selbst. Diese Eintheilung muß denn auch die Theorie treffen.

Die Kenntnisse und Fertigkeiten der Vorbereitungen
werden sich mit der Schaffung, Ausbildung und Erhaltung aller Streitkräfte beschäftigen. Welchen allgemeinen
Namen man ihnen geben will, lassen wir dahin gestellt
sein, aber man sieht, daß Artillerie, Befestigungskunst, sogenannte Elementartaktik, die ganze Organisation und Administration der Streitkräfte, und alle ähnlichen Dinge dahin gehören. Die Theorie des Krieges selbst aber beschäftigt
sich mit dem Gebrauch dieser ausgebildeten Mittel für den
Zweck des Krieges. Sie bedarf von den ersteren nur die
Resultate: nämlich, die Kenntniß der von ihr übernom-

menen Mittel nach ihren Haupteigenschaften. Diese nennen wir Kriegskunst im engern Sinn, oder Theorie des Kriegführens, oder Theorie des Gebrauchs der Streitkräfte, welches Alles für uns dieselbe Sache bezeichnet.

Diese Theorie wird also das Gefecht abhandeln, als den eigentlichen Kampf; die Märsche, Läger und Quartiere als Zustände, die mehr oder weniger damit identisch sind. Den Unterhalt der Truppen aber wird sie nicht wie eine ihr angehörige Thätigkeit, sondern, seinen Resultaten nach, wie andere gegebene Umstände in Betrachtung ziehen.

Diese Kriegskunst im engern Sinne zerfällt nun wieder selbst in Taktik und Strategie. Jene beschäftigt sich mit der Gestalt des einzelnen Gefechts, diese mit seinem Gebrauch. Beide berühren die Zustände von Märschen, Lägern und Quartieren nur durch das Gefecht, und diese Gegenstände werden taktisch oder strategisch, je nach dem sie sich auf die Gestalt oder auf die Bedeutung des Gefechts beziehen.

Gewiß wird es viele Leser geben, die diese sorgfältige Unterscheidung von zwei einander so nahe liegenden Dingen, wie Taktik und Strategie, für sehr überflüssig halten, weil sie auf das Kriegführen selbst keinen unmittelbaren Einfluß hat. Freilich müßte man ein großer Pedant sein, um von einer theoretischen Eintheilung die unmittelbaren Wirkungen auf dem Schlachtfelde zu suchen.

Das erste Geschäft einer jeden Theorie ist das Aufräumen der durcheinander geworfenen, und man kann wohl sagen, sehr in einander verworrenen Begriffe und Vorstellungen, und erst wenn man sich über Namen und Begriffe verständigt hat, darf man hoffen, in der Betrachtung der Dinge mit Klarheit und Leichtigkeit vorzuschreiten, darf man gewiß sein, sich mit dem Leser immer auf demselben

Stand-

Standpunkt zu befinden. Taktik und Strategie sind zwei, in Raum und Zeit sich einander durchdringende, aber doch wesentlich verschiedene Thätigkeiten, deren innere Gesetze, und deren Verhältniß zu einander, schlechterdings nicht deutlich gedacht werden können, ohne ihren Begriff genau festzustellen.

Wem dies Alles Nichts ist, der muß entweder gar keine theoretische Betrachtung gestatten, oder seinem Verstande müssen die verworrenen und verwirrenden, auf keinen festen Standpunkt gestützten, zu keinem befriedigenden Resultat gelangenden, bald platten, bald phantastischen, bald in leeren Allgemeinheiten schwimmenden Vorstellungen noch nicht wehe gethan haben, die wir über die eigentliche Kriegführung deswegen so oft hören und lesen müssen, weil noch selten ein Geist wissenschaftlicher Untersuchung auf diesem Gegenstande geruht hat.

Zweites Kapitel.

Ueber die Theorie des Krieges.

Zuerst verstand man unter Kriegskunst nur die Zubereitung der Streitkräfte.

Man hatte früher unter dem Namen von Kriegskunst, oder Kriegswissenschaft, immer nur die Gesammtheit derjenigen Kenntnisse und Fertigkeiten verstanden, welche sich mit den materiellen Dingen beschäftigen. Die Einrichtung und Zubereitung und der Gebrauch der Waffen, der Bau der Festungen und Schanzen, der Organismus des Heeres, und der Mechanismus seiner Bewegungen, waren die Gegenstände dieser Kenntnisse und Fertigkeiten, und sie führten alle zur Darstellung einer im Krieg brauchbaren Streitkraft. Hier hatte man es mit einem materiellen Stoff, mit einer einseitigen Thätigkeit zu thun, und es war im Grunde Nichts, als eine sich nach und nach vom Handwerk zu einer verfeinerten mechanischen Kunst erhebende Thätigkeit. Dies Alles verhielt sich zum Kampf selbst nicht viel anders, wie die Kunst des Schwertfegers zur Fechtkunst. Von dem Gebrauch im Augenblick der Gefahr, und unter beständiger Wechselwirkung, von den eigentlichen Bewegungen des Geistes und Muthes, in der ihnen vorgelegten Richtung, war noch nicht die Rede.

In der Belagerungskunst kömmt zuerst der Krieg selbst vor.

In der Belagerungskunst zuerst war Etwas von der Führung des Kampfes selbst, von der Bewegung des Geistes, dem diese Materien übergeben sind, sichtbar, aber meistens nur insofern er sich in neuen materiellen Gegenständen schnell verkörperte, wie Approchen, Trancheen, Contreapprochen, Batterien u. s. w., und jeden seiner Schritte durch ein solches Produkt bezeichnete; es war nur der Faden, dessen man bedurfte, um diese materiellen Schöpfungen daran anzureihen. Da sich bei dieser Art von Krieg der Geist fast nur in solchen Dingen ausspricht, so war der Sache damit ziemlich Genüge geschehen.

Dann streifte die Taktik bis dahin.

Später versuchte es die Taktik, in den Mechanismus ihrer Zusammenfügungen den Charakter einer allgemeinen, auf die Eigenthümlichkeiten des Instruments gebauten, Disposition zu legen, welcher freilich schon auf das Schlachtfeld führt, aber nicht zu freier Geistesthätigkeit, sondern mit einem durch Formation und Schlachtordnung zu einem Automat umgeschaffenen Heer, welches, durch das bloße Kommandowort angestoßen, seine Thätigkeit wie ein Uhrwerk abwickeln sollte.

Das eigentliche Kriegführen kam nur gelegentlich inkognito vor.

Das eigentliche Kriegführen, der freie, d. h., den individuellsten Bedürfnissen angepaßte Gebrauch der zubereiteten Mittel, glaubte man, könne kein Gegenstand der Theorie sein, sondern dies müßte allein den natürlichen Anlagen überlassen bleiben. Nach und nach, wie der Krieg aus dem Faustkampf des Mittelalters in eine regelmäßigere und zusammengesetztere Gestalt überging, drängten sich zwar auch über diesen Gegenstand dem menschlichen Geiste einzelne Betrachtungen auf, sie kamen aber meistens nur in Memoiren und Erzählungen beiläufig, und gewissermaßen inkognito, vor.

Die Betrachtungen über Kriegsbegebenheiten führten das Bedürfniß einer Theorie herbei.

Als diese Betrachtungen sich immer mehr häuften, die Geschichte immer mehr den kritischen Charakter annahm, entstand das lebhafte Bedürfniß nach einem Anhalt von Grundsätzen und Regeln, damit der der Kriegsgeschichte so natürliche Kontrovers, der Kampf der Meinungen, zu irgend einem Ziel gebracht werden könne. Dieser Wirbel der Meinungen, der sich um keinen ersten Punkt, und nach keinen fühlbaren Gesetzen drehte, mußte dem menschlichen Geiste eine widerwärtige Erscheinung sein.

8 *

Bestreben eine positive Lehre aufzustellen.

Es entstand also das Bestreben, Grundsätze, Regeln, oder gar Systeme für die Kriegführung anzugeben. Hiermit setzte man sich einen positiven Zweck, ohne die unendlichen Schwierigkeiten gehörig in's Auge gefaßt zu haben, die die Kriegführung in dieser Beziehung hat. Die Kriegführung verläuft sich, wie wir das gezeigt haben, fast nach allen Seiten hin in unbestimmte Gränzen; jedes System, jedes Lehrgebäude aber hat die beschränkende Natur einer Synthesis, und damit ist ein nie auszugleichender Widerspruch zwischen einer solchen Theorie und der Praxis gegeben.

Beschränkung auf materielle Gegenstände.

Die Theorieenschreiber fühlten die Schwierigkeit des Gegenstandes früh genug, und glaubten sich berechtigt, ihr dadurch aus dem Wege zu treten, daß sie ihre Grundsätze und Systeme wieder nur auf materielle Dinge und eine einseitige Thätigkeit richteten. Man wollte, wie in den Wissenschaften der Kriegsvorbereitung, auf lauter gewisse und positive Resultate kommen, und also auch nur das in Betrachtung ziehen, was einer Berechnung unterworfen werden konnte.

Überlegenheit der Zahl.

Die Überlegenheit der Zahl war ein materieller Gegenstand, man wählte unter allen Faktoren im Produkt eines Sieges diesen heraus, weil man ihn, durch Kombinationen von Zeit und Raum, in eine mathematische Gesetzgebung bringen konnte. Von allen übrigen Umständen glaubte man abstrahiren zu können, indem man sich dieselben auf beiden Seiten gleich, und dadurch neutralisirt dachte. Dies wäre schon recht gewesen, wenn man es einstweilen hätte thun wollen, um diesen einen Faktor seinen Verhältnissen nach kennen zu lernen; aber es für immer zu thun, die Überlegenheit der Zahl für das einzige Gesetz zu halten, und in der Formel: in gewisser Zeit auf gewissen Punkten eine Überlegenheit hinzubringen, das ganze Geheimniß der Kriegskunst zu sehen, war eine gegen die Macht des wirklichen Lebens ganz unhaltbare Beschränkung.

Unterhalt der Truppen.

Noch ein anderes materielles Element wurde in einer theoretischen Behandlung zu systematisiren versucht, indem man den Unterhalt der Truppen, auf einen gewissen vorausgesetzten Organismus des Heeres gestützt, zum Hauptgesetzgeber der großen Kriegführung machte.

Man gelangte auf diese Weise freilich wieder zu bestimmten Zahlen, aber zu Zahlen, die auf einer Menge ganz willführlicher Voraussetzungen beruhten, und also in der Erfahrung nicht Stich halten konnten.

Basis.

Ein witziger Kopf versuchte eine ganze Menge von Umständen, zwischen denen auch sogar einige geistige Beziehungen mit unterliefen: die Ernährung des Heeres, die Ergänzung desselben und seiner Ausrüstungsmittel, die Sicherheit seiner Nachrichtenverbindung mit dem Vaterlande, endlich die Sicherheit seines Rückzugs, im Fall er nöthig würde, in einen einzigen Begriff, den der Basis, zusammenzufassen, und zuerst diesen Begriff allen jenen einzelnen Beziehungen, dann aber wieder die Größe (Ausdehnung) der

Basis ihr selbst, und zuletzt den Winkel, welchen die Streit-kraft mit dieser Basis macht, der Größe derselben zu sub-stituiren; und dies Alles bloß, um auf ein rein geometri-sches Resultat zu kommen, welches ganz ohne Werth ist. Dies Letztere ist in der That nicht zu vermeiden, wenn man bedenkt, daß keine jener Substitutionen gemacht wer-den konnte, ohne die Wahrheit zu verletzen, und einen Theil der Dinge auszulassen, die in dem frühern Begriff noch enthalten waren. Der Begriff der Basis ist der Strategie ein wirkliches Bedürfniß, und es ist ein Ver-dienst, darauf gekommen zu sein; aber ein solcher Gebrauch desselben, wie wir ihn eben bezeichnet haben, ist vollkom-men unzulässig, und mußte zu ganz einseitigen Resultaten führen, die diesen Theoretiker sogar in eine ganz widersin-nige Richtung fortgetrieben haben, nämlich zu der überle-genen Wirkung der umfassenden Form.

Innere Linien.

Als Reaktion gegen diese falsche Richtung ist dann ein anderes geometrisches Prinzip, nämlich das der soge-nannten innern Linien, auf den Thron gehoben worden. Ob nun gleich dies Prinzip sich auf einen guten Grund stützt, auf die Wahrheit, daß das Gefecht das einzige wirksame Mittel im Kriege ist: so ist es doch, eben wegen seiner bloß geometrischen Natur, Nichts als eine neue Ein-seitigkeit, welche nimmermehr dahin gelangen konnte das wirkliche Leben zu beherrschen.

Alle diese Versuche sind verwerflich.

Alle diese Theorieversuche sind nur in ihrem analyti-schen Theil als Fortschritte in dem Gebiet der Wahrheit zu betrachten, in dem synthetischen Theil aber, in ihren Vorschriften und Regeln, ganz unbrauchbar.

Sie streben nach bestimmten Größen, während im Kriege Alles unbestimmt ist, und der Kalkül mit lauter veränderlichen Größen gemacht werden muß.

Sie richten die Betrachtung nur auf materielle Größen, während der ganze kriegerische Akt von geistigen Kräften und Wirkungen durchzogen ist.

Sie betrachten nur die einseitige Thätigkeit, während der Krieg eine beständige Wechselwirkung der gegenseitigen ist.

Sie schließen das Genie von der Regel aus.

Alles was von solcher dürftigen Weisheit einer einzigen Betrachtung nicht erreicht werden konnte, lag außer der wissenschaftlichen Einhegung, war das Feld des Genie's, welches sich über die Regel erhebt.

Wehe dem Krieger! der zwischen diesem Bettelthum von Regeln herumkriechen sollte, die für das Genie zu schlecht sind, über die es sich vornehm hinwegsetzt, über die es sich auch allenfalls lustig machen kann. Was das Genie thut, muß gerade die schönste Regel sein, und die Theorie kann nichts Besseres thun, als zu zeigen, wie und warum es so ist.

Wehe der Theorie! die sich mit dem Geiste in Opposition setzt; sie kann diesen Widerspruch durch keine Demuth gut machen, und je demüthiger sie ist, um so mehr wird Spott und Verachtung sie aus dem wirklichen Leben verdrängen.

Schwierigkeit der Theorie, sobald geistige Größen in Betracht kommen.

Jede Theorie wird, von dem Augenblick an, unendlich viel schwieriger, wie sie das Gebiet geistiger Größen berührt. Baukunst und Malerei wissen genau woran sie sind, so

lange sie noch mit der Materie zu thun haben; über mechanische und optische Konstruktion ist kein Streit. So
wie aber die geistigen Wirkungen ihrer Schöpfungen anfangen, so wie geistige Eindrücke oder Gefühle hervorgebracht werden sollen, verschwimmt die ganze Gesetzgebung
in unbestimmte Ideen.

Die Arzneikunst ist meistens nur mit körperlichen Erscheinungen beschäftigt, sie hat es mit dem thierischen Organismus zu thun, der, ewigen Veränderungen unterworfen, in zwei Momenten nie genau derselbe ist; das macht
ihre Aufgabe sehr schwierig, und stellt das Urtheil des
Arztes schon höher als sein Wissen; aber wie viel schwieriger ist der Fall, wenn eine geistige Wirkung hinzukömmt,
und wie viel höher stellt man den Seelenarzt!

Die geistigen Größen können im Kriege nicht ausgeschlossen werden.

Nun ist aber die kriegerische Thätigkeit nie gegen die
bloße Materie gerichtet, sondern immer zugleich gegen die
geistige Kraft welche diese Materie belebt, und beide von
einander zu trennen ist unmöglich.

Die geistigen Größen aber sieht man nur mit dem innern Auge, und dieses ist in jedem Menschen anders, und
oft bei demselben in verschiedenen Augenblicken verschieden.

Da die Gefahr das allgemeine Element ist, in dem sich
im Kriege Alles bewegt, so ist es auch vorzüglich der Muth,
das Gefühl der eigenen Kraft, wodurch das Urtheil anders
bestimmt wird. Es ist gewissermaßen die Krystalllinse, durch
welche die Vorstellungen gehen, ehe sie den Verstand treffen.

Und doch kann man nicht zweifeln, daß diese Dinge,
schon durch die bloße Erfahrung, einen gewissen objektiven
Werth bekommen müssen.

Jeder kennt die moralischen Wirkungen des Überfalls, des Seiten= und Rückenangriffs, Jeder schätzt den Muth des Gegners geringer sobald er den Rücken gewandt hat, und wagt ganz anders beim Verfolgen als beim Verfolgt-werden. Jeder beurtheilt den Gegner nach dem Ruf sei-ner Talente, nach seinen Jahren und seiner Erfahrung, und richtet sich darnach. Jeder wirft einen prüfenden Blick auf den Geist und die Stimmung seiner und der feindlichen Truppen. Alle diese und ähnliche Wirkungen im Gebiete der geistigen Natur haben sich in der Erfah-rung erwiesen, sind immer wiedergekehrt, und berechtigen dadurch, sie in ihrer Art als wirkliche Größen gelten zu lassen. Und was sollte wohl aus einer Theorie werden, in der man sie unbeachtet lassen wollte?

Aber freilich ist die Erfahrung ein nothwendiger Stammbrief dieser Wahrheiten. Mit psychologischen und philosophischen Klügeleien soll sich aber keine Theorie be-fassen, und kein Feldherr sich befassen.

Hauptschwierigkeit der Theorie des Kriegführens.

Um die Schwierigkeit der Aufgabe, welche in einer Theorie der Kriegführung enthalten ist, deutlich zu über-sehen, und daraus den Charakter ableiten zu können, den eine solche Theorie haben muß, müssen wir auf die Haupt-eigenthümlichkeiten, welche die Natur der kriegerischen Thä-tigkeit ausmachen, einen nähern Blick werfen.

Erste Eigenthümlichkeit: geistige Kräfte und Wirkungen.
[Das feindselige Gefühl.]

Die erste dieser Eigenthümlichkeiten besteht in den geistigen Kräften und Wirkungen.

Kampf ist ursprünglich die Äußerung feindseliger

Gefühle; es wird aber allerdings in unsern großen Kämpfen, die wir Krieg nennen, aus dem feindseligen Gefühl häufig nur eine feindselige Absicht, und es pflegt, dem Einzelnen wenigstens, kein feindseliges Gefühl gegen den Einzelnen beizuwohnen. Nichts desto weniger geht es nie ohne eine solche Gemüthsthätigkeit ab. Der Nationalhaß, an dem es auch bei unsern Kriegen selten fehlt, vertritt bei dem Einzelnen gegen den Einzelnen, mehr oder weniger stark, die individuelle Feindschaft. Wo aber auch dieser fehlt, und anfangs keine Erbitterung war, entzündet sich das feindselige Gefühl an dem Kampfe selbst, denn eine Gewaltsamkeit, die Jemand auf höhere Weisung an uns verübt, wird uns zur Vergeltung und Rache gegen ihn entflammen, früher noch, ehe wir es gegen die höhere Gewalt sein werden, die ihm gebietet so zu handeln. Dies ist menschlich, oder auch thierisch, wenn man will, aber es ist so. — Man ist in der Theorie sehr gewohnt, den Kampf wie ein abstraktes Abmessen der Kräfte, ohne allen Antheil des Gemüths, zu betrachten, und das ist einer der tausend Irrthümer, welche die Theorieen ganz absichtlich begehen, weil sie die Folgen davon nicht einsehen.

Außer jener, in der Natur des Kampfes selbst gegründeten Anregung der Gemüthskräfte, giebt es noch andere, die nicht wesentlich dazu gehören, aber sich, der Verwandtschaft wegen, leicht damit verbinden, wie Ehrgeiz, Herrschsucht, Begeisterung jeder Art u. s. w.

Die Eindrücke der Gefahr.

[Der Muth.]

Endlich gebiert der Kampf das Element der Gefahr, in welchem sich alle kriegerischen Thätigkeiten, wie der Vogel in der Luft und der Fisch im Wasser, erhalten und bewegen müssen. Die Wirkungen der Gefahr gehen aber alle auf das Gemüth, entweder unmittelbar, also instinkt- mäßig, oder durch den Verstand über. Die erstere würde das Bestreben sein sich ihr zu entziehen, und insofern dies nicht geschehen kann, Furcht und Angst. Wenn diese Wirkung nicht entsteht, so ist es der Muth, welcher jenem Instinkt das Gleichgewicht hält. Der Muth aber ist keinesweges ein Akt des Verstandes, sondern ebenfalls ein Gefühl, wie die Furcht; diese ist auf die phisische Erhaltung, der Muth auf die moralische gerichtet. Der Muth ist ein edlerer Instinkt. Weil er aber das ist, so läßt er sich nicht wie ein lebloses Instrument gebrauchen, welches seine Wirkun- gen im genau vorgeschriebenen Maaße äußert. Der Muth ist also kein bloßes Gegengewicht der Gefahr, um diese in ihren Wirkungen zu neutralisiren, sondern eine eigenthüm- liche Größe.

Umfang des Einflusses welchen die Gefahr übt.

Um aber den Einfluß der Gefahr auf die im Kriege Handelnden richtig zu würdigen, muß man ihren Bereich nicht auf die phisische Gefahr des Augenblicks beschränken. Sie beherrscht den Handelnden nicht bloß indem sie ihn be- droht, sondern auch durch die Bedrohung aller ihm Anver- trauten; nicht bloß in dem Augenblick, wo sie wirklich vor- handen ist, sondern, durch die Vorstellung, auch in allen andern, die zu diesem Augenblick eine Beziehung haben; endlich nicht bloß unmittelbar durch sich selbst, sondern auch mittelbar durch die Verantwortlichkeit, die sie mit zehnfachem Gewicht auf dem Geist des Handelnden lasten läßt. Wer könnte eine große Schlacht anrathen oder be- schließen, ohne daß der Geist sich, mehr oder weniger, ge- spannt oder betroffen fühlte von der Gefahr und Verantwortlichkeit, die ein solcher großer Entscheidungsakt in sich trägt. Man kann sagen: daß das Handeln im Kriege, insofern es ein wirkliches Handeln, nicht ein bloßes Dasein ist, nie ganz aus dem Bereich der Gefahr hinaustritt.

Andere Gemüthskräfte.

Wenn wir diese durch Feindschaft und Gefahr aufgeregten Gemüthskräfte als dem Kriege eigenthümlich betrachten, so schließen wir alle anderen, den Menschen auf seinem Lebenswege begleitenden, nicht davon aus; sie werden auch hier häufig genug Platz finden. Zwar darf man sagen, daß manches kleinliche Spiel der Leidenschaften in diesem ernsten Dienst des Lebens zum Schweigen gebracht wird, doch gilt dies nur von den Handelnden der niedern Regionen, die, von einer Gefahr und Anstrengung zur andern fortgerissen, die übrigen Dinge des Lebens aus den Augen verlieren, sich der Falschheit entwöhnen, weil der Tod sie nicht gelten läßt, und so zu jener soldatischen Einfachheit des Charakters kommen, die immer der beste Repräsentant des Kriegerstandes gewesen ist. In den höhern Regionen ist es anders, denn je höher Einer steht, um so mehr muß er um sich sehen; da entstehen denn Interessen nach allen Seiten, und ein mannichfaltiges Spiel der Leidenschaften, der guten und bösen. Neid und Edelsinn, Hochmuth und Bescheidenheit, Zorn und Rührung, alle können als wirksame Kräfte in dem großen Drama erscheinen.

Eigenthümlichkeit des Geistes.

Die Eigenthümlichkeiten des Geistes in dem Handelnden sind, neben denen des Gemüths, gleichfalls von einem hohen Einfluß. Andere Dinge darf man erwarten

von einem phantaſtiſchen, überſpannten, unreifen Kopf, als
von einem kalten und kräftigen Verſtande.

Aus der Mannichfaltigkeit der geiſtigen Individualität entſpringt die Mannichfaltigkeit der Wege die zum Ziele
führen.

Dieſe große Mannichfaltigkeit in der geiſtigen Individualität, deren Einfluß man ſich vorzüglich in den höhern Stellen denken muß, weil er nach oben hin zunimmt,
iſt es vorzüglich, welche die, von uns ſchon im erſten Buche
ausgeſprochene, Mannichfaltigkeit der Wege zum Ziel hervorbringt, und dem Spiel mit Wahrſcheinlichkeit und Glück
einen ſo ungleichen Antheil an den Begebenheiten zutheilt.

Zweite Eigenthümlichkeit: lebendige Reaktion.

Die zweite Eigenthümlichkeit im kriegeriſchen Handeln iſt die lebendige Reaktion, und die Wechſelwirkung,
welche daraus entſpringt. Wir ſprechen hier nicht von der
Schwierigkeit eine ſolche Reaktion zu berechnen, denn dieſe
liegt ſchon in der erwähnten Schwierigkeit die geiſtigen
Kräfte als Größen zu behandeln, ſondern, weil die Wechſelwirkung, ihrer Natur nach, aller Planmäßigkeit entgegen ſtrebt. Die Wirkung, welche irgend eine Maßregel
auf den Gegner hervorbringt, iſt das Individuellſte was
es unter allen Datis des Handelns giebt; jede Theorie
aber muß ſich an Klaſſen von Erſcheinungen halten, und
niemals kann ſie den eigentlichen individuellen Fall in ſich
aufnehmen; dieſer bleibt überall dem Urtheil und Talent
anheim gegeben. Es iſt alſo natürlich, daß in einem Handeln wie das kriegeriſche, welches ſo häufig in ſeinem auf
allgemeine Umſtände gebauten Plan durch unerwartete
individuelle Erſcheinungen geſtört wird: überhaupt Mehr

dem Talent überlassen bleiben muß, und von einer theoretischen Anweisung weniger Gebrauch gemacht werden
kann, als in jedem anderen.

Dritte Eigenthümlichkeit: Ungewißheit aller Data.

Endlich ist die große Ungewißheit aller Data im
Kriege eine eigenthümliche Schwierigkeit, weil alles Handeln gewissermaßen in einem bloßen Dämmerlicht verrichtet
wird, was noch dazu nicht selten, wie eine Nebel- oder
Mondscheinbeleuchtung, den Dingen einen übertriebenen Umfang, ein groteskes Ansehen giebt.

Was diese schwache Beleuchtung an vollkommener
Einsicht entbehren läßt, muß das Talent errathen, oder es
muß dem Glück überlassen bleiben. Es ist also wieder das
Talent, oder gar die Gunst des Zufalls, welchen in Ermangelung einer objektiven Weisheit vertraut werden muß.

Eine positive Lehre ist unmöglich.

Bei dieser Natur des Gegenstandes müssen wir uns
sagen, daß es eine reine Unmöglichkeit wäre, die Kriegskunst durch ein positives Lehrgebäude, wie mit einem Gerüste, versehen zu wollen, welches dem Handelnden überall
einen äußern Anhalt gewähren könnte. Der Handelnde
würde sich in allen jenen Fällen, wo er auf sein Talent
verwiesen ist, außer diesem Lehrgebäude, und mit ihm in
Widerspruch befinden, und es würde, wie vielseitig dasselbe auch aufgefaßt sein mögte, immer dieselbe Folge
wieder eintreten, von der wir schon gesprochen haben: daß
das Talent und Genie außer dem Gesetze handelt, und die Theorie ein Gegensatz der Wirklichkeit wird.

Auswege für die Möglichkeit einer Theorie.

[Die Schwierigkeiten sind nicht überall gleich groß.]

Aus dieser Schwierigkeit öffnen sich uns zwei Auswege.

Zuerst ist das, was wir von der Natur der kriegerischen Thätigkeit im Allgemeinen gesagt haben, nicht auf dieselbe Weise von der Thätigkeit einer jeden Stelle zu verstehen. Nach unten hin wird der Muth persönlicher Aufopferung mehr in Anspruch genommen, aber für den Verstand und das Urtheil sind die Schwierigkeiten unendlich viel geringer. Das Feld der Erscheinungen ist viel geschlossener, Zwecke und Mittel sind in der Zahl beschränkter, die Data bestimmter, meistens sogar in wirklichen Anschauungen enthalten. Je weiter wir aber hinaufsteigen, um so mehr nehmen die Schwierigkeiten zu, bis sie im obersten Feldherrn ihren höchsten Grad erreichen, so, daß bei ihm fast Alles dem Genius überlassen bleiben muß.

Aber auch nach einer sächlichen Eintheilung des Gegenstandes sind die Schwierigkeiten nicht überall dieselben, sondern sie nehmen ab, je mehr die Wirkungen sich in der materiellen Welt äußern, und zu, je mehr sie in die geistige übergehen, und zu Motiven werden, die den Willen bestimmen. Darum ist es leichter die innere Ordnung, die Anlage und Führung eines Gefechts durch eine theoretische Gesetzgebung zu bestimmen, als den Gebrauch desselben. Dort ringen die phisischen Waffen miteinander, und wenn auch der Geist darin nicht fehlen kann, so muß doch der Materie ihr Recht gelassen werden. In der Wirkung der Gefechte aber, wo die materiellen Erfolge zu Motiven werden, hat man es nur mit der geistigen Natur zu thun. Mit einem Wort: die Taktik wird viel weniger Schwierigkeiten einer Theorie haben, als die Strategie.

Die Theorie soll eine Betrachtung und keine Lehre sein.

Der zweite Ausweg für die Möglichkeit einer Theorie ist der Gesichtspunkt, daß sie nicht nothwendig eine positive Lehre, d. i., eine Anweisung zum Handeln, zu sein braucht. Überall, wo eine Thätigkeit es größtentheils immer wieder mit denselben Dingen zu thun hat, mit denselben Zwecken und Mitteln, wenn auch mit kleinen Veränderungen, und einer noch so großen Mannichfaltigkeit der Kombinationen: müssen diese Dinge ein Gegenstand vernünftiger Betrachtung werden können. Eine solche Betrachtung aber ist eben der wesentlichste Theil jeder Theorie, und hat auf diesen Namen ganz eigentlich Anspruch. Sie ist eine analytische Untersuchung des Gegenstandes, führt zu einer genauen Bekanntschaft, und wenn sie auf die Erfahrung, also in unserm Fall auf die Kriegsgeschichte, angewendet wird, zur Vertrautheit mit demselben. Je mehr sie diesen letzten Zweck erreicht, um so mehr geht sie aus der objektiven Gestalt eines Wissens in die subjektive eines Könnens über, und um so mehr wird sie sich also auch da wirksam zeigen, wo die Natur der Sache keine andere Entscheidung als die des Talents zuläßt; sie wird in ihm selbst wirksam werden. Untersucht die Theorie die Gegenstände, welche den Krieg ausmachen, unterscheidet sie schärfer was auf den ersten Blick zusammen zu fließen scheint; giebt sie die Eigenschaften der Mittel vollständig an, zeigt sie die wahrscheinlichen Wirkungen derselben, bestimmt sie klar die Natur der Zwecke, trägt sie überall das Licht einer verweilenden kritischen Betrachtung in das Feld des Krieges: so hat sie den Hauptgegenstand ihrer Aufgabe erfüllt. Sie wird dann demjenigen ein Führer, der sich aus Büchern mit dem

Kriege

Kriege vertraut machen will; sie hellt ihm überall den Weg auf, erleichtert seine Schritte, erzieht sein Urtheil, und bewahrt ihn vor Abwegen.

Wenn ein Sachverständiger sein halbes Leben darauf verwendet, einen dunklen Gegenstand überall aufzuklären, so wird er wohl weiter kommen, als derjenige welcher in kurzer Zeit damit vertraut sein will. Daß also nicht jeder von Neuem aufzuräumen, und sich durchzuarbeiten brauche, sondern die Sache geordnet und gelichtet finde, dazu ist die Theorie vorhanden. Sie soll den Geist des künftigen Führers im Kriege erziehen, oder vielmehr ihn bei seiner Selbsterziehung leiten, nicht aber ihn auf das Schlachtfeld begleiten; so wie ein weiser Erzieher die Geistesentwickelung eines Jünglings lenkt und erleichtert, ohne ihn darum das ganze Leben hindurch am Gängelbande zu führen.

Bilden sich aus den Betrachtungen, welche die Theorie anstellt, von selbst Grundsätze und Regeln, schießt die Wahrheit von selbst in diese Kryftallform zusammen, so wird die Theorie diesem Naturgesetz des Geistes nicht widerstreben, sie wird vielmehr, wo sich der Bogen in einem solchen Schlußstein endigt, diesen noch hervorheben; aber sie thut dies nur, um dem philosophischen Gesetz des Denkens zu genügen, um den Punkt deutlich zu machen, nach welchem die Linien alle hinlaufen, nicht um daraus eine algebraische Formel für das Schlachtfeld zu bilden; denn auch diese Grundsätze und Regeln sollen in dem denkenden Geiste mehr die Hauptlineamente seiner eingewohnten Bewegungen bestimmen, als ihm in der Ausführung den Weg, gleich Meßstangen, bezeichnen.

I   9

Mit diesem Gesichtspunkt wird die Theorie möglich, und ihr Widerspruch mit der Praxis hört auf.

Mit diesem Gesichtspunkte wird die Möglichkeit einer befriedigenden, d. h. einer nützlichen, und niemals mit der Wirklichkeit in Widerspruch tretenden Theorie der Kriegsführung gegeben, und es wird nur von der verständigen Behandlung abhängen, sie mit dem Handeln so zu befreunden, daß der widersinnige Unterschied zwischen Theorie und Praxis ganz verschwinde, den oft eine unvernünftige Theorie hervorgerufen, und womit sie sich von dem gesunden Menschenverstande losgesagt hat, den aber eben so oft Beschränktheit des Geistes und Unwissenheit zum Vorwand gebraucht hat, um sich in der angebornen Ungeschicklichkeit recht gehen zu lassen.

Die Theorie betrachtet also die Natur der Zwecke und Mittel. Zweck und Mittel in der Taktik.

Die Theorie hat also die Natur der Mittel und Zwecke zu betrachten.

In der Taktik sind die Mittel die ausgebildeten Streitkräfte, welche den Kampf führen sollen. Der Zweck ist der Sieg. Wie dieser Begriff näher bestimmt werden kann, wird sich in der Folge, bei der Betrachtung des Gefechts, besser sagen lassen. Wir begnügen uns hier, den Abzug des Gegners vom Kampfplatz als das Zeichen des Sieges anzugeben. Vermittelst dieses Sieges erreicht die Strategie den Zweck, welchen sie dem Gefecht gegeben hat, und der seine eigentliche Bedeutung ausmacht. Diese Bedeutung hat auf die Natur des Sieges allerdings einigen Einfluß. Ein Sieg, welcher darauf gerichtet ist, die feindliche Streitkraft zu schwächen, ist etwas Anderes als einer, der uns bloß in den Besitz einer Stellung bringen soll. Es wird also die Bedeutung eines Gefechts auf die Anlage und Führung desselben einen merklichen Einfluß haben können, folglich auch ein Gegenstand der Betrachtung für die Taktik sein.

Umstände, welche die Anwendung der Mittel immer begleiten.

Da es gewisse Umstände giebt, welche das Gefecht immerwährend begleiten, und mehr oder weniger Einfluß darauf haben, so müssen diese bei der Anwendung der Streitkräfte mit in Betrachtung gezogen werden.

Diese Umstände sind die Örtlichkeit (das Terrain), die Tageszeit und das Wetter.

Örtlichkeit.

Die Örtlichkeit, welche wir lieber in die Vorstellung von Gegend und Boden auflösen wollen, könnte, strenge genommen, ohne Einfluß sein, wenn das Gefecht in einer vollkommenen und ganz unbebauten Ebene geliefert würde.

In Steppengegenden kömmt der Fall wirklich vor, in den Gegenden des gebildeten Europa ist er fast eine eingebildete Vorstellung. Es ist also zwischen den gebildeten Völkern kaum ein Gefecht ohne Einfluß von Gegend und Boden denkbar.

Tageszeit.

Die Tageszeit wirkt auf das Gefecht durch den Unterschied von Tag und Nacht, aber die Beziehungen reichen natürlich weiter als gerade bis an die Gränze beider, weil jedes Gefecht eine gewisse Dauer hat, und die großen sogar eine Dauer von vielen Stunden. Für die Anlage einer großen Schlacht macht es einen wesentlichen

Unterschied, ob sie am Morgen oder Nachmittag anfängt. Indessen wird es allerdings eine Menge Gefechte geben, wo sich der Umstand der Tageszeit als ganz gleichgültig verhält, und in der Allgemeinheit der Fälle ist der Einfluß nur gering.

Wetter.

Noch seltener wird das Wetter von einem bestimmenden Einfluß, und meistens ist es nur durch den Nebel, daß es eine Rolle spielt.

Zwecke und Mittel in der Strategie.

Die Strategie hat ursprünglich nur den Sieg, d. h. den taktischen Erfolg, als Mittel, und, in letzter Instanz, die Gegenstände welche unmittelbar zum Frieden führen sollen, als Zweck. Die Anwendung ihres Mittels zu diesem Zweck ist gleichfalls von Umständen begleitet, die mehr oder weniger Einfluß darauf haben.

Umstände welche die Anwendung der Mittel begleiten.

Diese Umstände sind Gegend und Boden, aber die erstere zugleich erweitert zu Land und Volk des ganzen Kriegstheaters; die Tageszeit, aber auch zugleich die Jahreszeit; endlich das Wetter, und zwar durch ungewöhnliche Erscheinungen desselben, großen Frost u. s. w.

Sie bilden neue Mittel.

Indem die Strategie diese Dinge mit dem Erfolg eines Gefechts in Verbindung bringt, giebt sie diesem Erfolge, und also dem Gefecht, eine besondere Bedeutung, setzt ihm einen besondern Zweck. Insofern aber dieser Zweck nicht der ist, welcher unmittelbar zum Frieden führen soll, also ein untergeordneter, ist er auch als Mittel zu betrachten, und wir können also als Mittel in der Strategie die Gefechtserfolge oder Siege in allen ihren verschiedenen Bedeutungen betrachten. Die Eroberung einer Stellung ist ein solcher, auf das Terrain angewendeter Gefechtserfolg. Aber nicht bloß die einzelnen Gefechte, mit besondern Zwecken, sind als Mittel zu betrachten: sondern auch jede höhere Einheit, welche sich in der Kombination der Gefechte durch die Richtung auf einen gemeinschaftlichen Zweck bilden mögte, ist als ein Mittel zu betrachten. Ein Winterfeldzug ist eine solche auf die Jahreszeit angewendete Kombination.

Es bleiben also als Zwecke nur diejenigen Gegenstände übrig, die als unmittelbar zum Frieden führend gedacht sind. Alle diese Zwecke und Mittel untersucht die Theorie nach der Natur ihrer Wirkungen und ihrer gegenseitigen Beziehungen.

Die Strategie entnimmt die zu untersuchenden Mittel und Zwecke nur aus der Erfahrung.

Die erste Frage ist, wie sie zu einer erschöpfenden Aufzählung dieser Gegenstände gelangt. Sollte eine philosophische Untersuchung zu einem nothwendigen Resultate führen, so würde sie sich in alle Schwierigkeiten verwickeln, welche die logische Nothwendigkeit von der Kriegführung und ihrer Theorie ausschließen. Sie wendet sich also an die Erfahrung, und richtet ihre Betrachtung auf diejenigen Kombinationen, welche die Kriegsgeschichte schon aufzuweisen hat. Auf diese Weise wird sie freilich eine beschränkte Theorie sein, die nur auf Verhältnisse paßt, wie die Kriegsgeschichte sie darbietet. Aber diese Beschränkung ist ja auch schon darum unvermeidlich, weil die Theorie in jedem

Falle das, was sie von den Dingen aussagt, entweder aus der Kriegsgeschichte abstrahirt, oder wenigstens mit ihr verglichen haben muß. Übrigens ist eine solche Beschränkung in jedem Fall mehr eine dem Begriff als der Sache nach.

Ein großer Vortheil dieses Weges wird darin bestehen, daß die Theorie sich nicht in Grübeleien, Spitzfindigkeiten und Hirngespinnsten verlieren kann, sondern praktisch bleiben muß.

Wie weit die Analyse der Mittel gehen muß.

Eine andere Frage ist: wie weit die Theorie in ihrer Analyse der Mittel gehen soll. Offenbar nur so weit als die abgesonderten Eigenschaften beim Gebrauch in Betrachtung kommen. Die Schußweite und Wirkung der verschiedenen Waffen ist der Taktik höchst wichtig; ihre Konstruktion, obgleich jene Wirkungen daraus hervorgehen, höchst gleichgültig, denn der Kriegführung sind nicht Kohlen, Schwefel und Salpeter, Kupfer und Zinn gegeben, um daraus Pulver und Kanonen zu machen, sondern die fertigen Waffen mit ihrer Wirkung sind das Gegebene. Die Strategie macht Gebrauch von Karten, ohne sich um trigonometrische Messungen zu bekümmern; sie untersucht nicht, wie ein Land eingerichtet, ein Volk erzogen und regiert werden muß, um die besten kriegerischen Erfolge zu geben, sondern sie nimmt diese Dinge, wie sie in der europäischen Staatengesellschaft angetroffen werden, und macht darauf aufmerksam, wo sehr verschiedene Zustände einen merklichen Einfluß auf den Krieg haben.

Große Vereinfachung des Wissens.

Daß auf diese Weise für die Theorie die Zahl der Gegenstände sehr vereinfacht, und das für die Kriegführung erforderliche Wissen sehr beschränkt wird, ist leicht einzusehen. Die sehr große Masse von Kenntnissen und Fertigkeiten, die der kriegerischen Thätigkeit im Allgemeinen dienen, und die nöthig werden, ehe ein ausgerüstetes Heer in's Feld rücken kann: drängen sich in wenige große Resultate zusammen, ehe sie dazu kommen, im Kriege den endlichen Zweck ihrer Thätigkeit zu erreichen; so wie die Gewässer des Landes sich in Ströme vereinigen, ehe sie in's Meer kommen. Nur diese, sich unmittelbar in's Meer des Krieges ergießenden Thätigkeiten hat derjenige kennen zu lernen, welcher sie leiten will.

Sie erklärt das schnelle Ausbilden großer Feldherrn, und warum ein Feldherr kein Gelehrter ist.

In der That ist dieses Resultat unserer Betrachtung ein so nothwendiges, daß jedes andere uns mißtrauisch gegen ihre Richtigkeit machen müßte. Nur so erklärt es sich, wie so oft Männer im Kriege, und zwar in den höhern Stellen, selbst als Feldherrn, mit großem Erfolg aufgetreten sind, die früher eine ganz andere Richtung ihrer Thätigkeit hatten; ja wie überhaupt die ausgezeichneten Feldherrn niemals aus der Klasse der vielwissenden, oder gar gelehrten Offiziere hervorgegangen sind, sondern meistens, ihrer ganzen Lage nach, auf keine große Summe des Wissens eingerichtet sein konnten. Darum sind auch diejenigen immer als lächerliche Pedanten verspottet worden, die für die Erziehung eines künftigen Feldherrn nöthig, oder auch nur nützlich hielten, mit der Kenntniß aller Details anzufangen. Es läßt sich ohne große Mühe beweisen, daß sie ihm schaden wird, weil der menschliche Geist durch die ihm mitgetheilten Kenntnisse und Ideenrichtungen erzogen wird. Nur das Große kann ihn großartig, das Kleine nur kleinlich machen, wenn er es nicht wie etwas ganz Fremdes ganz von sich stößt.

Früherer Widerspruch.

Weil man diese Einfachheit des im Kriege erforderlichen Wissens nicht beachtet, sondern dieses Wissen immer mit dem ganzen Troß dienender Kenntnisse und Fertigkeiten zusammengeworfen hat: so hat man auch den offenbaren Widerspruch, in welchen man mit den Erscheinungen der wirklichen Welt gerieth, nicht anders lösen können, als daß man Alles dem Genie zuschrieb, welches keiner Theorie bedarf, und für welches die Theorie nicht geschrieben sein sollte.

Man läugnete deshalb den Nutzen alles Wissens, und schrieb Alles der natürlichen Anlage zu.

Die Leute, bei denen der Mutterwitz die Oberhand behielt, fühlen wohl, welcher ungeheure Abstand immer noch zwischen einem Genie des höchsten Fluges, und einem gelehrten Pedanten auszufüllen bliebe, und diese kamen zu einer Art von Freigeisterei, indem sie allen Glauben an die Theorie von sich wiesen, und das Kriegführen für eine natürliche Funktion des Menschen hielten, die er mehr oder weniger gut verrichte, nur nachdem er mehr oder weniger Anlagen dazu mit auf die Welt gebracht habe. Es ist nicht zu läugnen, daß diese der Wahrheit näher standen, als die, welche den Werth auf ein falsches Wissen legten; indessen sieht man einer solchen Ansicht bald an, daß sie Nichts als ein übertriebener Ausdruck sei. Keine Thätigkeit des menschlichen Verstandes ist ohne einen gewissen Reichthum von Vorstellungen möglich, diese aber werden ihm, wenigstens dem größten Theil nach, nicht angeboren, sondern erworben, und machen sein Wissen aus. Es frägt sich also nur, welcher Art diese Vorstellungen sein sollen, und das glauben wir bestimmt zu haben, wenn wir sagen, daß sie für den Krieg auf die Dinge gerichtet sein sollen, mit denen er im Kriege unmittelbar zu thun hat.

Das Wissen muß sich nach der Stelle richten.

Innerhalb dieses Feldes der kriegerischen Thätigkeit selbst, werden sie verschieden sein müssen nach dem Stand, den der Führer einnimmt; auf geringere und beschränktere Gegenstände gerichtet, wenn er niedriger, auf größere und umfassendere, wenn er höher steht. Es giebt Feldherrn, die an der Spitze eines Reiterregiments nicht geglänzt haben würden, und umgekehrt.

Das Wissen im Kriege ist sehr einfach, aber nicht zugleich sehr leicht.

Dadurch aber, daß das Wissen im Kriege sehr einfach ist, nämlich auf so wenige Gegenstände gerichtet, und diese immer nur in ihren Endresultaten auffassend, dadurch wird das Können nicht zugleich sehr leicht. Welchen Schwierigkeiten das Handeln im Kriege überhaupt unterworfen ist, davon haben wir schon im ersten Buche gesprochen, wir übergehen hier diejenigen, die nur durch den Muth überwunden werden können, und behaupten, daß auch die eigentliche Thätigkeit des Verstandes nur in den niedrigen Stellen einfach und leicht ist, mit den Stellen aber an Schwierigkeit steigt, und in der höchsten Stelle, in der des Feldherrn, zu den schwierigsten gehört, die es für den menschlichen Geist giebt.

Wie das Wissen beschaffen sein muß.

Der Feldherr braucht weder ein gelehrter Geschichtsforscher noch Publizist zu sein, aber er muß mit dem höhern

Staatsleben vertraut sein, die eingewohnten Richtungen, die aufgeregten Interessen, die vorliegenden Fragen, die handelnden Personen kennen und richtig ansehen; er braucht kein feiner Menschenbeobachter, kein haarscharfer Zergliederer des menschlichen Charakters zu sein, aber er muß den Charakter, die Denkungsart und Sitte, die eigenthümlichen Fehler und Vorzüge derer kennen, denen er befehlen soll. Er braucht Nichts von der Einrichtung eines Fuhrwerks, der Anspannung der Pferde eines Geschützes zu verstehen, aber er muß den Marsch einer Kolonne, seiner Dauer nach, unter den verschiedenen Umständen richtig zu schätzen wissen. Alle diese Kenntnisse lassen sich nicht durch den Apparat wissenschaftlicher Formeln und Maschinerien erzwingen, sondern sie erwerben sich nur, wenn in der Betrachtung der Dinge und im Leben ein treffendes Urtheil, wenn ein nach dieser Auffassung hingerichtetes Talent thätig ist.

Das einer hochgestellten kriegerischen Thätigkeit nöthige Wissen zeichnet sich also dadurch aus, daß es in der Betrachtung, also im Studium und Nachdenken, nur durch ein eigenthümliches Talent erworben werden kann, was, wie die Biene den Honig aus der Blume, als ein geistiger Instinkt, aus den Erscheinungen des Lebens nur den Geist zu ziehen versteht, und daß es neben Betrachtung und Studium auch durch das Leben zu erwerben ist. Das Leben mit seiner reichen Belehrung wird niemals einen Newton oder Euler hervorbringen, wohl aber den höhern Kalkül eines Condé oder Friedrich.

Es ist also nicht nöthig, daß man, um die Geisteswürde der kriegerischen Thätigkeit zu retten, seine Zuflucht nehme zur Unwahrheit, und zu einfältiger Pedanterie. Es hat nie einen großen, ausgezeichneten Feldherrn beschränkten Geistes gegeben, aber sehr zahlreich sind die Fälle, wo

Männer, die in geringeren Stellen mit der höchsten Aus-
zeichnung gedient hatten, in der höchsten unter der Mittel-
mäßigkeit blieben, weil die Fähigkeiten ihres Geistes nicht
zureichten. Daß auch selbst unter den Feldherrnstellen wieder ein Unterschied gemacht werden kann, nach dem Grade
ihrer Machtvollkommenheit, versteht sich von selbst.

Das Wissen muß ein Können werden.

Wir haben jetzt noch einer Bedingung zu gedenken,
welche für das Wissen der Kriegführung dringender ist
als für irgend ein anderes: daß es nämlich ganz in den
Geist übergehen, und fast ganz aufhören muß, etwas Objektives zu sein. Fast in allen andern Künsten und Thätigkeiten des Lebens kann der Handelnde von Wahrheiten
Gebrauch machen, die er nur einmal kennen gelernt hat,
in deren Geist und Sinn er nicht mehr lebt, und die er
aus bestaubten Büchern hervorzieht. Selbst Wahrheiten,
die er täglich unter Händen hat und gebraucht, können
etwas ganz außer ihm Befindliches bleiben. Wenn der
Baumeister die Feder zur Hand nimmt, um die Stärke
eines Widerlagers durch einen verwickelten Kalkül zu bestimmen, so ist die als Resultat gefundene Wahrheit keine
Äußerung seines eigenen Geistes. Er hat sich die Data
erst mit Mühe heraussuchen müssen, und diese dann einer
Verstandesoperation überlassen, deren Gesetz er nicht erfunden hat, und deren Nothwendigkeit er sich zum Theil
in dem Augenblicke nicht bewußt ist, sondern die er großentheils wie durch mechanische Handgriffe anwendet. So
ist es aber im Kriege nie. Die geistige Reaktion, die ewig
wechselnde Gestalt der Dinge, macht, daß der Handelnde
den ganzen Geistesapparat seines Wissens in sich tragen,
daß er fähig sein muß, überall, und mit jedem Pulsschlag,

die erforderliche Entscheidung aus sich selbst zu geben. Das Wissen muß sich also durch diese vollkommene Assimilation mit dem eigenen Geist und Leben in ein wahres Können verwandeln. Das ist der Grund, warum es bei den im Kriege ausgezeichneten Männern so leicht vorkommt, und Alles dem natürlichen Talent zugeschrieben wird; wir sagen: dem natürlichen Talent, um es dadurch von dem, durch Betrachtung und Studium erzogenen und ausgebildeten zu unterscheiden.

Wir glauben durch diese Betrachtung die Aufgabe einer Theorie der Kriegführung deutlich gemacht, und die Art ihrer Lösung angedeutet zu haben.

Von den beiden Feldern, in welche wir das Kriegführen getheilt haben, der Taktik und Strategie, hat, wie wir schon bemerkten, die Theorie der letztern unstreitig die größern Schwierigkeiten, weil die erstere fast nur ein geschlossenes Feld der Gegenstände hat, die letztere aber sich nach der Seite der unmittelbar zum Frieden führenden Zwecke in ein unbestimmtes Gebiet von Möglichkeiten öffnet. Weil es aber hauptsächlich nur der Feldherr ist, welcher diese Zwecke in's Auge zu fassen hat, so ist auch vorzugsweise derjenige Theil der Strategie, in welchem er sich bewegt, dieser Schwierigkeit unterworfen.

Es wird also die Theorie in der Strategie, und besonders da, wo sie die höchsten Leistungen umfaßt, noch viel mehr als in der Taktik bei der bloßen Betrachtung der Dinge stehen bleiben, und sich begnügen, den Handelnden zu jener Einsicht der Dinge zu verhelfen, die, in sein ganzes Denken verschmolzen, seinen Gang leichter und sicherer macht, ihn nie zwingt von sich selbst zu scheiden um einer objektiven Wahrheit gehorsam zu sein.

Drittes Kapitel.
Kriegskunſt oder Kriegswiſſenſchaft.

Der Sprachgebrauch iſt noch uneinig.

[Können und Wiſſen. Wiſſenſchaft, wo bloßes Wiſſen; Kunſt,
wo Können der Zweck iſt.]

Man ſcheint mit der Wahl immer noch nicht entſchieden zu ſein, und nicht recht zu wiſſen, aus welchen
Gründen entſchieden werden ſoll, ſo einfach die Sache auch
iſt. Wir haben ſchon anderswo geſagt, daß Wiſſen etwas
Anders ſei als Können. Beides iſt von einander ſo verſchieden, daß es nicht leicht verwechſelt werden ſollte. Das
Können kann eigentlich in keinem Buche ſtehen, und ſo
ſollte Kunſt auch nie der Titel eines Buches ſein. Weil
man ſich aber einmal gewöhnt hat, die zur Übung einer
Kunſt erforderlichen Kenntniſſe (die, einzeln, völlige Wiſſenſchaften ſein können) unter dem Namen Kunſttheorie, oder
ſchlechtweg Kunſt, zuſammen zu faſſen: ſo iſt es konſequent
dieſen Eintheilungsgrund durchzuführen, und Alles Kunſt
zu nennen, wo ein hervorbringendes Können der Zweck iſt,
z. B. Baukunſt; Wiſſenſchaft, wo bloßes Wiſſen der Zweck
iſt, Mathematik, Aſtronomie. Daß in jeder Kunſttheorie
einzelne, vollkommene Wiſſenſchaften vorkommen können,
verſteht ſich alſo von ſelbſt, und darf uns nicht irre machen. Bemerkenswerth aber iſt noch, daß es auch kein
Wiſſen ganz ohne Kunſt giebt, in der Mathematik z. B.
iſt das Rechnen und der Gebrauch der Algebra eine
Kunſt, aber hier iſt noch lange die Gränze nicht. Die
Urſache iſt: ſo grob und fühlbar der Unterſchied zwiſchen
Wiſſen und Können in den zuſammengeſetzten Produkten

der menschlichen Kenntnisse auch ist: so schwer sind beide in dem Menschen selbst bis zu einer völligen Theilung zu verfolgen.

Schwierigkeit, das Erkennen vom Urtheil zu sondern.

[Kriegskunst.]

Alles Denken ist ja Kunst. Wo der Logiker den Strich zieht, wo die Vordersätze aufhören, die ein Resultat der Erkenntniß sind, wo das Urtheil anfängt: da fängt die Kunst an. Aber nicht genug: selbst das Erkennen des Geistes ist ja schon wieder Urtheil, und folglich Kunst, und am Ende auch wohl das Erkennen, durch die Sinne. Mit einem Wort: wenn sich ein menschliches Wesen mit bloßem Erkenntnißvermögen ohne Urtheil eben so wenig als umgekehrt denken läßt, so können auch Kunst und Wissen nie ganz rein von einander geschieden werden. Je mehr sich diese feinen Lichtelemente an den Außengestalten der Welt verkörpern, um so getrennter wird ihr Reich; und nun noch einmal: wo Schaffen und Hervorbringen der Zweck ist, da ist das Gebiet der Kunst; die Wissenschaft herrscht, wo Erforschen und Wissen das Ziel ist. — Nach allem Dem ergiebt sich von selbst, daß es passender sei, Kriegskunst, als Kriegswissenschaft zu sagen.

So viel hiervon, weil man diese Begriffe nicht entbehren kann. Nun aber treten wir mit der Behauptung auf, daß der Krieg weder eine Kunst noch eine Wissenschaft sei in der eigentlichen Bedeutung, und daß gerade dieser Anfangspunkt der Vorstellungen, von welchem man ausgegangen ist, in eine falsche Richtung geführt, eine unwillkührliche Gleichstellung des Krieges mit andern Künsten oder Wissenschaften, und eine Menge unrichtiger Analogieen veranlaßt hat.

Man hat dies schon früher gefühlt, und deswegen behauptet, der Krieg sei ein Handwerk; damit war aber mehr verloren als gewonnen, denn ein Handwerk ist nur eine niedrigere Kunst, und unterliegt als solche auch bestimmteren und engeren Gesetzen. In der That hat die Kriegskunst eine Zeit lang sich im Geiste des Handwerks bewegt, nämlich zur Zeit der Condottieri. Aber diese Richtung hatte sie nicht nach innern sondern aus äußern Gründen, und wie wenig sie in dieser Zeit naturgemäß und befriedigend war zeigt die Kriegsgeschichte.

Der Krieg ist ein Akt des menschlichen Verkehrs.

Wir sagen also, der Krieg gehört nicht in das Gebiet der Künste und Wissenschaften, sondern in das Gebiet des gesellschaftlichen Lebens. Er ist ein Konflikt großer Interessen, der sich blutig lös't, und nur darin ist er von den andern verschieden. Besser als mit irgend einer Kunst, ließe er sich mit dem Handel vergleichen, der auch ein Konflikt menschlicher Interessen und Thätigkeiten ist, und viel näher steht ihm die Politik, die ihrerseits wieder als eine Art Handel in größerem Maaßstabe, angesehen werden kann. Außerdem ist sie der Schooß, in welchem sich der Krieg entwickelt; in ihr liegen die Lineamente desselben schon verborgen angedeutet, wie die Eigenschaften der lebenden Geschöpfe in ihren Keimen.

Unterschied.

Das wesentliche des Unterschiedes besteht darin, daß der Krieg keine Thätigkeit des Willens ist, die sich gegen einen todten Stoff äußert, wie die mechanischen Künste, oder gegen einen lebendigen, aber doch leidenden sich hingebenden Gegenstand, wie der menschliche Geist und das menſchliche Gefühl bei den idealen Künſten: ſondern gegen einen lebendigen reagirenden. Wie wenig auf eine ſolche Thätigkeit der Gedanken-Schematismus der Künſte und Wiſſenſchaften paßt, ſpringt in die Augen, und man begreift zugleich, wie das beſtändige Suchen und Streben nach Geſetzen, denen ähnlich welche aus der todten Körperwelt entwickelt werden können, zu beſtändigen Irrthümern hat führen müſſen. Und doch ſind es gerade die mechaniſchen Künſte denen man die Kriegskunſt hat nachbilden wollen. Bei den idealen verbot ſich die Nachbildung von ſelbſt, weil dieſe ſelbſt der Geſetze und Regeln noch zu ſehr entbehren, und die bisher verſuchten, immer wieder als unzulänglich und einſeitig erkannt, von dem Strom der Meinungen, Gefühle und Sitten unaufhörlich untergraben, und weggeſpült worden ſind.

Ob ein ſolcher Konflikt des Lebendigen, wie er ſich im Kriege bildet und löſ't, allgemeinen Geſetzen unterworfen bleibt, und ob dieſe eine nützliche Richtſchnur des Handelns abgeben können: ſoll zum Theil in dieſem Buche unterſucht werden; aber ſo viel iſt an ſich klar, daß dieſer, wie jeder Gegenſtand der unſer Begreifungsvermögen nicht überſteigt, durch einen unterſuchenden Geiſt aufgehellt, und in ſeinem innern Zuſammenhang mehr oder weniger deutlich gemacht werden kann, und das allein reicht ſchon hin, den Begriff der Theorie zu verwirklichen.

Viertes Kapitel.

Methodismus.

Um uns über den Begriff der Methode und des Methodismus, welche im Kriege eine so große Rolle spielen, deutlich zu erklären, müssen wir uns erlauben, einen flüchtigen Blick auf die logische Hierarchie zu werfen, durch welche, wie durch konstituirte Behörden, die Welt des Handelns beherrscht wird.

Gesetz, der allgemeinste, für Erkennen und Handeln gleich richtige Begriff, hat in seiner Wortbedeutung offenbar etwas Subjektives und Willkührliches, und drückt doch gerade dasjenige aus, wovon wir, und die Dinge außer uns, abhängig sind. Gesetz, als ein Gegenstand der Erkenntniß, ist das Verhältniß der Dinge und ihrer Wirkungen zu einander; als Gegenstand des Willens ist es eine Bestimmung des Handelns, und dann gleichbedeutend mit Gebot und Verbot.

Grundsatz ist gleichfalls ein solches Gesetz für das Handeln, aber nicht in seiner formellen definitiven Bedeutung, sondern es ist nur der Geist und der Sinn des Gesetzes, um da, wo die Mannichfaltigkeit der wirklichen Welt sich nicht unter die definitive Form eines Gesetzes fassen läßt, dem Urtheil mehr Freiheit in der Anwendung zu lassen. Da das Urtheil die Fälle, wo der Grundsatz nicht anzuwenden ist, bei sich selbst motiviren muß, so wird er dadurch ein eigentlicher Anhalt oder Leitstern für den Handelnden.

Der Grundsatz ist objektiv, wenn er das Ergebniß objektiver Wahrheit, und folglich für alle Menschen gleich gültig ift; er ift subjektiv, und wird dann gewöhnlich Maxime genannt, wenn sich subjektive Beziehungen in ihm finden, und er also nur für den, welcher ihn sich macht, einen gewissen Werth hat.

Regel wird häufig in dem Sinn von Gesetz genommen, und ist dann mit Grundsatz gleichbedeutend; denn man sagt: keine Regel ohne Ausnahme; man sagt aber nicht: kein Gesetz ohne Ausnahme; ein Zeichen, daß man sich bei der Regel eine freiere Anwendung vorbehält.

In einer andern Bedeutung wird Regel für Mittel gebraucht: eine tiefer liegende Wahrheit an einem einzelnen, näher liegenden Merkmal zu erkennen, um an dieses einzelne Merkmal das auf die ganze Wahrheit gehende Gesetz des Handelns zu knüpfen. Von der Art sind alle Spielregeln, alle abgekürzte Verfahrungsarten in der Mathematik u. s. w.

Vorschriften und Anweisungen sind eine solche Bestimmung des Handelns, durch welche eine Menge kleiner, den Weg näher bezeichnender Umstände mit berührt werden, die für allgemeine Gesetze zu zahlreich und unbedeutend sein würden.

Endlich ist Methode, Verfahrungsart, ein unter mehreren möglichen ausgewähltes, immer wiederkehrendes Verfahren, und Methodismus, wenn, statt allgemeiner Grundsätze oder individueller Vorschriften, das Handeln durch Methoden bestimmt wird. Hierbei müssen nothwendigerweise die unter eine solche Methode gestellten Fälle, in ihren wesentlichen Stücken, als gleich vorausgesetzt werden; da sie dies nicht alle sein können, so kömmt es darauf an, daß es wenigstens so viele als möglich sind; mit andern Worten: daß die Methode auf die wahrscheinlichsten Fälle berechnet sei. Der Methodismus ist also nicht

auf bestimmte einzelne Prämissen, sondern auf die Durch=
schnittswahrscheinlichkeit der sich einander übertra=
genden Fälle gegründet, und läuft darauf hinaus, eine
Durchschnittswahrheit aufzustellen, deren beständige gleich=
förmige Anwendung bald etwas von der Natur einer me=
chanischen Fertigkeit bekömmt, die zuletzt das Rechte fast
ohne Bewußtsein thut.

Der Begriff des Gesetzes in Beziehung auf das Er=
kennen kann für die Kriegführung füglich entbehrt wer=
den, weil die zusammengesetzten Erscheinungen des Krieges
nicht so regelmäßig, und die regelmäßigen nicht so zusam=
mengesetzt sind, um mit diesem Begriff viel weiter zu rei=
chen, als mit der einfachen Wahrheit. Wo aber die ein=
fache Vorstellung und Rede hinreicht, wird die zusam=
mengesetzte, potenzirte preciös und pedantisch. Den
Begriff des Gesetzes in Beziehung auf das Handeln aber
kann die Theorie der Kriegführung nicht gebrauchen, weil
es in ihr, bei dem Wechsel und der Mannichfaltigkeit der
Erscheinungen, keine Bestimmung giebt, die allgemein genug
wäre, um den Namen eines Gesetzes zu verdienen.

Grundsätze, Regeln, Vorschriften und Methoden aber
sind für die Theorie der Kriegführung unentbehrliche Be=
griffe, insoweit sie zu positiven Lehren führt, weil in die=
sen die Wahrheit nur in solchen Krystallisationsformen
anschießen kann.

Da die Taktik derjenige Theil der Kriegführung ist,
in welchem die Theorie am meisten zur positiven Lehre
gelangen kann, so werden jene Begriffe auch in ihr am
häufigsten vorkommen.

Die Reiterei nicht ohne Noth gegen Infanterie zu
gebrauchen, die noch in Ordnung ist; die Schußwaffen nur
zu brauchen, so bald sie anfangen eine sichere Wirksamkeit

10*

zu haben; im Gefecht die Kräfte, so viel als möglich, für das Ende aufzusparen: sind taktische Grundsätze. Alle diese Bestimmungen lassen sich nicht absolut auf jeden Fall anwenden, aber sie müssen dem Handelnden gegenwärtig sein, um den Nutzen der in ihnen enthaltenen Wahrheit nicht zu verlieren, da wo sie gelten kann.

Wenn man aus dem ungewöhnlichen Abkochen eines feindlichen Korps auf seinen Abmarsch schließt, wenn das absichtliche Freistellen der Truppen im Gefecht auf einen Scheinangriff deutet: so wird diese Art, die Wahrheit zu erkennen, eine Regel genannt, weil man aus einem einzelnen, sichtbaren Umstand auf die Absicht schließt, welcher derselbe angehört.

Wenn es eine Regel ist, den Feind, sobald er anfängt im Gefecht seine Batterieen abzufahren, mit erneuerter Energie anzufallen: so wird an diese einzelne Erscheinung eine Bestimmung des Handelns geknüpft, welche auf den ganzen, dadurch errathenen Zustand des Gegners gerichtet ist; nämlich: daß er das Gefecht aufgeben will, seinen Abzug anfängt, und während dieses Abzuges weder zum vollen Widerstand, noch, wie auf dem Rückzug selbst, zum hinlänglichen Ausweichen geeignet ist.

Vorschriften und Methoden bringen die den Krieg vorbereitenden Theorieen mit in die Kriegführung, insofern sie den ausgebildeten Streitkräften als thätige Prinzipe eingeimpft werden. Die sämmtlichen Formations-, Übungs- und Felddienstreglements sind Vorschriften und Methoden; in den Übungsreglements herrscht die Erstere, in den Felddienstreglements die Letztere vor. An diese Dinge knüpft sich die eigentliche Kriegführung an, sie übernimmt sie also als gegebene Verfahrungsarten, und als solche müssen sie in der Theorie der Kriegführung vorkommen.

Für die in dem Gebrauch dieser Kräfte freigebliebenen Thätigkeiten aber können Vorschriften, d. h., bestimmte Anweisungen nicht vorkommen, eben weil sie den freien Gebrauch ausschließen. Methoden hingegen, als eine allgemeine Ausführungsart vorkommender Aufgaben, die, wie wir gesagt haben, auf die Durchschnittswahrscheinlichkeit berechnet ist, als eine bis zur Anwendung durchgeführte Herrschaft der Grundsätze und Regeln: können allerdings in der Theorie der Kriegführung vorkommen, insofern sie nur nicht für etwas Anderes ausgegeben werden, als sie sind, nicht für absolute und nothwendige Konstruktionen des Handelns (Systeme), sondern für die besten der allgemeinen Formen, welche an die Stelle der individuellen Entscheidung als kürzere Wege gesetzt, und zur Wahl gestellt werden können.

Aber die häufige Anwendung der Methoden wird in der Kriegführung auch als höchst wesentlich und unvermeidlich erscheinen, wenn man bedenkt, wie vieles Handeln auf bloße Voraussetzungen, oder in völliger Ungewißheit geschieht, weil der Feind verhindert, alle Umstände kennen zu lernen, die auf unsere Anordnungen Einfluß haben, oder weil nicht Zeit dazu ist, so daß, wenn man diese Umstände auch wirklich kannte, es wegen der Weitläuftigkeit und zu großen Zusammensetzungen, schon unmöglich sein würde, alle Anordnungen danach abzumessen: daß also unsere Einrichtungen immer auf eine gewisse Zahl von Möglichkeiten zugeschnitten sein müssen. Wenn man bedenkt, wie zahllos die kleinen Umstände sind, die einem individuellen Falle angehören, also mit berücksichtigt werden müßten, und daß es also kein anderes Mittel giebt, als sich die einen durch die andern übertragen zu denken, und nur auf das Allgemeine und Wahrscheinliche seine Anordnungen zu bauen;

endlich, wenn man bedenkt, daß, bei der, nach unten hin
in beschleunigter Progreſſion zunehmenden Zahl der Führer:
der wahren Einſicht und dem ausgebildeten Urtheil eines
jeden um ſo weniger überlaſſen werden darf, je weiter das
Handeln hinunter ſteigt, und daß da, wo man keine andere
Einſichten vorausſetzen darf, als die welche die Dienſtvor-
ſchrift und Erfahrung giebt: man ihnen mit dem daran
gränzenden Methodismus entgegen kommen muß. Dieſer
wird ihrem Urtheil ein Anhalt, und zugleich ein Hinderniß
für ausſchweifende, ganz verkehrte Anſichten, die man in
einem Gebiet vorzüglich zu fürchten hat, wo die Erfahrung ſo koſtbar iſt.

Außer dieſer Unentbehrlichkeit des Methodismus müſſen wir auch einen poſitiven Vortheil deſſelben anerkennen.
Es wird nämlich durch die Übung ſeiner ſtets wiederkeh-
renden Formen Fertigkeit, Präziſion und Sicherheit in der Führung der Truppen erreicht, welche die natürliche Friktion vermindert, und die Maſchine leichter gehen macht.

Die Methode wird alſo um ſo vielfältiger gebraucht,
um ſo unentbehrlicher werden, je weiter die Thätigkeit hin-
unterſteigt, nach oben hin aber abnehmen, bis ſie ſich in
den höchſten Stellen ganz verliert. Darum wird ſie auch
mehr in der Taktik als in der Strategie zu Hauſe ſein.

Der Krieg in ſeinen höchſten Beſtimmungen beſteht
nicht aus einer unendlichen Menge kleiner Ereigniſſe, die in ihren Verſchiedenheiten ſich übertragen, und
die alſo durch eine beſſere oder ſchlechtere Methode beſſer
oder ſchlechter beherrſcht würden: ſondern aus einzelnen
großen, entſcheidenden, die individuell behandelt ſein
wollen. Er iſt nicht ein Feld voll Halme, die man, ohne
Rückſicht auf die Geſtalt der einzelnen, mit einer beſſern

oder schlechtern Sense besser oder schlechter mäht: sondern
es sind große Bäume, an welche die Axt mit Überlegung, nach Beschaffenheit und Richtung eines jedes einzelnen Stammes, angelegt sein will.

Wie weit die Zulässigkeit des Methodismus in der
kriegerischen Thätigkeit hinaufreicht, bestimmt sich natürlich
nicht eigentlich nach den Stellen, sondern nach den Sachen,
und es ist nur, weil die höchsten Stellen die umfassendsten Gegenstände der Thätigkeit haben, daß sie davon weniger berührt werden. Eine bleibende Schlachtordnung,
eine bleibende Einrichtung der Avantgarden und Vorposten, sind Methoden, wodurch der Feldherr nicht bloß seinen Untergebenen, sondern auch sich selbst für gewisse Fälle
die Hände bindet. Freilich können sie seine Erfindungen,
und von ihm nach Umständen eingerichtet sein, sie können
aber auch, insofern sie auf die allgemeinen Eigenschaften
der Truppen und Waffen gegründet sind, ein Gegenstand
der Theorie sein. Dagegen würde jede Methode, wodurch
Kriegs- und Feldzugspläne bestimmt und wie von einer Maschine fertig geliefert würden, unbedingt verwerflich sein.

So lange es keine erträgliche Theorie, d. h. keine verständige Betrachtung über die Kriegführung giebt: muß
der Methodismus auch in den höhern Thätigkeiten über
die Gebühr um sich greifen, denn, die Männer welche diese
Wirkungskreise ausfüllen, sind zum Theil nicht im Stande
gewesen, sich durch Studien und höhere Lebensverhältnisse
auszubilden; in die unpraktischen und widerspruchsvollen
Raisonnements der Theorieen und Kritiken wissen sie sich
nicht zu finden, ihr gesunder Menschenverstand stößt sie
von sich, und sie bringen also keine andere Einsicht mit, als
die der Erfahrung; daher sie denn bei denjenigen Fällen, die
einer freien individuellen Behandlung fähig und bedürftig

sind, auch gern die Mittel anwenden, die ihnen die Erfahrung giebt, d. h. eine Nachahmung der dem obersten Feldherrn eigenthümlichen Verfahrungsweise, wodurch denn von selbst ein Methodismus entsteht. Wenn wir Friedrichs des Großen Generale immer mit der sogenannten schiefen Schlachtordnung auftreten, die französischen Revolutionsgenerale immer das Umfassen in lang ausgedehnten Schlachtlinien anwenden, die Bonapartischen Unterfeldherrn aber mit der blutigen Energie koncentrischer Massen hineinstürmen sehen: so erkennen wir in der Wiederkehr des Verfahrens offenbar eine angenommene Methode, und sehen also, daß der Methodismus bis zu den an das Höchste grenzenden Regionen hinaufreichen kann. Wird eine verbesserte Theorie das Studium der Kriegführung erleichtern, den Geist und das Urtheil der Männer erziehen, die sich zu den höhern Stellen hinaufschwingen: so wird auch der Methodismus nicht mehr so weit hinaufreichen, und derjenige, welcher als unentbehrlich zu betrachten ist, wird dann wenigstens aus der Theorie selbst geschöpft werden, und nicht aus bloßer Nachahmung entstehen. Wie vortrefflich auch ein großer Feldherr die Dinge macht, immer ist in der Art, wie er sie macht, etwas Subjektives, und hat er eine bestimmte Manier, so ist ein guter Theil seiner Individualität darin enthalten, die dann nicht immer mit der Individualität dessen stimmt, der diese Manier nachahmt.

Indessen wird es weder möglich noch recht sein, den subjektiven Methodismus, oder die Manier, ganz aus der Kriegführung zu verbannen, man muß ihn vielmehr als eine Äußerung desjenigen Einflusses betrachten, den die Gesammtindividualität eines Krieges auf seine einzelnen Erscheinungen hat, und dem, wenn die Theorie ihn nicht hat vorhersehen, und in ihre Betrachtungen mit aufnehmen

können, nur so Genüge geschehen kann. Was ist natürlicher, als daß der Revolutionskrieg seine eigenthümliche
Weise hatte die Dinge zu machen, und welche Theorie hätte
die Eigenthümlichkeit mit aufzufassen vermogt. Das Übel
ist nur, daß eine solche, aus dem einzelnen Fall hervorge-
hende Manier sich selbst leicht überlebt, weil sie bleibt,
während die Umstände sich unvermerkt ändern; das ist es,
was die Theorie durch eine lichte und verständige Kritik
verhindern soll. Als im Jahre 1806 die preußischen Generale, Prinz Louis bei Saalfeld, Tauenzien auf dem
Dornberge bei Jena, Grawert vor, und Rüchel hinter
Kappeldorf, sämmtlich mit der schiefen Schlachtordnung
Friedrichs des Großen sich in den offnen Schlund des
Verderbens warfen, war es nicht bloß eine Manier, die
sich überlebt hatte, sondern die entschiedenste Geistesarmuth,
zu der je der Methodismus geführt hat, womit sie es zu
Stande brachten, die Hohenlohische Armee zu Grunde zu
richten, wie nie eine Armee auf dem Schlachtfelde selbst
zu Grunde gerichtet worden ist.

Fünftes Kapitel.
Kritik.

Die Einwirkung theoretischer Wahrheiten auf das
praktische Leben geschieht immer mehr durch Kritik, als
durch Lehre; denn da die Kritik eine Anwendung der theoretischen Wahrheit auf wirkliche Ereignisse ist, so bringt sie
jene dem Leben nicht nur näher, sondern sie gewöhnt auch den
Verstand mehr an diese Wahrheiten, durch die beständige

Wiederkehr ihrer Anwendungen. Wir halten es daher für nöthig, neben dem Gesichtspunkt für die Theorie, den für die Kritik festzustellen.

Von der einfachen Erzählung eines geschichtlichen Ereignisses, welche die Dinge bloß neben einander hinstellt, und höchstens ihre nächsten Kausalverbindungen berührt: unterscheiden wir die kritische.

In dieser kritischen können drei verschiedene Thätigkeiten des Verstandes vorkommen.

Erstens, die geschichtliche Ausmittelung und Feststellung zweifelhafter Thatsachen. Sie ist die eigentliche Geschichtsforschung, und hat mit der Theorie Nichts gemein.

Zweitens, die Ableitung der Wirkung aus den Ursachen. Dies ist die eigentliche kritische Forschung; sie ist der Theorie unentbehrlich, denn Alles, was in der Theorie durch die Erfahrung festgestellt oder unterstützt, oder auch nur erläutert werden soll: kann nur auf diesem Wege erledigt werden.

Drittens, die Prüfung der angewandten Mittel. Dies ist die eigentliche Kritik, in welcher Lob und Tadel enthalten ist. Hier ist es die Theorie, welche der Geschichte, oder vielmehr der aus ihr zu ziehenden Belehrung, dient.

In diesen beiden letzten, eigentlich kritischen Theilen der geschichtlichen Betrachtung kommt Alles darauf an, die Dinge bis in ihre letzten Elemente, d. h. bis zu unzweifelhaften Wahrheiten zu verfolgen, und nicht, wie so sehr häufig geschieht, auf dem halben Wege, d. h. bei irgend einer willkührlichen Setzung oder Voraussetzung stehen zu bleiben.

Was die Ableitung der Wirkung aus den Ursachen betrifft: so hat diese oft eine äußere, unüberwindliche Schwierigkeit, daß man nämlich die wahren Ursachen gar nicht kennt. In keinem Verhältnisse des Lebens kömmt dieses so häufig vor, als im Kriege, wo die Ereignisse selten vollständig bekannt werden, und noch weniger die Motive, die von den Handelnden entweder absichtlich verhehlt werden, oder, wenn sie sehr vorübergehend und zufällig waren, auch für die Geschichte verloren gehen können. Daher muß die kritische Erzählung mit der geschichtlichen Forschung meistens Hand in Hand gehen, und doch bleibt oft ein solches Mißverhältniß zwischen Ursache und Wirkung, daß sie nicht berechtigt ist, aus den bekannten Ursachen die Wirkungen als nothwendige Folgen zu betrachten. Hier müssen also nothwendig Lücken entstehen, d. h. geschichtliche Erfolge, die für die Belehrung nicht benutzt werden können. Alles, was die Theorie fordern kann, ist, daß die Untersuchung entschieden bis zu dieser Lücke geführt werde, und bei ihr alle Folgerungen einstelle. Ein wahres Übel entsteht erst, wenn das Bekannte schlechterdings hinreichen soll die Wirkungen zu erklären, ihm also eine falsche Wichtigkeit gegeben wird.

Außer dieser Schwierigkeit hat die kritische Forschung darin noch eine sehr große, innere: daß die Wirkungen im Kriege selten aus einer einfachen Ursache hervorgehen, sondern aus mehreren gemeinschaftlichen, und daß es also nicht genügt, mit unbefangenem redlichen Willen die Reihe der Ereignisse bis zu ihrem Anfange hinaufzusteigen, sondern daß es dann noch darauf ankömmt, einer jeden der vorhandenen Ursachen ihren Antheil zuzuweisen. Dies führt also zu einer nähern Untersuchung ihrer Natur, und so kann eine kritische Untersuchung in das eigentliche Feld der Theorie führen.

Die kritische Betrachtung, nämlich die Prüfung der Mittel, führt zu der Frage: welches die eigenthümlichen

Wirkungen der angewendeten Mittel sind, und ob diese Wirkungen die Absicht des Handelnden waren.

Die eigenthümlichen Wirkungen der Mittel führen zur Untersuchung ihrer Natur, d. h., wieder ins Feld der Theorie.

Wir haben gesehen, daß in der Kritik Alles darauf ankommt, bis zu unzweifelhaften Wahrheiten zu gelangen, also nicht bei willkührlichen Satzungen stehen zu bleiben, die für andere nicht gültig sind, denen dann andere, vielleicht eben so willkührliche Behauptungen entgegen gestellt werden, so, daß des Hin- und Herraisonnirens kein Ende, das Ganze ohne Resultat, also ohne Belehrung ist.

Wir haben gesehen, daß sowohl die Untersuchung der Ursachen, als die Prüfung der Mittel in das Feld der Theorie führt, d. h., in das Feld der allgemeinen Wahrheit, die nicht bloß aus dem vorliegenden individuellen Falle hervorgeht. Giebt es nun eine brauchbare Theorie, so wird die Betrachtung sich auf das, was in derselben ausgemacht ist, berufen, und ihre Untersuchung da einstellen können. Wo es aber eine solche theoretische Wahrheit nicht giebt, wird die Untersuchung bis in die letzten Elemente fortgesetzt werden müssen. Kömmt diese Nothwendigkeit oft vor, so muß sie natürlich den Schriftsteller, wie man sich auszudrücken pflegt, von dem Hundertsten in's Tausendste führen; er bekömmt dann alle Hände voll zu thun, und es ist fast nicht möglich, daß er überall mit der erforderlichen Muße verweile. Die Folge ist doch, daß er, um seiner Betrachtung Grenzen zu setzen, bei willkührlichen Behauptungen stehen bleibt, die, wenn sie es auch wirklich für ihn nicht wären, es doch für die Andern bleiben, weil sie sich nicht von selbst verstehen, und unerwiesen sind.

Eine brauchbare Theorie ist also eine wesentliche Grundlage der Kritik, und es ist unmöglich, daß diese im Allgemeinen auf den Punkt gelange, auf welchem sie hauptsächlich erst belehrend wird, nämlich, daß sie eine überzeugende Demonstration und sans replique sei, ohne den Beistand einer vernünftigen Theorie.

Aber es wäre eine träumerische Hoffnung an die Möglichkeit einer Theorie zu glauben, die für jede abstrakte Wahrheit sorgte, und es der Kritik nur überließe, den Fall unter das passende Gesetz zu stellen; es wäre eine lächerliche Pedanterie, der Kritik vorzuschreiben, daß sie an den Grenzen der heiligen Theorie jedesmal umdrehe. Derselbe Geist analytischer Untersuchung, welcher die Theorie schafft, soll auch das Geschäft der Kritik leiten, und es kann und mag also geschehen, daß er oft in das Gebiet der Theorie hinüberschweift, und sich diejenigen Punkte noch aufklärt, auf die es ihm besonders ankömmt. Es kann vielmehr, umgekehrt, der Zweck der Kritik ganz verfehlt werden, wenn sie zu einer geistlosen Anwendung der Theorie wird. Alle positiven Ergebnisse der theoretischen Untersuchung, alle Grundsätze, Regeln und Methoden, ermangeln der Allgemeinheit und absoluten Wahrheit um so mehr, je mehr sie zur positiven Lehre werden. Sie sind da, um sich beim Gebrauch anzubieten, und dem Urtheil muß es immer überlassen bleiben, ob sie angemessen sind, oder nicht. Solche Resultate der Theorie darf die Kritik nie als Gesetze und Normen zum Maaßstabe gebrauchen, sondern nur als das, was sie auch dem Handelnden sein sollen, als Anhalt für das Urtheil. Wenn es in der Taktik eine ausgemachte Sache ist, daß in der allgemeinen Schlachtordnung die Reiterei nicht neben, sondern hinter das Fußvolk gehört, so wäre es doch thöricht, jede davon abweichende Anordnung deshalb zu verdammen; die Kritik soll die Gründe der Abweichung untersuchen, und nur wenn diese unzureichend sind, hat sie ein Recht, sich auf die theoretische Feststellung zu berufen. Wenn es ferner in der Theorie ausgemacht ist, daß ein getheilter Angriff die Wahrscheinlichkeit des Erfolges vermindert, so würde es eben so unvernünftig sein, überall wo ein getheilter Angriff und schlechter Erfolg zusammentrafen, ohne weitere Untersuchung, ob es sich wirklich so verhält, den letzten als die Folge des ersten zu betrachten, oder da, wo der getheilte Angriff einen guten Erfolg hatte, etwa daraus rückwärts auf die Unrichtigkeit jener theoretischen Behauptung zu schließen. Beides soll der untersuchende Geist der Kritik nicht erlauben. Es ist also hauptsächlich auf die Resultate der analytischen Untersuchung in der Theorie, auf welche sich die Kritik stützt; was hier schon ausgemacht ist, hat sie selbst erst nicht von Neuem festzustellen, und es wird dort ausgemacht, damit sie es festgestellt vorfinde.

Diese Aufgabe der Kritik, zu untersuchen welche Wirkung aus der Ursache hervorgegangen ist, und ob ein angewandtes Mittel seinem Zweck entsprochen habe: wird leicht sein, wenn Ursach und Wirkung, Zweck und Mittel nahe bei einander liegen.

Wenn eine Armee überfallen wird, und dadurch zu keinem ordnungsmäßigen und verständigen Gebrauch ihrer Fakultäten kommt, so ist die Wirkung des Überfalles nicht zweifelhaft. — Wenn die Theorie ausgemacht hat, daß ein umfassender Angriff in der Schlacht zu größerm, aber weniger gesichertem Erfolg führt, so frägt es sich, ob der, welcher den umfassenden Angriff anwendet, sich vorzugsweise die Größe des Erfolgs zum Ziel gesetzt hat; in diesem Fall ist das Mittel richtig gewählt. Hat er aber damit

seinen Erfolg gewiſſer machen wollen, und war dieſer
nicht auf die individuellen Umſtände, ſondern auf die allgemeine Natur des umfaſſenden Angriffs gegründet, wie
wohl hundertmal vorgekommen iſt: ſo hat er die Natur
jenes Mittels verkannt, und einen Fehler begangen.

Hier iſt das Geſchäft der kritiſchen Unterſuchung und
Prüfung nicht ſchwer, und es wird jedesmal leicht ſein,
wo man ſich auf die nächſten Wirkungen und Zwecke be-
ſchränkt. Man kann dies ganz nach Willkühr thun, ſobald man von dem Zuſammenhange mit dem Ganzen ab-
ſtrahiren, und die Dinge nur in dieſem Verhältniſſe betrachten will.

Es ſteht aber im Kriege, wie überhaupt in der Welt,
Alles im Zuſammenhange was einem Ganzen angehört,
und folglich muß jede Urſache, wie klein ſie auch ſei, in
ihren Wirkungen ſich bis an's Ende des kriegeriſchen Aktes
erſtrecken, und das Endreſultat, um ein, wie Geringes es
auch ſein möge, modifiziren. Eben ſo muß jedes Mittel
bis zu dem letzten Zweck hinaufreichen.

Man kann alſo die Wirkungen einer Urſache ſo lange
verfolgen, als Erſcheinungen noch des Beobachtens werth
ſind, und eben ſo kann man ein Mittel nicht bloß für den
nächſten Zweck prüfen, ſondern auch dieſen Zweck ſelbſt,
als Mittel für den höhern, und ſo an der Kette der einander untergeordneten Zwecke hinaufſteigen, bis man auf
einen trifft, der keiner Prüfung bedarf, weil ſeine Nothwendigkeit nicht zweifelhaft iſt. In vielen Fällen, beſonders wenn von großen entſcheidenden Maaßregeln die Rede
iſt, wird die Betrachtung bis zu dem letzten Zweck, bis
zu dem, welcher unmittelbar den Frieden bereiten ſoll, hinaufreichen müſſen.

Es iſt klar, daß man in dieſem Hinaufſteigen mit

jeder neuen Station, die man einnimmt, einen neuen Standpunkt für das Urtheil bekommt, so, daß dasselbe Mittel,
welches in dem nächsten Standpunkt als vortheilhaft erscheint, von einem höhern aus betrachtet, verworfen werden muß.

Das Forschen nach den Ursachen der Erscheinungen
und das Prüfen der Mittel nach den Zwecken gehen bei
der kritischen Betrachtung eines Aktes immer Hand in
Hand, denn das Forschen nach der Ursache bringt erst auf
die Dinge, welche es verdienen ein Gegenstand der Prüfung zu sein.

Dieses Verfolgen des Fadens, hinauf und herunter,
ist mit bedeutenden Schwierigkeiten verbunden; denn je
weiter von einer Begebenheit die Ursache, welche man auf-
sucht, entfernt liegt, um so mehr andere Ursachen sind zugleich mit in's Auge zu fassen, und für den Antheil, welchen sie an den Begebenheiten gehabt haben mögen, abzu-
finden und auszuscheiden, weil jede Erscheinung, je höher
sie steht, durch um so viel mehr einzelne Kräfte und Umstände bedingt wird. Wenn wir die Ursachen einer verlorenen Schlacht ausgemittelt haben, so haben wir freilich
auch einen Theil der Ursachen der Folgen ausgemittelt,
welche diese verlorene Schlacht für das Ganze hatte, aber
nur einen Theil, denn es werden in das Endresultat, nach
den Umständen, mehr oder weniger Wirkungen anderer Ursachen hineinströmen.

Eben diese Mannichfaltigkeit der Gegenstände entsteht
bei der Prüfung der Mittel, je höher man mit dem Standpunkt hinaufrückt; denn je höher die Zwecke liegen, um so
größer ist die Zahl der Mittel, welche zu ihrer Erreichung
angewendet werden. Der letzte Zweck des Krieges wird von
allen Armeen gleichzeitig verfolgt, und es ist also nöthig,
Alles

Alles was von diesem geschehen ist, oder geschehen konnte, mit in die Betrachtung zu ziehen.

Man sieht wohl, daß dies zuweilen in ein weites Feld der Betrachtung führen kann, in dem es leicht ist, sich zu verwirren, und in welchem die Schwierigkeit obwaltet, weil eine Menge von Voraussetzungen gemacht werden müssen über diejenigen Dinge, die sich nicht wirklich zugetragen haben, die aber wahrscheinlich waren, und deshalb aus der Betrachtung schlechterdings nicht wegbleiben dürfen.

Als Bonaparte im März 1797 mit der italiänischen Armee gegen den Erzherzog Carl von den Tagliamento vordrang, geschah es in der Absicht diesen Feldherrn zu einer Entscheidung zu zwingen, ehe noch derselbe seine vom Rhein erwarteten Verstärkungen an sich gezogen hatte. Sieht man bloß auf die nächste Entscheidung, so war das Mittel gut gewählt, und der Erfolg hat es bewiesen, denn der Erzherzog war noch so schwach, daß er am Tagliamento nur den Versuch eines Widerstandes machte, und als er seinen Gegner zu stark und entschlossen sah, ihm den Kampfplatz und die Eingänge der norischen Alpen räumte. Was konnte nun Bonaparte mit diesem glücklichen Erfolg bezwecken? Selbst in das Herz der östreichischen Monarchie vorzudringen, den beiden Rheinarmeen unter Moreau und Hoche das Vordringen zu erleichtern und in nahe Verbindung mit ihnen zu treten. So sah Bonaparte die Sache ein, und von diesem Gesichtspunkte aus hatte er Recht. Stellt sich nun aber die Kritik auf einen höheren Standpunkt, nämlich auf den des französischen Direktoriums, welches übersehen konnte und mußte, daß der Feldzug am Rhein erst sechs Wochen später eröffnet werden würde: so kann man das Vordringen Bonaparte's

I

über die norischen Alpen nur als ein übertriebenes Wagstück betrachten; denn hatten die Östreicher in Steiermark,
vom Rhein her, beträchtliche Reserven aufgestellt, womit
der Erzherzog über die italienische Armee herfallen konnte:
so war diese nicht allein zu Grunde gerichtet, sondern auch
der ganze Feldzug verloren. Diese Betrachtung, die sich
Bonaparte's in der Gegend von Villach bemächtigte, hat
ihn vermocht zu dem Waffenstillstand von Leoben so bereit-
willig die Hand zu bieten.

Stellt sich die Kritik noch eine Stufe höher, und
weiß sie, daß die Östreicher keine Reserve zwischen der Armee des Erzherzogs Carl und Wien hatten: so war durch
das Vordringen der italienischen Armee Wien bedroht.

Gesetzt, Bonaparte hätte diese Entblößung der Hauptstadt, und diese entschiedene Überlegenheit, welche ihm auch
in Steiermark über dem Erzherzog blieb, gekannt: so würde
sein Vorauseilen gegen das Herz des östreichischen Staats
nicht mehr zwecklos sein, und der Werth desselben hängt
nur von dem Werth ab, den die Östreicher auf die Erhaltung Wien's legen; denn wenn diese so groß wäre, daß
sie lieber die Friedensbedingungen eingehen würden, die Bonaparte ihnen anzubieten hatte, so war die Bedrohung
Wien's als das letzte Ziel zu betrachten. Hätte dies Bonaparte aus irgend einem Grunde gewußt, so kann auch
die Kritik dabei stehen bleiben; war es aber noch proble-
matisch, so muß die Kritik sich wieder zu einem höhern
Standpunkt erheben, und fragen, was entstanden sein würde,
wenn die Östreicher Wien Preis gegeben, und sich weiter
in die noch übrige große Masse ihrer Staaten zurückgezogen hätten. Diese Frage aber kann, wie leicht zu er-
achten ist, gar nicht mehr beantwortet werden, ohne die
wahrscheinlichen Ereignisse zwischen den beiderseitigen Rhein-

armeen in Betracht zu ziehen. Bei der entschiedenen Überlegenheit der Franzosen (130,000 Mann zu 80,000 Mann)
würde der Erfolg an sich zwar wenig zweifelhaft gewesen
sein, aber es entstand wieder die Frage: wozu das französische Direktorium diesen Erfolg benutzen würde; ob zu
einer Verfolgung seiner Vortheile bis an die entgegengesetzten Grenzen der östreichischen Monarchie, also bis zur
Zertrümmerung oder Niederwerfung dieser Macht, oder ob
bloß zur Eroberung eines bedeutenden Theils als Unter-
pfand des Friedens. Für beide Fälle ist das wahrscheinliche Resultat auszumitteln, um nach diesem ersten die
wahrscheinliche Wahl des französischen Direktoriums zu bestimmen. Gesetzt, das Resultat dieser Betrachtung fiele
dahin aus, daß für die gänzliche Niederwerfung des östreichischen Staates die französischen Streitkräfte viel zu
schwach gewesen wären, so, daß der Versuch davon ganz
von selbst einen Umschwung der Dinge herbeigeführt hätte,
und daß selbst die Eroberung und Behauptung eines bedeutenden Theils die Franzosen in strategische Verhältnisse
geführt hätte, denen ihre Kräfte wahrscheinlich nicht gewachsen waren: so muß dieses Resultat Einfluß auf die
Beurtheilung der Lage haben, in welcher sich die italienische
Armee befand, und dieselbe zu geringen Hoffnungen berechtigen. Und dies ist es unstreitig was Bonaparte auch da, als
er die hilflose Lage des Erzherzogs ganz übersehen konnte,
noch vermocht hat, den Frieden von Campo-Formio auf
Bedingungen abzuschließen, die den Östreichern keine größere Opfer auferlegten als den Verlust von Provinzen, die
sie auch nach dem glücklichsten Feldzug nicht wieder erobert
haben würden. Aber selbst auf diesen mäßigen Frieden von
Campo-Formio hätten die Franzosen nicht rechnen, und sie
hätten ihn also nicht zum Zweck ihres kühnen Vorschreitens

machen können: wenn nicht zwei Betrachtungen anzustellen
gewesen wären; die erste besteht in der Frage: welchen
Werth die Östreicher auf jedes der beiden Resultate gelegt
haben würden, ob sie dieselben, trotz der Wahrscheinlichkeit
eines endlichen glücklichen Erfolges, welcher in beiden für
sie lag, der Opfer werth gefunden haben würden, die mit
ihnen, das ist, mit der Fortsetzung des Krieges verbunden
waren, und die sie durch einen Frieden auf nicht zu nachtheilige Bedingungen vermeiden konnten. Die zweite Betrachtung besteht in dieser andern Frage: ob die östreichi-
sche Regierung überhaupt mit ihrer Überlegenheit so weit
gehen, ob sie die letzten möglichen Erfolge ihrer Gegner
gehörig prüfen, sich nicht von dem Eindruck der augenblicklichen Mißverhältnisse zur Muthlosigkeit fortreißen lassen würde.

Die Betrachtung, welche den Gegenstand dieser ersten
Frage macht, ist nicht etwa eine müßige Spitzfindigkeit,
sondern von so entschiedenem praktischen Gewicht, daß sie
jedesmal vorkömmt, wenn ein auf das Äußerste gerichteter
Plan vorliegt, und sie ist es, welche die Ausführung solcher Pläne am häufigsten verhindert.

Die zweite Betrachtung ist eben so nothwendig, denn
man führt den Krieg nicht mit einem abstrakten Gegner,
sondern mit einem wirklichen, den man immer im Auge
haben muß. Und gewiß hat dem kühnen Bonaparte dieser Gesichtspunkt nicht gefehlt, d. h. nicht gefehlt das Vertrauen, welches er in den Schrecken setzte, der seinem
Schwerte voranging. Dasselbe Vertrauen führte ihn im
Jahre 1812 nach Moskau. Hier hat es ihn im Stich
gelassen; der Schrecken hatte sich in den gigantischen Kämpfen schon etwas abgenutzt; im Jahre 1797 war er allerdings noch neu, und das Geheimniß von der Stärke eines

bis auf's Äußerste gerichteten Widerstandes noch unerfunden, aber nichts desto weniger würde ihn auch im Jahre 1797 seine Kühnheit zu einem negativen Resultat geführt haben, wenn er nicht, wie gesagt, im Vorgefühl davon den mäßigen Frieden von Campo=Formio als Ausweg gewählt hätte.

Wir müssen diese Betrachtung hier abbrechen; sie wird hinreichen, um als Beispiel den weiten Umfang, die Mannichfaltigkeit und die Schwierigkeit zu zeigen, welche eine kritische Betrachtung bekommen kann, wenn man bis zu den letzten Zwecken hinaufsteigt, d. h. wenn man von Maaßregeln großer und entscheidender Art spricht, die nothwendig bis so weit hinaufreichen müssen. Es wird daraus hervorgehen, daß außer der theoretischen Einsicht in den Gegenstand das natürliche Talent auch einen großen Einfluß auf den Werth einer kritischen Betrachtung haben muß, denn von diesem wird es hauptsächlich abhängen das Licht in den Zusammenhang der Dinge zu tragen, und von den zahllosen Verknüpfungen der Begebenheiten die wesentlichen zu unterscheiden.

Aber das Talent wird noch auf eine andere Art in Anspruch genommen. Die kritische Betrachtung ist nicht bloß eine Prüfung der wirklich angewendeten Mittel, sondern aller möglichen, die also erst angegeben, d. h. erfunden werden müssen, und man kann ja überhaupt nie ein Mittel tadeln, wenn man nicht ein anderes als das bessere anzugeben weiß. Wie klein nun auch die Zahl der möglichen Kombinationen in den meisten Fällen sein mag, so ist doch nicht zu läugnen, daß das Aufstellen der nicht gebrauchten keine bloße Analyse vorhandener Dinge, sondern eine selbstthätige Schöpfung ist, welche sich nicht vorschreiben läßt, sondern von der Fruchtbarkeit des Geistes abhängt.

Wir sind weit entfernt das Feld großer Genialität zu sehen, wo sich Alles auf sehr wenige, praktisch mögliche, und sehr einfache Kombinationen zurückführen läßt; wir finden es unbeschreiblich lächerlich, das Umgehen einer Stellung, der Erfindung wegen, wie einen Zug großer Genialität zu betrachten, wie so oft vorgekommen ist, aber nichts desto weniger ist dieser Akt schöpferischer Selbstthätigkeit nothwendig und der Werth kritischer Betrachtung wird durch ihn wesentlich mit bestimmt.

Als Bonaparte am 30. Juli 1796 den Entschluß faßte, die Belagerung von Mantua aufzuheben, um dem vorrückenden Wurmser entgegen zu gehen und mit vereinter Kraft seine, durch den Gardasee und den Mincio getrennten Kolonnen einzeln zu schlagen: erschien dies als der sicherste Weg zu glänzenden Siegen. Diese Siege sind wirklich erfolgt und haben sich bei den spätern Ersatzversuchen mit demselben Mittel noch glänzender wiederholt. Man hört darüber nur eine Stimme, die der ungetheilten Bewunderung.

Gleichwohl konnte Bonaparte am 30. Juli diesen Weg nicht einschlagen, ohne den Gedanken an die Belagerung Mantua's ganz aufzugeben, weil es unmöglich war den Belagerungstrain zu retten, und ein zweiter in diesem Feldzuge nicht zu beschaffen war. In der That verwandelte sich die Belagerung in eine bloße Einschließung, und der Platz, der bei fortgesetzter Belagerung in den ersten acht Tagen gefallen sein würde, widerstand, trotz aller Siege Bonaparte's im freien Felde, noch sechs Monate.

Die Kritik hat dies als ein ganz unvermeidliches Übel angesehen, weil sie keinen bessern Weg des Wider-

ſtandes anzugeben wußte. Der Widerſtand gegen einen
anrückenden Erſaz innerhalb einer Circumvallationslinie
war ſo in Verruf und Verachtung gekommen, daß dieſes
Mittel dem Auge ganz entrückt war. Gleichwohl hatte es
zur Zeit Ludwigs XIV. ſo ſehr oft ſeinen Zweck erfüllt,
daß es nur eine Modeanſicht zu nennen iſt, wenn es kei=
nem Menſchen einfiel, daß es hundert Jahre ſpäter we=
nigſtens mit in die Betrachtung kommen könnte.
Hätte man dieſe Möglichkeit geſtattet, ſo würde die nä=
here Unterſuchung der Verhältniſſe ergeben haben, daß
40,000 Mann der beſten Infanterie von der Welt, welche
Bonaparte in einer Circumvallationslinie vor Mantua auf=
ſtellen konnte, bei einer ſtarken Verſchanzung die 50,000
Öſtreicher, welche Wurmſer zum Entſatz anführte, ſo we=
nig zu fürchten hatten, daß dieſe ſchwerlich auch nur einen
Verſuch zum Angriff ihrer Linien gemacht haben würden.
Wir wollen uns hier auf keinen nähern Beweis dieſer
Behauptung einlaſſen, wir glauben aber genug geſagt zu
haben, um dieſem Mittel das Recht der Mitbewerbung
zu verſchaffen. Ob Bonaparte im Handeln ſelbſt an dieſes
Mittel gedacht hat, wollen wir nicht entſcheiden; in ſeinen
Memoiren und den übrigen gedruckten Quellen findet ſich
davon keine Spur; die ganze ſpätere Kritik hat nicht
daran gedacht, weil der Blick ſich von dieſer Maaßregel
ganz entwöhnt hatte. Das Verdienſt, an dieſes Mittel
zu erinnern, iſt nicht groß, denn man braucht ſich nur von
der Anmaßung einer Modeanſicht loszumachen, um darauf
zu kommen; aber es iſt doch nothwendig, daß man darauf
komme, um es in die Betrachtung zu ziehen, und mit dem
Mittel, welches Bonaparte anwendete, zu vergleichen. Wie
das Reſultat dieſer Vergleichung auch ausfallen möge, die
Kritik darf ſie nicht verſäumen.

Als Bonaparte im Februar 1814 von der Blücher-
schen Armee, nachdem er sie in den Gefechten von Etoges,
Champaubert, Montmirail u. s. w. besiegt hatte, abließ,
um sich wieder gegen Schwarzenberg zu wenden, und dessen
Korps bei Montereau und Mormant schlug: war Jedermann voll Bewunderung, weil Bonaparte gerade in diesem
Hin= und Herwerfen seiner Hauptmacht einen glänzenden
Gebrauch von dem Fehler machte, welcher in dem getrennten Vorgehen der Verbündeten lag; wenn ihn diese glänzenden Schläge nach allen Seiten hin nicht gerettet haben,
so, meint man, war es wenigstens nicht seine Schuld. Niemand hat bis jetzt die Frage gethan: was der Erfolg
gewesen sein würde, wenn er sich nicht von Blücher wieder gegen Schwarzenberg gewendet, sondern seine Stöße
ferner gegen Blücher gerichtet, und diesen bis an den
Rhein verfolgt hätte. Wir halten uns überzeugt, daß ein
gänzlicher Umschwung des Feldzugs eingetreten, und die
große Armee, statt nach Paris zu gehen, über den Rhein
zurückgekehrt wäre. Wir verlangen nicht, daß man diese
Überzeugung mit uns theile, aber daß die Kritik diese Alternative mit zur Sprache bringen mußte, wird kein Sachverständiger bezweifeln, sobald sie einmal genannt ist.

Hier lag das zur Vergleichung zu stellende Mittel
auch viel näher als im vorigen Fall; gleichwohl ist es versäumt worden, weil man einer einseitigen Richtung blind
folgte und keine Unbefangenheit hatte.

Aus der Nothwendigkeit, für ein gemißbilligtes Mittel
das bessere anzugeben, ist die Art von Kritik entstanden,
die fast allein gebraucht wird, nämlich sich mit der bloßen
Angabe des vermeintlich bessern Verfahrens zu begnügen,
und den eigentlichen Beweis schuldig zu bleiben. Die Folge
ist, daß nicht Jedermann überzeugt wird, daß Andere es

eben so machen, und daß dann Streit entsteht, der ohne
allen Anhalt für das Raisonnement ist. Die ganze Kriegs-
litteratur strotzt von diesen Dingen.

Der Beweis, den wir fordern, ist überall nöthig, wo
der Vorzug des vorgeschlagenen Mittels nicht so evident
ist, daß er keinen Zweifel zuläßt, und er besteht darin,
daß jedes der beiden Mittel seiner Eigenthümlichkeit nach
untersucht, und mit dem Zweck verglichen werde. Hat
man die Sache so auf einfache Wahrheiten zurückgeführt,
so muß der Streit endlich aufhören, oder er führt wenigstens zu neuen Resultaten, während bei der andern Art
das Pro et Contra sich immer rein verzehrt.

Wollten wir z. B. uns nicht damit begnügen, und in
dem von uns zuletzt aufgestellten Fall beweisen, daß das
unablässige Verfolgen Blüchers besser gewesen wäre, als
das Umkehren gegen Schwarzenberg, so würden wir uns
auf folgende einfache Wahrheiten stützen.

1. Im Allgemeinen ist es vortheilhafter die Stöße in
   einer Richtung fortzusetzen, als die Kraft hin- und
   herzuwerfen, weil dieses Hin- und Herwerfen Zeit-
   verlust mit sich bringt, und weil da, wo die moralische
   Kraft schon durch bedeutende Verluste geschwächt ist,
   neue Erfolge leichter zu erhalten sind, man also auf
   diese Weise nicht einen Theil des erhaltenen Übergewichts unbenutzt läßt.

2. Weil Blücher, obgleich schwächer als Schwarzenberg,
   doch wegen seines Unternehmungsgeistes der Bedeu-
   tendere war, daß in ihm also mehr der Schwerpunkt
   lag, der das Übrige in seiner Richtung mit fortreißt.

3. Weil die Verluste, die Blücher erlitten hatte, einer
   Niederlage gleich zu achten, und dadurch ein solches
   Übergewicht Bonaparte's über ihn entstanden war,

daß der Rückzug bis an den Rhein kaum zweifelhaft sein konnte, weil sich auf dieser Linie keine namhaften Verstärkungen befanden.

4 Weil kein anderer möglicher Erfolg sich so furchtbar ausgenommen, sich der Phantasie in einer solchen Riesengestalt gezeigt haben würde, dies aber bei einem unentschlossenen zaghaften Armeekommando, wie das Schwarzenbergsche notorisch war, als eine große Hauptsache angesehen werden mußte. Was der Kronprinz von Würtemberg bei Montereau, der Graf Wittgenstein bei Mormant eingebüßt, das mußte der Fürst Schwarzenberg ziemlich genau kennen; was hingegen Blücher auf seiner ganz abgesonderten und getrennten Linie von der Marne bis an den Rhein für Unglücksfälle erlebt hätte, würde ihm nur durch die Schneelavine des Gerüchts zugekommen sein. Die verzweiflungsvolle Richtung, welche Bonaparte Ende März auf Vitri nahm, um zu versuchen was eine angedrohte strategische Umgehung für eine Wirkung auf die Verbündeten hervorbringen würde, war offenbar auf das Prinzip des Schreckens gegründet, aber unter ganz anderen Umständen, nachdem er bei Laon und Arcis gescheitert war, und Blücher sich mit 100,000 Mann bei Schwarzenberg befand.

Es wird freilich Leute geben, die durch diese Gründe nicht überzeugt werden, aber sie werden uns wenigstens nicht erwiedern können: indem Bonaparte durch sein Nachdringen gegen den Rhein die Basis Schwarzenbergs bedrohte, bedrohte Schwarzenberg Paris, also die Basis Bonaparte's; weil wir durch unsere Gründe oben beweisen wollten, daß Schwarzenberg nicht daran gedacht haben würde auf Paris zu marschiren.

In dem von uns berührten Beispiel aus dem Feldzug von 1796 würden wir sagen: Bonaparte sah den Weg, welchen er einschlug, als den sicherſten an, die Oſtreicher zu schlagen; wäre er das auch geweſen, so war doch der Zweck, welcher dadurch erreicht wurde, ein leerer Waffenruhm, der auf den Fall von Mantua kaum einen merklichen Einfluß haben konnte. Der Weg, welchen wir einschlagen, war in unſeren Augen viel ſicherer um den Entſatz zu verhindern; aber wenn wir auch in dem Sinn des franzöſiſchen Feldherrn ihn nicht dafür betrachten, sondern die Sicherheit des Erfolges als geringer anſehen wollten, so würde die Frage darauf zurückgeführt ſein: daß in dem einen Falle ein mehr wahrſcheinlicher, aber faſt unbrauchbarer, also ſehr geringer; in dem andern ein nicht ganz wahrſcheinlicher, aber viel größerer Erfolg in die Waagſchaale zu legen war. Stellt man die Sache auf dieſe Weiſe, so hätte die Kühnheit ſich für die zweite Löſung erklären müſſen, was, die Sache oberflächlich betrachtet, gerade umgekehrt war. Bonaparte hatte gewiß nicht die weniger kühne Abſicht, und es iſt nicht zu bezweifeln, daß er ſich die Natur des Falles nicht bis zu dem Grade deutlich gemacht, und die Folgen so überſehen hat, wie wir ſie aus der Erfahrung kennen gelernt haben.

Daß die Kritik ſich bei der Betrachtung der Mittel oft auf die Kriegsgeschichte berufen muß, iſt natürlich, denn in der Kriegskunſt iſt die Erfahrung mehr werth als alle philoſophiſche Wahrheit. Aber dieſer geſchichtliche Beweis hat freilich ſeine eigenen Bedingungen, deren wir in einem beſondern Kapitel erwähnen werden, und leider ſind dieſe Bedingungen so ſelten erfüllt, daß die hiſtoriſche Bezugnahme meiſtens nur dazu beiträgt, die Verwirrung der Begriffe noch größer zu machen.

Jetzt haben wir noch einen wichtigen Gegenstand zu betrachten, nämlich in wie weit es der Kritik gestattet, oder selbst zur Pflicht gemacht ist, bei der Beurtheilung eines einzelnen Falles, von ihrer bessern Übersicht der Dinge, und also auch von Dem, was der Erfolg bewiesen hat, Gebrauch zu machen; oder wann und wo sie genöthigt ist, von diesen Dingen zu abstrahiren, um sich ganz genau in die Lage des Handelnden zu versetzen.

Wenn die Kritik Lob und Tadel über den Handelnden aussprechen will, so muß sie allerdings suchen, sich genau in seinen Standpunkt zu versetzen, d. h. Alles zusammenstellen, was er gewußt und was sein Handeln motivirt hat, dagegen von Allem absehen, was der Handelnde nicht wissen konnte, oder nicht wußte, also vor allen Dingen auch vom Erfolg. Allein das ist nur ein Ziel, nach dem man streben, was man aber nie ganz erreichen kann, denn niemals liegt der Stand der Dinge, von welchem eine Begebenheit ausgeht, genau so vor dem Auge der Kritik, wie er vor dem Auge des Handelnden lag. Eine Menge kleiner Umstände, die auf den Entschluß Einfluß haben konnten, sind verloren gegangen, und manches subjektive Motiv ist nie zur Sprache gekommen. Die letzteren lernt man nur aus den Memoiren der Handelnden oder ihnen sehr vertrauter Personen kennen, und in solchen Memoiren werden die Dinge oft in einer sehr breiten Manier behandelt, auch wohl absichtlich nicht aufrichtig erzählt. Es muß also der Kritik immer Vieles abgehen, was dem Handelnden gegenwärtig war.

Von der andern Seite ist es noch schwerer, daß sie von Dem absehe, was sie zu viel weiß. Leicht ist dies nur in Beziehung auf alle zufälligen, d. h. in den Verhältnissen selbst nicht begründeten Umständen, die sich eingemischt haben; sehr schwer aber und nie vollkommen zu erreichen von allen wesentlichen Dingen.

Sprechen wir zuerst von dem Erfolg. Ist er nicht aus zufälligen Dingen hervorgegangen, so ist es fast unmöglich, daß seine Kenntniß nicht auf die Beurtheilung der Dinge Einfluß habe, aus denen er hervorgegangen, denn wir sehen ja diese Dinge in seinem Licht, und lernen sie zum Theil durch ihn erst ganz kennen und würdigen. Die Kriegsgeschichte ist mit allen ihren Erscheinungen für die Kritik selbst eine Quelle der Belehrung, und es ist ja natürlich, daß sie die Dinge mit eben dem Lichte beleuchte, was ihr aus der Betrachtung des Ganzen geworden ist. Müßte sie also in manchen Fällen die Absicht haben, durchaus davon abzusehen, so würde ihr das doch nie vollkommen gelingen.

Aber so verhält es sich nicht bloß mit dem Erfolg, also mit Dem, was erst später eintritt, sondern auch mit dem schon Vorhandenen, also den Datis welche das Handeln bestimmen. Die Kritik wird daran in den meisten Fällen mehr haben als der Handelnde, nur sollte man glauben, es sei leicht davon ganz abzusehen, und doch ist es nicht so. Die Kenntniß der vorhergegangenen und gleichzeitigen Umstände beruht nämlich nicht bloß auf bestimmten Nachrichten, sondern auf einer großen Zahl von Vermuthungen, oder Voraussetzungen, ja es ist von den Nachrichten über nicht ganz zufällige Dinge fast keine, der nicht schon eine Voraussetzung oder Vermuthung vorausgegangen wäre, und wodurch die gewisse Nachricht, wenn sie ausbleibt, vertreten wird. Nun ist es begreiflich, daß die spätere Kritik, welche alle vorhergegangenen und gleichzeitigen Umstände faktisch kennt, dadurch nicht bestochen werden sollte, wenn sie sich fragt, was sie in dem Augenblick des

Handelns von den nicht bekannten Umständen für wahrscheinlich gehalten haben würde. Wir behaupten, daß hier eine vollkommene Abstraktion eben so unmöglich ist wie bei dem Erfolg, und zwar aus denselben Gründen.

Wenn also die Kritik über einen einzelnen Akt des Handelns Lob oder Tadel aussprechen will, so wird es ihr immer nur bis auf einen gewissen Punkt gelingen, sich in die Stellung des Handelnden zu versetzen. In sehr vielen Fällen wird sie es bis auf einen, für das praktische Bedürfniß genügenden Grad können; in manchen Fällen aber durchaus nicht, und das muß man nicht aus den Augen verlieren.

Aber es ist weder nothwendig noch wünschenswerth, daß die Kritik sich ganz mit dem Handelnden identifizire. Im Kriege, wie überhaupt im kunstfertigen Handeln, wird eine ausgebildete natürliche Anlage gefordert, die man seine Virtuosität nennt. Diese kann groß und klein sein. In dem ersten Falle kann sie leicht die des Kritikers übersteigen; denn welcher Kritiker wollte behaupten, die Virtuosität eines Friedrich oder Bonaparte zu besitzen! Soll also die Kritik sich nicht jedes Ausspruchs über ein großes Talent enthalten, so muß es ihr gestattet sein von dem Vortheile ihres größern Horizontes Gebrauch zu machen. Die Kritik kann also einem großen Feldherrn die Lösung seiner Aufgabe nicht mit denselben Datis wie ein Rechnenexempel nachrechnen, sondern sie muß, was in der höhern Thätigkeit seines Genie's gegründet war, erst durch den Erfolg, durch das sichere Zutreffen der Erscheinungen bewundernd erkennen, und den wesentlichen Zusammenhang, den der Blick des Genie's ahnete, erst faktisch kennen lernen.

Aber für jede, auch die kleinste Virtuosität ist es nöthig, daß die Kritik sich auf einem höhern Standpunkt befinde, damit sie, reich an objektiven Entscheidungsgründen, so wenig subjektiv als möglich sei, und ein beschränkter Geist des Kritikers sich nicht selbst zum Maaßstabe mache.

Diese höhere Stellung der Kritik, dieses Lob und Tadel nach einer völligen Einsicht der Sache, hat auch an sich Nichts was unser Gefühl verletzt, sondern bekömmt es erst dann, wenn der Kritiker sich persönlich hervordrängt, und in einem Ton spricht, als wäre alle die Weisheit, die ihm durch die vollkommene Einsicht der Begebenheit gekommen ist, sein eigenthümliches Talent. So grob dieser Betrug ist, so spielt ihn die Eitelkeit doch leicht, und es ist natürlich, daß er bei Andern Unwillen erregt. Noch öfter aber ist eine solche persönliche Überhebung gar nicht in der Absicht des Kritikers, wird aber, wenn er sich nicht ausdrücklich dagegen verwahrt, von dem übereilten Leser dafür genommen, und da entsteht denn auf der Stelle die Klage über Mangel an Beurtheilungskraft.

Wenn also die Kritik einem Friedrich oder Bonaparte Fehler nachweis't, so ist damit nicht gesagt, daß der, welcher die Kritik übt, sie nicht gemacht haben würde, er könnte sogar einräumen, daß er in der Stelle dieser Feldherrn viel größere hätte machen können, sondern er erkennt diese Fehler aus dem Zusammenhange der Dinge, und fordert von der Sagacität des Handelnden, daß er sie hätte sehen sollen.

Dies ist also ein Urtheil durch den Zusammenhang der Dinge, und also auch durch den Erfolg. Aber es giebt noch einen ganz andern Eindruck des Erfolgs auf dasselbe, nämlich wenn er ganz einfacherweise als Beweis für oder gegen die Richtigkeit einer Maaßregel gebraucht wird. Dieses kann man das Urtheil nach dem Erfolg nennen. Ein solches Urtheil nun scheint auf den ersten

Anblick ganz unbedingt verwerflich, und doch ist es wieder nicht so.

Als Bonaparte 1812 nach Moskau zog, kam Alles
darauf an, ob er durch die Eroberung dieser Hauptstadt
und Das, was vorhergegangen war, den Kaiser Alexander
zum Frieden bewegen würde, wie er ihn 1807 nach der
Schlacht bei Friedland, und den Kaiser Franz 1805 und
1809 nach den Schlachten von Austerlitz und Wagram
dazu bewogen hatte; denn wenn er den Frieden in Moskau nicht erhielt, so blieb ihm Nichts als das Umkehren,
d. h., Nichts als eine strategische Niederlage übrig. Wir
wollen davon absehen, was Bonaparte gethan hatte um
nach Moskau zu kommen, und ob dabei nicht schon Vieles,
wodurch dem Kaiser Alexander der Entschluß zum Frieden
gegeben werden konnte verfehlt war; wir wollen auch von
den zerstörenden Umständen absehen, von denen der Rückzug begleitet war, und die ihre Ursache vielleicht noch in
der Führung des ganzen Feldzugs hatten. Immer wird die
Frage dieselbe bleiben, denn wie viel glänzender auch das
Resultat des Feldzuges bis Moskau hätte sein können, es
blieb doch immer ungewiß, ob der Kaiser Alexander dadurch in den Frieden hineingeschreckt werden würde, und
wenn der Rückzug auch keine solche Vernichtungsprin-
zipien in sich getragen hätte, er konnte nie etwas Anderes als eine große strategische Niederlage sein. Ging der
Kaiser Alexander einen nachtheiligen Frieden ein, so gehörte der Feldzug von 1812 in die Reihe der Feldzüge von
Austerlitz, Friedland und Wagram. Aber auch diese Feldzüge
hätten ohne den Frieden wahrscheinlich zu ähnlichen Kata-
strophen geführt. Welche Kraft, Geschicklichkeit und Weisheit also der Welteroberer auch angewendet haben mogte,
diese letzte Frage an das Schicksal blieb überall dieselbe.

Soll

Soll man nun die Feldzüge von 1805, 1807 und 1809 verwerfen und um des Feldzuges von 1812 wegen behaupten, sie wären alle ein Werk der Unklugheit, der Erfolg sei gegen die Natur der Dinge, und im Jahre 1812 hätte sich endlich die strategische Gerechtigkeit gegen das blinde Glück Luft gemacht? Das wäre eine sehr gezwungene Ansicht, ein tyrannisches Urtheil, wofür man den Beweis bis zur Hälfte schuldig bleiben müßte, weil kein menschlicher Blick im Stande ist, den Faden des nothwendigen Zusammenhanges der Dinge bis zu dem Entschluß der besiegten Fürsten zu verfolgen.

Noch weniger kann man sagen, der Feldzug von 1812 verdiente eben den Erfolg wie die andern, und, daß er ihn nicht hatte, liege in etwas Ungehörigem, denn man wird die Standhaftigkeit Alexanders nicht als etwas Ungehöriges betrachten können.

Was ist natürlicher als zu sagen: in den Jahren 1805, 7 und 9 hat Bonaparte seine Gegner richtig beurtheilt, im Jahre 1812 hat er sich geirrt; damals also hat er Recht gehabt, diesmal Unrecht, und zwar Beides, weil es der Erfolg so lehrt.

Alles Handeln im Kriege ist, wie wir schon gesagt haben, nur auf wahrscheinliche, nicht auf gewisse Erfolge gerichtet; was an der Gewißheit fehlt, muß überall dem Schicksal oder Glück, wie man es nennen will, überlassen bleiben. Freilich kann man fordern, daß dies so wenig als möglich sei, aber nur in Beziehung auf den einzelnen Fall: nämlich, so wenig als in diesem einzelnen Fall möglich: nicht aber, daß man den Fall, wobei die Ungewißheit am geringsten ist, immer vorziehen müßte; das wäre ein ungeheurer Verstoß, wie das aus allen unseren

I   12

theoretischen Ansichten hervorgehen wird. Es giebt Fälle, wo das höchste Wagen die höchste Weisheit ist.

In Allem nun, was der Handelnde dem Schicksal überlassen muß, scheint sein persönliches Verdienst ganz aufzuhören, und also auch seine Verantwortlichkeit; nichts destoweniger können wir uns eines innern Beifalls nicht enthalten, so oft die Erwartung zutrifft, und wir fühlen, wenn sie fehlschlug, ein Mißbehagen des Verstandes, und weiter soll das Urtheil von Recht und Unrecht auch nicht bedeuten, was wir aus dem bloßen Erfolg entnehmen, oder vielmehr was wir in ihm finden.

Aber es ist nicht zu verkennen, daß das Wohlgefallen welches unser Verstand am Zutreffen, das Mißfallen, was er am Verfehlen hat, doch auf dem dunklen Gefühle beruht, daß zwischen diesem, dem Glück zugeschriebenen Erfolg und dem Genius des Handelnden ein feiner, dem Auge des Geistes unsichtbarer Zusammenhang bestehe, der uns in der Voraussetzung Vergnügen macht. Was diese Ansicht beweist, ist, daß unser Antheil steigt, zu einem bestimmteren Gefühle wird, wenn das Treffen und Verfehlen sich bei demselben Handelnden oft wiederholt. So wird es begreiflich, wie das Glück im Kriege eine viel edlere Natur annimmt als das Glück im Spiel. Überall, wo ein glücklicher Krieger unsere Interessen nicht anderweitig verletzt, werden wir ihn mit Vergnügen auf seiner Bahn begleiten.

Die Kritik wird also, nachdem sie Alles, was in das Gebiet menschlicher Berechnung und Überzeugung gehört, abgewogen hat, für den Theil, wo der tiefe geheime Zusammenhang der Dinge sich nicht an sichtbaren Erscheinungen verkörpert: den Ausgang sprechen lassen, und diesen leifen Spruch einer höhern Gesetzgebung auf der einen Seite vor dem Tumult roher Meinungen schützen, indem sie zugleich von der andern Seite die plumpen Mißbräuche zurückweif't, die von dieser höchsten Instanz gemacht werden können.

Dieser Ausspruch des Erfolges muß also überall erzeugen, was die menschliche Klugheit nicht ermitteln kann, und so werden es denn die geistigen Kräfte und Wirkungen hauptsächlich sein, für die er in Anspruch genommen wird, theils weil sie sich am wenigsten mit Zuverlässigkeit beurtheilen lassen, theils weil sie dem Willen selbst so nahe liegen, daß sie ihn um so leichter bestimmen. Wo Furcht oder Muth den Entschluß fortreissen, da giebt es zwischen ihnen nichts Objektives mehr abzumachen, und folglich Nichts wo Klugheit und Berechnung dem wahrscheinlichen Erfolg noch einmal begegnen könnte.

Jetzt müssen wir uns noch einige Betrachtungen über das Instrument der Kritik erlauben, nämlich über die Sprache deren sie sich bedient, weil diese dem Handeln im Kriege gewissermaßen zur Seite bleibt; denn die prüfende Kritik ist ja Nichts als die Überlegung welche dem Handeln vorhergehen soll. Wir halten es darum für etwas höchst Wesentliches, daß die Sprache der Kritik denselben Charakter habe, den das Überlegen im Kriege haben muß, sonst würde' sie aufhören praktisch zu sein, und der Kritik keinen Eingang in das Leben verschaffen.

Wir haben in unserer Betrachtung über die Theorie der Kriegführung gesagt, daß sie den Geist der Führer im Kriege erziehen, oder vielmehr bei seiner Erziehung leiten soll, daß sie nicht bestimmt ist, ihn mit positiven Lehren und Systemen auszurüsten, die er wie Instrumente

12*

des Geistes gebrauchen könnte. Ist aber im Kriege zur Beurtheilung eines vorliegenden Falles niemals die Konstruktion wissenschaftlicher Hilfslinien nothwendig, oder auch nur zulässig, tritt die Wahrheit da nicht in systematischer Gestalt auf, wird sie nicht mittelbar, sondern unmittelbar durch den natürlichen Blick des Geistes gefunden: so muß es auch in der kritischen Betrachtung also sein.

Zwar haben wir gesehen, daß sie überall, wo es zu weitläuftig sein würde die Natur der Dinge festzustellen, sich auf die in der Theorie davon ausgemachten Wahrheiten stützen muß. Allein so wie im Kriege der Handelnde diesen theoretischen Wahrheiten mehr gehorcht indem er ihren Geist in den seinigen aufgenommen hat, als indem er sie wie ein äußeres steifes Gesetz betrachtet: so soll auch die Kritik sich ihrer nicht wie eines fremden Gesetzes oder einer algebraischen Formel bedienen, deren neue Wahrheit für die Anwendung gar nicht aufgeschlossen zu werden braucht, sondern sie soll diese Wahrheit selbst immer durchleuchten lassen, indem sie nur die genauern und umständlichern Beweise der Theorie überläßt. So vermeidet sie eine geheimnißvolle dunkle Sprache, und bewegt sich in einfacher Rede, in einer lichten, d. i. immer sichtbaren Vorstellungsreihe fort.

Freilich wird dies nicht immer vollkommen zu erreichen, aber es muß das Streben der kritischen Darstellung sein. Sie muß zusammengesetzte Formen der Erkenntniß so wenig als möglich brauchen, und nie sich der Konstruktion wissenschaftlicher Hilfslinien, wie eines eigenen Wahrheitsapparates bedienen, sondern Alles durch den natürlichen freien Blick des Geistes ausrichten.

Aber dieses fromme Bestreben, wenn wir uns den

Ausdruck erlauben dürfen, ist leider bisher in den wenigsten kritischen Betrachtungen herrschend gewesen, die meisten
sind vielmehr von einer gewissen Eitelkeit zum Ideenprunk
fortgezogen worden.

Das erste Übel, worauf wir häufig stoßen, ist eine
unbehilfliche, ganz unzulässige Anwendung gewisser einsei-
tiger Systeme, als eine förmliche Gesetzgebung. Aber es
ist nie schwer die Einseitigkeit eines solchen Systems zu
zeigen, und das braucht man nur zu thun, um ein- für
allemal seinen richterlichen Spruch verworfen zu haben.
Man hat es hier mit einem bestimmten Gegenstande zu
thun, und da die Zahl möglicher Systeme am Ende doch
nur klein sein kann, so sind sie an sich auch nur das kleinere Übel.

Viel größer ist der Nachtheil, der in dem Hofstaat
von Terminologieen, Kunstausdrücken und Metaphern liegt, den die Systeme mit sich schleppen, und der
wie loses Gesindel, wie der Troß eines Heeres, von seinem Prinzipal loslassend, sich überall umhertreibt. Wer
unter den Kritikern sich nicht zu einem ganzen System erhebt, entweder weil ihm keins gefällt, oder weil er nicht
so weit gekommen ist eins ganz kennen zu lernen, der will
wenigstens ein Stückchen davon gelegentlich, wie ein Lineal,
anlegen, um zu zeigen, wie fehlerhaft der Gang des Feldherrn war. Die Meisten können gar nicht raisonniren,
ohne ein solches Fragment wissenschaftlicher Kriegslehre hier
und da als Stützpunkt zu brauchen. Die kleinsten dieser
Fragmente, die in bloßen Kunstwörtern und Metaphern
bestehen, sind oft Nichts als Verschönerungsschnörkel der
kritischen Erzählung. Nun ist es in der Natur der Sache,
daß alle Terminologieen und Kunstausdrücke, welche einem

Syſteme angehören, ihre Richtigkeit, wenn ſie dieſelbe wirklich hatten, verlieren, ſobald ſie, herausgeriſſen aus demſelben, wie allgemeine Axiome gebraucht werden ſollen, oder wie kleine Wahrheitskryſtalle, die mehr Beweiskraft haben, als die ſchlichte Rede.

So iſt es denn gekommen, daß unſere theoretiſchen und kritiſchen Bücher, ſtatt einer ſchlichten einfachen Überlegung, bei welcher der Autor wenigſtens immer weiß was er ſagt, und der Leſer was er lieſ't: wimmelnd voll ſind von dieſen Terminologieen, die dunkle Kreuzpunkte bilden, an denen Leſer und Autor von einander abkommen. Aber ſie ſind oft noch etwas viel Schlimmeres; ſie ſind oft hohle Schaalen ohne Kern. Der Autor ſelbſt weiß nicht mehr deutlich was er dabei denkt, und beruhigt ſich mit dunklen Vorſtellungen, die ihm bei der einfachen Rede ſelbſt nicht genügen würden.

Ein drittes Übel der Kritik iſt der Mißbrauch hiſtoriſcher Beiſpiele und der Prunk mit Beleſenheit. Was die Geſchichte der Kriegskunſt iſt, darüber haben wir uns ſchon ausgeſprochen, und wir werden unſere Anſicht über Beiſpiele und über die Kriegsgeſchichte überhaupt noch in beſondern Kapiteln entwickeln. Ein Faktum, welches bloß im Fluge berührt wird, kann zur Vertretung der entgegengeſetzteſten Anſichten gebraucht werden, und drei oder vier, die aus den entfernteſten Zeiten oder Ländern, aus den ungleichartigſten Verhältniſſen herbeigeſchleppt und zuſammengehäuft werden, zerſtreuen und verwirren das Urtheil meiſtens, ohne die mindeſte Beweiskraft zu haben; denn wenn ſie bei Lichte betrachtet werden, ſo iſt es meiſtens nur Plunder und die Abſicht des Autors mit Beleſenheit zu prunken.

Was kann aber mit diesen dunkeln, halbwahren, verworrenen, willkührlichen Vorstellungen für das praktische Leben gewonnen werden? So wenig, daß die Theorie vielmehr dadurch, so lange sie besteht, ein wahrer Gegensatz der Praktik, und nicht selten der Spott derer geworden ist, denen im Felde eine große Tüchtigkeit nicht abzusprechen war.

So hätte es aber unmöglich sein können, wenn sie in einfacher Rede und natürlicher Betrachtung der Gegenstände, welche die Kriegführung ausmachen, dasjenige festzustellen gesucht hätte, was sich feststellen läßt; wenn sie, ohne falsche Ansprüche und ungehörigen Pomp wissenschaftlicher Formen und historischer Zusammenstellungen, dicht bei der Sache geblieben, und mit Leuten, die im Felde durch den natürlichen Blick ihres Geistes die Dinge leiten sollen, Hand in Hand gegangen wäre.

Sechstes Kapitel.

Ueber Beispiele.

Historische Beispiele machen Alles klar, und haben nebenher in Erfahrungswissenschaften die beste Beweiskraft. Mehr als irgendwo ist dies in der Kriegskunst der Fall. Der General Scharnhorst, welcher in seinem Taschenbuche über den eigentlichen Krieg am besten geschrieben hat, erklärt die historischen Beispiele für das Wichtigste in dieser Materie, und er macht einen bewunderungswürdigen Gebrauch davon. Hätte er den Krieg, in welchem er fiel, überlebt, so würde der vierte Theil seiner umgearbeiteten Artillerie uns einen noch schönern Beweis gegeben haben, mit welchem Geist der Beobachtung und Belehrung, er die Erfahrung durchdrang.

Aber ein solcher Gebrauch von historischen Beispielen wird nur selten von den theoretischen Schriftstellern gemacht, vielmehr ist die Art, wie sie sich derselben bedienen, meistens nur geeignet, den Verstand nicht allein unbefriedigt zu lassen, sondern sogar zu verletzen. Wir halten es daher für wichtig, den rechten Gebrauch und den Mißbrauch der Beispiele besonders in's Auge zu fassen.

Unstreitig gehören die der Kriegskunst zum Grunde liegenden Kenntnisse zu den Erfahrungswissenschaften; denn wenn sie auch größtentheils aus der Natur der Dinge hervorgehen, so muß man doch diese Natur selbst meistens erst durch die Erfahrung kennen lernen; außerdem aber wird die Anwendung von so vielen Umständen modifizirt, daß die Wirkungen nie aus der bloßen Natur des Mittels vollständig erkannt werden können.

Die Wirkung des Pulvers, dieses großen Agens für
unsere kriegerische Thätigkeit, ist bloß durch die Erfahrung
erkannt worden, und noch zu dieser Stunde ist man unaufhörlich durch Versuche beschäftigt, sie genauer zu erforschen.
Daß eine eiserne Kugel, der man durch das Pulver eine
Geschwindigkeit von 1000 Fuß in der Sekunde gegeben hat,
Alles zerschmettert, was sie von lebenden Wesen in ihrem
Lauf berührt, versteht sich freilich von selbst, es bedarf
dazu keiner Erfahrung, aber wie viele hundert Nebenumstände bestimmen diese Wirkung genauer, die zum Theil
nur durch die Erfahrung erkannt werden können. Und
die physische Wirkung ist ja nicht die einzige, die wir zu
beachten haben; die moralische ist es, welche wir suchen,
und es giebt kein anderes Mittel, diese kennen und schätzen
zu lernen, als die Erfahrung. Im Mittelalter, als
die Feuerwaffen eben erst erfunden waren, war ihre physische Wirkung, der unvollkommenen Einrichtung wegen,
natürlich viel geringer als jetzt, ihre moralische war aber
viel größer. Man muß die Standhaftigkeit eines jener
Haufen, die Bonaparte in seinem Eroberungsdienste erzogen und angeführt hat, im stärksten und anhaltendsten
Geschützfeuer gesehen haben, um sich einen Begriff davon
zu machen, was eine, in langer Übung der Gefahr gestählte
Truppe leisten kann, die durch eine reiche Siegesfülle zu
dem edlen Satze gelangt ist, an sich selbst die höchsten Forderungen zu machen. In der bloßen Vorstellung würde
man es nie glauben. Von der andern Seite ist es eine
bekannte Erfahrung, daß es noch heute in den europäischen
Heeren Truppen giebt, wie Tartaren, Kosacken, Kroaten,
deren Haufen durch ein Paar Kanonenschüsse leicht zerstreut werden.

Aber keine Erfahrungswissenschaft, und folglich auch

nicht die Theorie der Kriegskunst, ist im Stande ihre Wahrheiten immer von den historischen Beweisen begleiten zu lassen, theils würde es schon der bloßen Weitläuftigkeit wegen unmöglich sein, theils würde es auch schwer sein die Erfahrung in den einzelnen Erscheinungen nachzuweisen. Findet man im Kriege, daß irgend ein Mittel sich sehr wirksam gezeigt hat, so wird es wiederholt; Einer macht es dem Andern nach, es wird förmlich Mode, und auf diese Weise kömmt es, auf die Erfahrung gestützt, in den Gebrauch, und nimmt seinen Platz in der Theorie ein, die dabei stehen bleibt, sich im Allgemeinen auf die Erfahrung zu berufen, um seinen Ursprung anzudeuten, nicht aber um es zu beweisen.

Ganz anders ist es aber, wenn die Erfahrung gebraucht werden soll, um ein gebräuchliches Mittel zu verdrängen, ein zweifelhaftes festzustellen, oder ein neues einzuführen, dann müssen einzelne Beispiele aus der Geschichte zum Beweise aufgestellt werden.

Wenn man nun den Gebrauch eines historischen Beispiels näher betrachtet, so ergeben sich dafür vier leicht zu treffende Gesichtspunkte.

Zuerst kann man dasselbe als eine bloße Erläuterung des Gedankens brauchen. Es ist nämlich bei jeder abstrakten Betrachtung sehr leicht, falsch oder auch gar nicht verstanden zu werden; wo der Autor dies fürchtet, dient ein historisches Beispiel dazu, dem Gedanken das fehlende Licht zu geben, und zu sichern daß Autor und Leser bei einander bleiben.

Zweitens kann es als eine Anwendung des Gedankens dienen, weil man bei einem Beispiel Gelegenheit hat, die Behandlung derjenigen kleineren Umstände zu zeigen, die bei dem allgemeinen Ausdruck des Gedankens nicht alle mit aufgefaßt werden konnten; denn darin besteht ja der Unterschied zwischen Theorie und Erfahrung. Diese beiden Fälle sind die des eigentlichen Beispiels; die beiden folgenden gehören zum historischen Beweis.

Drittens, kann man sich nämlich auf ein historisches Faktum beziehen, um damit dasjenige, was man gesagt hat, zu belegen. Dies ist in allen Fällen hinreichend, wo man bloß die Möglichkeit einer Erscheinung oder Wirkung darthun will.

Endlich kann man, viertens, aus der umständlichen Darstellung eines historischen Ereignisses, und aus der Zusammenstellung mehrerer, irgend eine Lehre ziehen, die also in diesem Zeugniß selbst ihren wahren Beweis findet.

Bei dem ersten Gebrauch kömmt es meistens nur auf eine flüchtige Erwähnung des Falles an, weil man ihn nur einseitig benutzt. Es ist dabei selbst die historische Wahrheit eine Nebensache, ein erfundenes Beispiel könnte auch dienen; nur haben historische immer den Vorzug praktischer zu sein, und den Gedanken, welchen sie erläutern, dem praktischen Leben selbst näher zu führen.

Der zweite Gebrauch setzt eine umständlichere Darstellung des Falles voraus, nur ist die Richtigkeit dabei wieder Nebensache, und in dieser Beziehung dasselbe zu sagen was wir vom ersten Fall gesagt haben.

Beim dritten Gebrauch reicht meistens die bloße Angabe eines unzweifelhaften Faktums hin. Wenn man die Behauptung aufstellt, daß verschanzte Stellungen unter gewissen Bedingungen ihren Zweck erfüllen können, so braucht man bloß die Stellung von Bunzelwitz zu nennen, um diese Behauptung zu belegen.

Soll aber durch die Darstellung eines historischen Falles irgend eine allgemeine Wahrheit erwiesen werden, so muß dieser Fall in Allem, was Bezug auf die Behauptung hat, genau und umständlich entwickelt, er muß gewissermaßen vor dem Auge des Lesers sorgfältig aufgebaut werden. Je weniger dies zu erreichen ist, um so schwächer wird der Beweis, und um so mehr wird es nöthig, was dem einzelnen Falle an Beweiskraft abgeht, durch die Menge der Fälle zu ersetzen, weil man nämlich mit Recht voraussetzt, daß die nähern Umstände, die anzugeben man nicht im Stande gewesen ist, in einer gewissen Anzahl von Fällen, ihren Wirkungen nach, sich ausgeglichen haben werden.

Wenn man aus der Erfahrung beweisen will, daß die Reiterei besser hinter als neben dem Fußvolk steht, daß es bei nicht entscheidender Übermacht höchst gefährlich ist, den Gegner sowohl in einer Schlacht als auf dem Kriegstheater, also sowohl taktisch als strategisch, mit getrennten Kolonnen weit zu umfassen: so reicht es in dem ersten Falle nicht hin, einige verlorene Schlachten zu nennen, wo die Reiterei auf den Flügeln, und einige gewonnene, wo sie hinter dem Fußvolk stand, und in letzterem reicht es nicht hin, an die Schlachten von Rivoli oder Wagram, an die Angriffe der Östreicher auf das italienische Kriegstheater 1796, oder der Franzosen auf das deutsche, in eben diesem Jahre, zu erinnern: sondern es muß durch eine genaue Verfolgung aller Umstände und der einzelnen Vorgänge dargethan werden, auf welche Weise jene Formen der Stellung und des Angriffs wesentlich zum schlechten Ausgang beigetragen haben. Dann wird sich auch ergeben, in wie weit jene Formen verwerflich sind, welches nothwendig mit bestimmt werden muß, weil eine ganz allgemeine Verwerfung jedenfalls die Wahrheit verletzen würde.

Daß man, wenn die umständliche Darlegung des Fak-

tums nicht thunlich ist, die fehlende Beweiskraft durch die
Anzahl der Beispiele ergänzen kann, haben wir schon eingeräumt, aber es ist nicht zu läugnen, daß dies ein gefährlicher Ausweg ist, der häufig gemißbraucht wird. Statt
eines sehr umständlich dargelegten Falles, begnügt man
sich, drei oder vier bloß zu berühren, und gewinnt dadurch den Schein eines starken Beweises. Aber es giebt
Gegenstände, wo ein ganzes Dutzend aufgeführter Fälle
Nichts beweis't, wenn sie sich nämlich häufig wiederholen,
und es also eben so leicht ist, ein Dutzend Fälle mit entge-
gengesetztem Ausgang dawider anzuführen. Wer uns ein
Dutzend verlorner Schlachten nennt, in welchen der Geschlagene in getrennten Kolonnen angriff, dem können wir
ein Dutzend gewonnene nennen, wo eben diese Ordnung
gebraucht wurde. Man sieht, daß auf diese Weise kein
Resultat zu erreichen wäre.

Wenn man sich diese verschiedenen Verhältnisse überlegt, so wird man einsehen, wie leicht mit Beispielen Mißbrauch getrieben werden kann.

Ein Ereigniß, was nicht in allen seinen Theilen sorgfältig aufgebaut, sondern im Fluge berührt wird, ist wie
ein aus zu großer Entfernung gesehener Gegenstand, an
dem man die Lage seiner Theile nicht mehr unterscheiden
kann, und der von allen Seiten ein gleiches Ansehen hat.
Wirklich haben solche Beispiele den widersprechendsten
Meinungen zur Stütze dienen müssen. Dem Einen sind
Daun's Feldzüge das Muster weiser Behutsamkeit, dem
Andern der Zaghaftigkeit und Unentschlossenheit. Bonaparte's Vordringen über die norischen Alpen im Jahre
1797 kann als die herrlichste Entschlossenheit, aber auch
als eine wahre Unbesonnenheit erscheinen; seine strategische
Niederlage 1812 kann als eine Folge eines Übermaaßes

an Energie, aber auch eines Mangels daran, vorgestellt werden. Alle diese Meinungen sind vorgekommen, und man begreift wohl, wie sie haben entstehen können, weil jede sich den Zusammenhang der Dinge anders gedacht hat. Gleichwohl können diese widersprechenden Meinungen nicht mit einander bestehen, und eine von beiden muß also nothwendig unwahr sein.

So sehr viel Dank wir dem vortrefflichen Feuquieres für die zahlreichen Beispiele schuldig sind, womit er seine Memoiren ausgerüstet hat, theils weil dadurch eine Menge historischer Nachrichten auf uns gekommen sind, die wir sonst entbehren würden, theils weil er dadurch zuerst eine sehr nützliche Annäherung theoretischer, d. h., abstrakter Vorstellungen an das praktische Leben bewirkt hat, insofern die angeführten Fälle als Erläuterung und nähere Bestimmung der theoretischen Behauptung zu betrachten sind: so hat er doch den Zweck, welchen er sich meistens dabei vorsetzt: die theoretischen Wahrheiten historisch zu erweisen, schwerlich bei einem unbefangenen Leser unserer Zeit erreichen können. Denn wenn er auch die Ereignisse zuweilen mit einiger Umständlichkeit erzählt, so fehlt doch viel daran, daß aus ihrem innern Zusammenhang die gezogenen Folgerungen nothwendig hervorgingen.

Aber das bloße Berühren von historischen Ereignissen hat noch den andern Nachtheil, daß ein Theil der Leser diese Ereignisse nicht hinreichend kennt, oder im Gedächtniß hat, um sich auch nur das dabei denken zu können, was sich der Autor dabei gedacht hat, so, daß für sie Nichts übrig bleibt, als sich imponiren zu lassen, oder ohne alle Überzeugung zu bleiben.

Es ist allerdings sehr schwer, geschichtliche Ereignisse so vor den Augen des Lesers aufzubauen, oder sich zutragen zu laſſen, wie es nöthig iſt, um ſie zu Beweiſen brauchen zu können, denn es fehlt den Schriftſtellern meiſtens eben ſo ſehr an den Mitteln als an Zeit und Raum dazu; wir behaupten aber, daß, wo es auf die Feſtſtellung einer neuen, oder einer zweifelhaften Meinung ankömmt, ein einziges gründlich dargeſtelltes Ereigniß belehrender iſt, als zehn bloß berührte. Das Hauptübel dieſer oberflächlichen Berührung liegt nicht darin, daß der Schriftſteller ſie giebt mit dem falſchen Anſpruch, dadurch Etwas beweiſen zu wollen, ſondern daß er dieſe Ereigniſſe nie ordentlich kennen gelernt hat, und daß von dieſer oberflächlichen leichtſinnigen Behandlung der Geſchichte dann hundert falſche Anſichten und theoretiſche Projektmachereien entſtehen, die nie zum Vorſchein gekommen wären, wenn der Schriftſteller die Verpflichtung hätte, Alles, was er Neues zu Markt bringt und aus der Geſchichte beweiſen will, aus dem genauen Zuſammenhang der Dinge unzweifelhaft hervorgehen zu laſſen.

Hat man ſich von dieſen Schwierigkeiten bei dem Gebrauch hiſtoriſcher Beiſpiele und von der Nothwendigkeit dieſer Förderung überzeugt, ſo wird man auch der Meinung ſein, daß die neueſte Kriegsgeſchichte immer das natürlichſte Feld für die Wahl der Beiſpiele ſein muß, inſoweit ſie nur hinreichend bekannt und bearbeitet iſt.

Nicht nur, daß entferntere Perioden andern Verhältniſſen angehören, alſo auch einer andern Kriegführung, und daß alſo ihre Ereigniſſe weniger lehrreich und praktiſch für uns ſind, ſondern es iſt auch natürlich, daß die Kriegsgeſchichte, wie jede andere, nach und nach eine Menge von kleinen Zügen und Umſtänden einbüßt, die ſie Anfangs noch aufzuweiſen hatte, daß ſie immer mehr an Farben und Leben verliert, wie ein ausgeblaßtes oder nachgedunkeltes Bild, so daß zuletzt nur noch die großen Massen und einzelne Züge zufällig stehen bleiben, die ein übertriebenes Gewicht dadurch bekommen.

Betrachten wir den Zustand der jetzigen Kriegführung, so müssen wir uns sagen, daß es hauptsächlich die Kriege bis zu dem östreichschen Erbfolgekriege sind, welche, wenigstens in der Bewaffnung, noch eine große Ähnlichkeit mit dem heutigen haben, und die, wenn sich auch sonst in den großen und kleinen Verhältnissen viel geändert hat, den heutigen Kriegen doch noch nahe genug stehen, um viel Belehrung aus ihnen zu ziehen. Ganz anders ist es schon mit dem spanischen Erbfolgekriege, wo das Feuergewehr noch nicht so ausgebildet, und die Reiterei noch die Hauptwaffe war. Je weiter man zurückgeht, um so unbrauchbarer wird die Kriegsgeschichte, wie sie zugleich um so ärmer und dürftiger wird. Am unbrauchbarsten und dürftigsten muß die Geschichte der alten Völker sein.

Aber diese Unbrauchbarkeit ist freilich keine absolute, sondern sie bezieht sich nur auf Gegenstände, die von der Kenntniß der genauen Umstände, oder von denjenigen Dingen abhängen, in welchen sich die Kriegführung geändert hat. Wie wenig wir auch von dem Hergange der Schlachten der Schweizer gegen die Östreicher, Burgunder und Franzosen unterrichtet sind, so finden wir doch darin zuerst die Überlegenheit eines guten Fußvolkes gegen die beste Reiterei mit den stärksten Zügen ausgesprochen. Ein allgemeiner Blick auf die Zeit der Condottieri lehrt uns, wie die ganze Kriegführung abhängig ist von dem Instrument, dessen man sich bedient, denn zu keiner andern Zeit hatten die im Kriege gebrauchten Streitkräfte so den Charakter eines eigenthümlichen Instruments, und waren so von dem übri-

übrigen Staats- und Volksleben getrennt. Die merkwürdige Art, wie Rom im zweiten punischen Kriege Carthago
bekämpfte, durch einen Angriff in Spanien und Afrika,
während Hannibal in Italien noch unbesiegt war: kann ein
Gegenstand sehr lehrreicher Betrachtung sein, weil die allgemeinen Verhältnisse der Staaten und Heere, worauf die
Wirksamkeit dieses indirekten Widerstandes beruhte, noch
hinreichend bekannt sind.

Aber je weiter die Dinge in das Einzelne hinunter-
steigen, und sich von den allgemeinsten Verhältnissen entfernen, um so weniger können wir die Muster und Erfahrungen in sehr entfernten Zeiten aufsuchen, denn wir
sind weder im Stande die entsprechenden Ereignisse gehörig
zu würdigen, noch auf unsere ganz veränderten Mittel anzuwenden.

Es ist aber leider zu allen Zeiten die Neigung der
Schriftsteller sehr groß gewesen, die Begebenheiten des Al-
terthums im Munde zu führen. Wir wollen unentschieden
lassen, wie viel Antheil Eitelkeit und Charlatanerie daran
haben können, aber wir vermissen dabei meistens die redliche
Absicht, das eifrige Bestreben zu belehren und zu überzeugen, und können solche Allusionen dann nur für Zierrathen
halten, womit Lücken und Fehler bedeckt werden sollen.

Unendlich groß wäre das Verdienst den Krieg in
lauter historischen Beispielen zu lehren, wie Feuquières sich
vorgesetzt hatte; aber es wäre reichlich das Werk eines
ganzen Menschenlebens, wenn man bedenkt, daß der, welcher es unternimmt, doch erst durch eine eigene lange
Kriegserfahrung dazu ausgerüstet sein muß.

Wer von innern Kräften angeregt sich ein solches
Werk vorsetzen will, der rüste sich zu dem frommen Unter-

I

nehmen, wie zu einer weiten Pilgerfahrt aus. Er opfere
Zeit und scheue keine Anstrengung, er fürchte keine zeitliche
Gewalt und Größe, er erhebe sich über eigene Eitelkeit und
falsche Schaam, um, nach dem Ausdruck des französischen
Codex, die Wahrheit zu sagen, Nichts als die
Wahrheit, die ganze Wahrheit.

Drittes Buch.

Von der Strategie überhaupt.

Erstes Kapitel.
Strategie.

—

Der Begriff ist festgestellt im zweiten Kapitel des zweiten Buchs. Sie ist der Gebrauch des Gefechts zum Zweck des Krieges. Sie hat es eigentlich nur mit dem Gefecht zu thun, aber ihre Theorie muß den Träger dieser eigentlichen Thätigkeit, die Streitkraft, an sich und in ihren Hauptbeziehungen mit betrachten, denn das Gefecht wird durch sie gegeben, und äußert seine Wirkungen wieder zunächst auf sie. Das Gefecht selbst muß sie in Beziehung auf seine möglichen Erfolge kennen lehren, und die Kräfte des Geistes und Gemüths, welche bei dem Gebrauch desselben die wichtigsten sind.

Die Strategie ist der Gebrauch des Gefechts zum Zweck des Krieges; sie muß also dem ganzen kriegerischen Akt ein Ziel setzen, welches dem Zweck desselben entspricht, d. h. sie entwirft den Kriegsplan, und an dieses Ziel knüpft sie die Reihe der Handlungen an, welche zu demselben führen sollen, d. h. sie macht die Entwürfe zu den einzelnen Feldzügen, und ordnet in diesen die einzelnen Gefechte an. Da sich alle diese Dinge meistens nur nach Voraussetzungen bestimmen lassen, die nicht alle zutreffen, eine Menge anderer mehr ins Einzelne gehender Bestimmungen sich aber gar nicht vorher geben lassen: so folgt von selbst, daß die Strategie mit ins Feld ziehen muß, um das Einzelne an Ort und Stelle anzuordnen, und für das Ganze die Modifikationen zu treffen, die unaufhörlich erforderlich werden. Sie kann also ihre Hand in keinem Augenblick von dem Werke abziehen.

Daß man dies, wenigstens was das Ganze betrifft, nicht immer so angesehen hat, beweis't die frühere Gewohnheit, die Strategie im Kabinet zu haben und nicht bei der Armee, welches nur dann zulässig ist, wenn das Kabinet dem Heer so nahe bleibt, daß es für das große Hauptquartier desselben genommen werden kann.

Die Theorie wird also der Strategie in diesem Entwurfe folgen, oder richtiger gesagt, sie wird die Dinge an sich und in ihren Verhältnissen zu einander beleuchten, und das Wenige herausheben, was sich als Grundsatz oder Regel ergiebt.

Wenn wir uns aus dem ersten Kapitel erinnern, wie viel Gegenstände der größten Art der Krieg berührt, so werden wir begreifen, daß die Berücksichtigung aller einen seltenen Blick des Geistes voraussetzt.

Ein Fürst oder Feldherr, welcher seinen Krieg genau nach seinen Zwecken und Mitteln einzurichten weiß, nicht zu viel und nicht zu wenig thut, giebt dadurch den größten Beweis seines Genies. Aber die Wirkungen dieser Genialität zeigen sich nicht sowohl in neuerfundenen Formen des Handelns, welche sogleich in die Augen fallen würden, als in dem glücklichen Endresultat des Ganzen. Es ist das richtige Zutreffen der stillen Voraussetzungen, es ist die geräuschlose Harmonie des ganzen Handelns, welche wir bewundern sollten, und die sich erst in dem Gesammterfolg verkündet.

Derjenige Forscher, welcher, von diesem Gesammterfolg aus, jener Harmonie nicht auf die Spur kommt,
der sucht die Genialität leicht da, wo sie nicht ist und
sein kann.

Es sind nämlich die Mittel und Formen, deren sich
die Strategie bedient, so höchst einfach, durch ihre beständ-
dige Wiederkehr so bekannt, daß es dem gesunden Menschenverstand nur lächerlich vorkommen kann, wenn er so häufig
die Kritik mit einer geschraubten Emphase davon sprechen
hört. Eine tausendmal vorgekommene Umgehung wird hier
wie der Zug der glänzendsten Genialität, dort der tiefsten
Einsicht, ja selbst des umfassendsten Wissens gepriesen. Kann
es abgeschmacktere Auswüchse in der Bücherwelt geben?

Immer lächerlicher wird es, wenn man sich noch hin-
zudenkt, daß eben diese Kritik nach der gemeinsten Meinung alle moralischen Größen von der Theorie ausschließt,
und es nur mit dem Materiellen zu thun haben will, so,
daß Alles auf ein Paar mathematische Verhältnisse von
Gleichgewicht und Überlegenheit, von Zeit und Raum und
auf ein Paar Winkel und Linien beschränkt wird. Wäre
es Nichts als Das, so würde sich ja aus solcher Misere
kaum eine wissenschaftliche Aufgabe für einen Schulknaben
bilden lassen.

Aber gestehen wir nur: es ist hier von wissenschaftlichen Formen und Aufgaben gar nicht die Rede; die
Verhältnisse der materiellen Dinge sind alle sehr einfach;
schwieriger ist das Auffassen der geistigen Kräfte, die im
Spiel sind. Aber auch bei diesen sind die Geistesverwicke-
lungen, und die große Mannigfaltigkeit der Größen und
Verhältnisse nur in den höchsten Regionen der Strategie
zu suchen, da wo sie an die Politik und Staatskunst
grenzt, oder vielmehr Beides selbst wird, und da haben sie,

wie wir schon gesagt haben, mehr Einfluß auf das Wie-
viel und Wiewenig, als auf die Form der Ausführung.
Wo diese vorherrscht, wie bei den einzelnen, großen und
kleinen Begebenheiten des Krieges, da sind die geistigen
Größen schon auf eine geringe Anzahl zurückgebracht.

So ist denn in der Strategie Alles sehr einfach, aber
darum nicht auch Alles sehr leicht. Ist aus den Verhältnissen
des Staates einmal bestimmt, was der Krieg soll und
was er kann, so ist der Weg dazu leicht gefunden; aber
diesen Weg unverrückt zu verfolgen, den Plan durchzuführen, nicht durch tausend Veranlassungen tausendmal davon
abgebracht zu werden: das erfordert, außer einer großen
Stärke des Charakters, eine große Klarheit und Sicherheit des Geistes; und von tausend Menschen, die ausgezeichnet sein können, der eine durch Geist, der andere durch
Scharfsinn, wieder andere durch Kühnheit oder durch Wil-
lensstärke: wird vielleicht nicht einer die Eigenschaften in
sich vereinigen, die ihn in der Bahn des Feldherrn über
die Linie des Mittelmäßigen erheben.

Es klingt sonderbar, ist aber gewiß für Alle, die den
Krieg in dieser Beziehung kennen, ausgemacht: daß zu
einem wichtigen Entschluß in der Strategie viel mehr
Stärke des Willens gehört als in der Taktik. In dieser
reißt der Augenblick mit fort, der Handelnde fühlt sich in
einem Strudel fortgezogen, gegen den er ohne die verderb-
lichsten Folgen nicht ankämpfen darf, er unterdrückt die
aufsteigenden Bedenklichkeiten, und wagt muthig weiter.
In der Strategie, wo Alles viel langsamer abläuft, ist
den eigenen und fremden Bedenklichkeiten, Einwendungen
und Vorstellungen, und also auch der unzeitigen Reue viel
mehr Raum gegönnt, und da man die Dinge in der
Strategie nicht, wie in der Taktik, wenigstens zur Hälfte

mit eigenen leiblichen Augen sieht, sondern Alles errathen und vermuthen muß: so ist auch die Überzeugung weniger kräftig. Die Folge ist, daß die meisten Generale, wo sie handeln sollten, in falschen Bedenklichkeiten stecken bleiben.

Jetzt werfen wir einen Blick in die Geschichte; er fällt auf Friedrichs des Großen Feldzug von 1760, berühmt durch die schönen Märsche und Manöver, ein rechtes Kunstwerk strategischer Meisterschaft, wie uns die Kritik rühmt. Sollen wir nun da außer uns gerathen vor Bewunderung, daß der König nun Daun's rechte Flanke umgehen wollte, nun seine linke, dann wieder die rechte u. s. w. Sollen wir darin eine tiefe Weisheit sehen? Nein, das können wir nicht, wenn wir natürlich und ohne Ziererei urtheilen wollen. Wir müssen vielmehr zuvörderst des Königs Weisheit bewundern, der bei seinen beschränkten Kräften, ein großes Ziel verfolgend, Nichts unternahm, was diesen Kräften nicht entsprochen hätte, und gerade genug, um seinen Zweck zu erreichen. Diese Weisheit des Feldherrn ist nicht bloß in diesem Feldzug sichtbar, sondern über alle drei Kriege des großen Königs verbreitet.

Schlesien in den sichern Hafen eines wohl garantirten Friedens zu bringen, war sein Zweck.

An der Spitze eines kleinen Staates, den übrigen Staaten in den meisten Dingen ähnlich, und nur durch einige Zweige der Verwaltung vor ihnen ausgezeichnet, konnte er kein Alexander werden, und als Karl der XII. würde er sich, wie jener, das Haupt zerschellt haben. Wir finden daher in seiner ganzen Kriegführung jene verhaltene Kraft, die immer im Gleichgewicht schwebt, die es nie an Nachdruck fehlen läßt, sich im Augenblick großer Bedrängniß zum Erstaunenswürdigen erhebt, und im nächsten Augenblick wieder ruhig fort oszillirt, um dem Spiel der leisesten politischen Regungen sich unterzuordnen. Weder Eitelkeit, noch Ehrgeiz, noch Rachsucht können ihn von dieser Bahn entfernen, und diese Bahn allein ist es, die ihn an den glücklichen Ausgang des Streites geführt hat.

Wie wenig vermögen diese Paar Worte, jene Seite des großen Feldherrn zu würdigen; nur wenn man den wunderbaren Ausgang dieses Kampfes sorgfältig ins Auge faßt, und den Ursachen nachspürt, die ihn herbei geführt: wird man von der Überzeugung durchdrungen, daß nur des Königs scharfer Blick ihn durch alle Klippen glücklich geführt hat.

Dies ist die eine Seite, welche wir an diesem großen Feldherrn bewundern, in dem Feldzug von 1760 und in allen andern, aber in diesem vorzugsweise, weil er in keinem einer so überlegenen feindlichen Macht mit so geringen Opfern das Gleichgewicht gehalten hat.

Die andere Seite trifft die Schwierigkeit der Ausführung. Die Märsche zu einer Umgehung rechts und links sind leicht entworfen; der Gedanke, sein Häuflein immer dicht beisammen zu halten, um dem zerstreuten Feinde überall gewachsen zu sein, sich mit schnellen Bewegungen zu vervielfältigen: ist eben so leicht gefunden als ausgesprochen; die Erfindung also kann unsere Bewunderung nicht erwecken, und von so einfachen Dingen bleibt nichts übrig, als zu gestehen, daß sie einfach sind.

Aber ein Feldherr versuche es einmal, diese Dinge Friedrich dem Großen nachzuthun. Lange hinterher haben Schriftsteller, die Augenzeugen waren, von der Gefahr, ja von der Unvorsichtigkeit gesprochen, welche mit des Königs Lägern verbunden gewesen, und wir dürfen nicht zweifeln, daß im Augenblick, wo er sie nahm, diese Gefahr dreimal so groß erschien als hinterher.

Eben so war es mit den Märschen unter den Augen, oft unter den Kanonen des feindlichen Heeres. Friedrich der Große nahm jene Läger und that diese Märsche, weil er in Daun's Verfahrungsweise, in seiner Aufstellungsart, seiner Verantwortlichkeit und seinem Charakter diejenige Sicherung fand, die seine Läger und Märsche gewagt, aber nicht unbesonnen machten. Aber es gehörte des Königs Kühnheit, Entschlossenheit, und die Stärke seines Willens dazu: um die Dinge so zu sehen, und nicht von der Gefahr, von welcher man 30 Jahre hinterher noch schreiben und sprechen konnte, irre gemacht und abgeschreckt zu werden. Wenige Feldherren würden an Ort und Stelle diese einfachen Mittel der Strategie ausführbar geglaubt haben.

Nun wieder eine andere Schwierigkeit der Ausführung: des Königs Armee ist in diesem Feldzuge unaufhörlich in Bewegung. Zweimal zieht sie hinter Daun her, und, gefolgt von Lascy, auf schlechten Nebenwegen, von der Elbe nach Schlesien (Anfangs Juli und Anfangs August). Sie muß in jedem Augenblick schlagfertig sein, und ihre Märsche mit einer Kunst einrichten, die nothwendig eine eben so große Anstrengung zur Folge hat. Obgleich von Tausenden von Wagen begleitet und aufgehalten, ist ihre Verpflegung doch nur höchst kümmerlich. In Schlesien ist sie bis zur Schlacht von Liegnitz, 8 Tage lang, in beständigen Nachtmärschen verwickelt, immer in Auf- und Niederziehen an der feindlichen Fronte begriffen; — das kostet gewaltige Anstrengungen, das fordert große Entbehrungen.

Kann man glauben, daß sich das Alles zugetragen habe ohne eine starke Friktion in der Maschine? Kann der Geist des Feldherrn solche Bewegungen mit der Leichtigkeit hervorbringen, wie die Hand des Feldmessers die Bewegungen seines Astrolabiums? Durchschneidet nicht der

der Anblick dieser Mühseligkeiten der armen hungernden
und durstenden Kampfgenossen tausendmal das Herz der
Führer und des obersten Führers? Kommen nicht die Kla-
gen und Bedenklichkeiten darüber an sein Ohr? Hat ein
gewöhnlicher Mensch Muth, dergleichen zu begehren, und
werden solche Anstrengungen nicht unvermeidlich den Geist
des Heeres herunterbringen, seine Ordnung lösen, kurz seine
militärische Tugend untergraben, wenn nicht ein mächtiges
Vertrauen zu der Größe und Unfehlbarkeit des Feldherrn
Alles gut macht? — Hier also ist es, wo man Respekt
haben soll; diese Wunder der Ausführung sind es, welche
wir bewundern müssen. Alles dies aber fühlt sich mit seinem ganzen Gewicht nur, wenn man durch die Erfahrung
einen Vorschmack davon bekommen; wer den Krieg nur
aus Büchern und von Exerzierplätzen kennt, für den ist
im Grunde dieses ganze Gegengewicht des Handelns nicht
vorhanden; er möge daher, was ihm aus eigener Erfahrung nicht werden kann, von uns auf Treu und Glauben
annehmen.

Wir haben durch dieses Beispiel dem Gange unserer
Vorstellungen mehr Klarheit geben wollen, und eilen nun,
zum Schluß dieses Kapitels zu sagen: daß wir in unserer
Darstellung der Strategie diejenigen einzelnen Gegenstände
derselben, welche uns die wichtigsten scheinen, sie mögen nun
materieller oder geistiger Natur sein, auf unsere Weise
charakterisiren, von dem Einzelnen zum Zusammengesetzten
fortschreiten, und mit dem Zusammenhang des ganzen kriegerischen Aktes, d. h. mit dem Kriegs- und Feldzugsplan,
schließen werden.

Anmerk. In dem Manuscript einer früheren Bearbeitung des zweiten Buches befinden sich folgende Stellen von der Hand des Verfassers: für das erste Kapitel des dritten Buches zu benutzen, bezeichnet. Die beabsichtigte Umarbeitung dieses Kapitels unterblieb, man giebt daher die erwähnten Stellen ihrem vollen Inhalte nach.

———

Durch die bloße Aufstellung von Streitkräften auf einem Punkt wird ein Gefecht daselbst bloß möglich, und nicht immer findet es wirklich Statt. Ist nun jene Möglichkeit schon als Realität zu betrachten, als ein wirkliches Ding? Allerdings. Sie wird es durch ihre Folgen, und diese Wirkungen, welche sie auch sein mögen, können niemals fehlen.

Mögliche Gefechte sind, der Folgen wegen, als wirkliche zu betrachten.

Wenn man einen Haufen absendet, um dem fliehenden Feinde den Rückweg zu versperren, und er sich darauf ergiebt, ohne weiter zu fechten: so ist es doch nur das Gefecht, welches ihm dieser abgesandte Haufen anbietet, wodurch sein Entschluß hervorgebracht ist.

Wenn ein Theil unseres Heeres eine feindliche Provinz besetzt, die ohne Vertheidigung war, und dem Feinde dadurch beträchtliche Kräfte zur Ergänzung seines Heeres entzieht: so ist es nur das Gefecht, welches dieser abgesandte Theil dem Feinde vorher sehen läßt, im Fall er die Provinz wieder nehmen wollte, wodurch wir im Besitz derselben bleiben.

In beiden Fällen hat also die bloße Möglichkeit des Gefechts Folgen gehabt, und ist dadurch in die Reihe der wirklichen Dinge getreten. Gesetzt: der Feind hätte in beiden Fällen unseren Korps andere entgegen gestellt, denen sie nicht gewachsen wären, und sie dadurch bewogen, ohne Gefecht ihren Zweck aufzugeben: so ist zwar unser Zweck verfehlt, aber das Gefecht, welches wir dem Feinde auf diesem Punkte anboten, darum doch nicht ohne Wirkung geblieben, denn es hat die feindlichen Kräfte herbeigezogen. Selbst dann, wenn uns das ganze Unternehmen zum Schaden gereicht, kann man nicht sagen, daß jene Aufstellungen, jene möglichen Gefechte ohne Wirkung geblieben seien; diese Wirkungen sind dann denen eines verlorenen Gefechts ähnlich.

Auf diese Weise zeigt sich, daß die Vernichtung der feindlichen Streitkräfte und die Niederwerfung der feindlichen Macht nur durch die Wirkungen des Gefechtes geschehen, sei es, daß es wirklich stattfinde, oder, daß es bloß angeboten und nicht angenommen werde.

Doppelter Zweck des Gefechts.

Aber diese Wirkungen sind auch doppelter Art: unmittelbare und mittelbare. Das Letztere sind sie, wenn andere Gegenstände sich einschieben, und Zweck des Gefechts werden, die nicht schon an sich als Vernichtung feindlicher Streitkräfte angesehen werden können, sondern die erst dazu führen sollen, zwar mit einem Umweg, aber mit um so größerer Gewalt. Der Besitz von Provinzen, Städten, Festungen, Straßen, Brücken, Magazinen u. s. w. kann der nächste Zweck eines Gefechts sein, aber niemals der letzte. Immer müssen diese Gegenstände nur als Mittel zu größerer Überlegenheit angesehen werden, um dem Gegner zuletzt in solcher Lage das Gefecht anzubieten, daß es ihm unmöglich ist dasselbe anzunehmen. Es sind also alle diese

Dinge nur als Zwischenglieder, gleichsam als Leiter des wirksamen Prinzips anzusehen, niemals als das wirksame Prinzip selbst.

Beispiele.

Als man im Jahr 1814 Bonaparte's Hauptstadt eingenommen hatte, war der Zweck des Krieges erreicht. Die politischen Spaltungen, welche ihre Wurzel in Paris hatten, traten in Wirksamkeit, und ein ungeheurer Riß ließ die Macht des Imperators in sich zusammen sinken. Nichts desto weniger ist man genöthigt, alles dies unter dem Gesichtspunkte zu betrachten, daß dadurch die Streitkraft und die Widerstandsfähigkeit Bonaparte's plötzlich sehr vermindert, die Überlegenheit der Verbündeten also in eben dem Maaße erhöht, und nun jeder fernere Widerstand unmöglich wurde. Diese Unmöglichkeit war es, die den Frieden mit Frankreich gab. Denkt man sich die Streitkräfte in diesem Augenblick durch äußere Umstände in eben dem Maaße verringert, verschwindet die Überlegenheit, so verschwindet auch die ganze Wirkung und Wichtigkeit der Einnahme von Paris.

Wir haben diese Vorstellungsreihe durchlaufen, um zu zeigen, daß dies die natürliche und einzig wahre Ansicht der Sache ist, woraus sich ihre Wichtigkeit ergiebt. Sie führt unaufhörlich zu der Frage zurück: welches wird in jedem Augenblick des Krieges und des Feldzuges der wahrscheinliche Erfolg der großen und kleinen Gefechte sein, die beide Theile einander anzubieten haben? Nur diese Frage entscheidet bei dem Durchdenken eines Feldzugs- oder Kriegsplans über die Maaßregeln, die man von vorn herein zu nehmen hat.

Sieht man es nicht so an, so giebt man andern Dingen einen falschen Werth.

Gewöhnt man sich nicht, den Krieg und im Kriege den einzelnen Feldzug als eine Kette zu betrachten, die aus lauter Gefechten zusammengesetzt ist, wo eins immer das andere herbeiführt, giebt man sich der Vorstellung hin, daß die Einnahme gewisser geographischer Punkte, die Besitznahme unvertheidigter Provinzen an sich Etwas sei: so ist man auch nahe daran, es als einen Vortheil zu betrachten, den man beiher einstecken könnte, und indem man es so, und nicht als ein Glied in der ganzen Reihe der Begebenheiten betrachtet, frägt man sich nicht, ob dieser Besitz nicht später zu größern Nachtheilen führen wird. Wie oft finden wir diesen Fehler in der Kriegsgeschichte wieder. Man möchte sagen: so wie der Negociant den Gewinn einer einzelnen Unternehmung nicht bei Seite und in Sicherheit bringen kann, so kann auch im Kriege ein einzelner Vortheil nicht von dem Erfolg des Ganzen gesondert werden. So wie jener immer mit der ganzen Masse seines Vermögens wirken muß, eben so wird im Kriege nur die endliche Summe über den Vortheil und Nachtheil des Einzelnen entscheiden.

Ist aber der Blick des Geistes immer auf die Reihe der Gefechte gerichtet, so weit sie sich vorher übersehen läßt: so ist er auch immer auf dem geraden Wege zum Ziele, und dabei bekömmt die Bewegung der Kraft diejenige Geschwindigkeit, d. h. Wollen und Handeln diejenige Energie, die der Sache gemäß, und nicht von fremdartigen Einflüssen gestört ist.

Zweites Kapitel.

Elemente der Strategie.

Man kann die in der Strategie den Gebrauch des Gefechtes bedingenden Ursachen füglich in Elemente verschiedener Art abtheilen, nämlich in die moralischen, die physischen, die mathematischen, die geographischen und die statistischen Elemente.

In die Klasse der ersteren würde Alles gehören, was durch geistige Eigenschaften und Wirkungen hervorgerufen wird; in die zweite Klasse die Größe der Streitkräfte, ihre Zusammensetzung, das Verhältniß der Waffen u. s. w.; in die dritte Klasse die Winkel der Operationslinien, die konzentrischen und exzentrischen Bewegungen, insofern ihre geometrische Natur einen Werth in der Rechnung bekommt; in die vierte der Einfluß der Gegend, als: dominirende Punkte, Gebirge, Flüsse, Wälder, Straßen; in die fünfte endlich die Mittel des Unterhalts u. s. w. Daß man sich diese Elemente einmal getrennt denke, hat sein Gutes, um Klarheit in die Vorstellungen zu bringen, und um den größeren oder geringeren Werth dieser verschiedenen Klassen gleich im Vorbeigehen zu schätzen. Denn indem man sie sich getrennt denkt, verlieren manche von selbst die erborgte Wichtigkeit; man fühlt z. B. gleich deutlich, daß der Werth einer Operationsbasis, wenn man davon auch Nichts als die Lage der Operationslinie betrachten wollte, doch in dieser einfachen Gestalt immer noch viel weniger von dem geometrischen Element der Winkel abhängt, die sie mit einander machen, als von der Beschaffenheit der Wege und der Gegend, durch welche sie führen.

I   14

Wenn man aber die Strategie nach diesen Elementen abhandeln wollte, so wäre das der unglücklichste Gedanke, den man haben könnte, denn diese Elemente sind meistens in den einzelnen kriegerischen Akten vielfach und innig mit einander verbunden; man würde sich in der leblosesten Analyse verlieren, und, wie in einem bösen Traum, würde man ewig umsonst versuchen, von diesen abstrakten Grundlagen, den Bogen zu den Erscheinungen der wirklichen Welt hinüber zu wölben. Der Himmel behüte einen jeden Theoretiker vor einem solchen Beginnen. Wir wollen uns an die Welt der Totalerscheinungen halten und unsere Analyse nicht weiter treiben, als jedesmal zur Verständlichkeit des Gedankens nothwendig ist, den wir mittheilen wollen, und der uns nicht etwa bei einer spekulativen Untersuchung, sondern durch den Eindruck der Totalerscheinungen des Krieges geworden ist.

Drittes Kapitel.
Moralische Größen.

Noch einmal müssen wir auf diesen Gegenstand zurückkommen, den wir im dritten Kapitel des zweiten Buchs berührt haben, weil die moralischen Größen zu den wichtigsten Gegenständen des Krieges gehören. Es sind die Geister, welche das ganze Element des Krieges durchdringen, und die sich an den Willen, der die ganze Masse der Kräfte in Bewegung setzt und leitet, früher und mit stärkerer Affinität anschließen, gleichsam mit ihm in Eins zusammenrinnen, weil er selbst eine moralische Größe ist.

Leider suchen sie sich aller Bücherweisheit zu entziehen, weil sie sich weder in Zahlen noch in Klassen bringen lassen, und gesehen oder empfunden sein wollen.

Der Geist und die übrigen moralischen Eigenschaften des Heeres, des Feldherrn, der Regierungen, die Stimmung der Provinzen, worin der Krieg geführt wird, die moralische Wirkung eines Sieges oder einer Niederlage sind Dinge, die an sich sehr verschiedenartig sind, und in ihrer Stellung zu unserem Zweck und unseren Verhältnissen wieder sehr verschiedenartigen Einfluß haben können.

Wenn sich auch in Büchern darüber Wenig oder Nichts sagen läßt, so gehören diese Dinge darum doch zur Theorie der Kriegskunst, so gut wie alles Andere was den Krieg ausmacht. Denn ich muß es noch einmal sagen: es ist doch eine armselige Philosophie, wenn man nach alter Art seine Regeln und Grundsätze diesseit aller moralischen Größen abschließt, und so wie diese erscheinen, die Ausnahmen zu zählen anfängt, die man dadurch gewissermaßen wissenschaftlich konstituirt, d. h. zur Regel macht; oder wenn man sich dadurch hilft, an das Genie zu appelliren, welches über alle Regeln erhaben ist, wodurch man im Grunde zu verstehen giebt, daß die Regeln nicht allein für Dummköpfe geschrieben werden, sondern auch wirklich selbst dumm sein müssen.

Wenn die Theorie der Kriegskunst wirklich auch weiter Nichts thun könnte, als daß sie an diese Gegenstände erinnert, daß sie die Nothwendigkeit darthut, die moralischen Größen in ihrem ganzen Werth zu würdigen, und in die Rechnung mit aufzunehmen: so hätte sie ihre Grenzen schon über dieses Reich der Geister ausgedehnt, und durch die Feststellung dieser Gesichtspunkte Jeden im Voraus verurtheilt, der sich bloß mit dem physischen

14*

Verhältniß der Kräfte vor ihrem Richterstuhl rechtfertigen wollte.

Aber auch um aller übrigen, sogenannten Regeln willen darf die Theorie die moralischen Größen nicht aus ihren Grenzen verweisen, weil die Wirkungen der physischen Kräfte mit den Wirkungen der moralischen ganz verschmolzen, und nicht wie eine metallische Legirung durch einen chemischen Prozeß davon zu scheiden sind. Bei jeder auf die physischen Kräfte sich beziehenden Regel muß der Theorie im Geist der Antheil vorschweben, den die moralischen Größen dabei haben können: wenn sie sich nicht zu kategorischen Sätzen verleiten lassen soll, die bald zu furchtsam und beschränkt, bald zu anmaßend und ausgedehnt sind. Selbst die geistlosesten Theorieen haben, sich selbst unbewußt, in dieses Geisterreich hinüber schweifen müssen; denn es läßt sich z. B. kein Sieg in seinen Wirkungen einigermaßen erklären, ohne auf die moralischen Eindrücke Rücksicht zu nehmen. Und so sind denn auch die meisten Gegenstände, welche wir in diesem Buch durchlaufen, halb aus physischen, halb aus moralischen Ursachen und Wirkungen zusammengesetzt, und man mögte sagen: die physischen erscheinen fast nur wie das hölzerne Heft, während die moralischen das edle Metall, die eigentliche, blank geschliffene Waffe sind.

Am besten wird der Werth der moralischen Größen überhaupt bewiesen, und ihr oft unglaublicher Einfluß gezeigt: durch die Geschichte; und dies ist der edelste und gediegenste Nahrungsstoff, den der Geist des Feldherrn aus ihr zieht. — Dabei ist zu bemerken, daß Demonstrationen und kritische Untersuchungen und gelehrte Abhandlungen es weniger sind, als Empfindungen, Totaleindrücke

und einzelne sprühende Geistesfunken, die die Weisheits-
körner absetzen, welche die Seele befruchten sollen.

Wir könnten die hauptsächlichsten der moralischen Erscheinungen im Kriege durchgehen, und mit der Sorgfalt
eines fleißigen Docenten versuchen, was sich über eine jede
Gutes oder Schlechtes beibringen ließe. Aber da man bei
dieser Methode nur zu sehr in Gemeinsprüche und Alltäglichkeiten verfällt, während der eigentliche Geist in der Analyse schnell entweicht: so kommt man unvermerkt dazu,
Dinge zu erzählen, die jeder Mensch weiß. Wir ziehen
es daher vor, hier noch mehr als sonst, unvollständig und
rhapsodisch zu bleiben, im Allgemeinen auf die Wichtigkeit
der Sache aufmerksam gemacht, und den Geist angedeutet zu haben, in welchem die Ansichten dieses Buchs
aufgefaßt sind.

Viertes Kapitel.
Die moralischen Hauptpotenzen.

Sie sind: die Talente des Feldherrn, kriegerische Tugend des Heeres, Volksgeist desselben.
Welcher dieser Gegenstände mehr Werth hat, kann Niemand im Allgemeinen bestimmen, denn es ist schon an sich
schwer, von ihrer Größe überhaupt Etwas auszusagen, und
noch schwerer, die Größe des einen an der Größe des andern abzuwägen. Das Beste ist, keinen gering zu achten,
wozu das menschliche Urtheil in seinem etwas grillenhaften
Hin- und Herlaufen bald auf dieser, bald auf jener Seite
geneigt ist. Es ist besser, sich für die unverkennbare Wirk-

samkeit dieser drei Gegenstände hinlängliche historische Zeugnisse aufzustellen.

Indessen ist es wahr, daß in der neueren Zeit die Heere der europäischen Staaten ziemlich alle auf denselben Punkt von innerer Fertigkeit und Ausbildung gekommen sind, und daß das Kriegführen sich, mit einem Ausdruck des Philosophen, so naturgemäß ausgebildet hat, dabei zu einer Art Methode geworden ist, die ziemlich alle Heere inne haben: daß auch von Seiten des Feldherrn auf die Anwendung besonderer Kunstmittel im engeren Sinn (etwa wie Friedrichs des Zweiten schiefe Schlachtordnung) nicht mehr zu rechnen ist. Es ist also nicht zu läugnen, daß, wie die Sachen jetzt stehen, dem Volksgeist und der Kriegsgewohnheit des Heeres ein um so größerer Spielraum bleibt. Ein langer Friede könnte dies wieder ändern.

Der Volksgeist des Heeres (Enthusiasmus, fanatischer Eifer, Glaube, Meinung) spricht sich im Gebirgskriege am stärksten aus, wo jeder sich selbst überlassen ist, bis zum einzelnen Soldaten hinab. Schon darum sind Gebirge für Volksbewaffnungen die besten Kampfplätze.

Kunstvolle Fertigkeit des Heeres und der gestählte Muth, der die Haufen zusammen hält, als wären sie aus einem Guß, zeigen sich am überlegensten in der freien Ebene.

Das Talent des Feldherrn hat den meisten Spielraum in einer durchschnittenen, hügelreichen Gegend. Im Gebirge ist er zu wenig Herr der einzelnen Theile und die Leitung aller geht über seine Kräfte; in der freien Ebene ist sie zu einfach, und erschöpft diese Kräfte nicht.

Nach diesen unverkennbaren Wahlverwandtschaften sollten sich die Entwürfe richten.

Fünftes Kapitel.

Kriegerische Tugend des Heeres.

Sie unterscheidet sich von der bloßen Tapferkeit, und noch mehr von dem Enthusiasmus für die Sache des Krieges. Die Erstere ist freilich ein nothwendiger Bestandtheil derselben, aber so wie sie, die in dem bloßen Menschen eine natürliche Anlage ist, bei einem Krieger, als einen Theil eines Heeres, auch aus Gewohnheit und Übung entstehen kann: so muß sie bei diesem auch eine andere Richtung haben als beim bloßen Menschen. Sie muß den Trieb nach ungezügelter Thätigkeit und Kraftäußerung verlieren, der ihr im Individuum eigen ist, sich selbst den Forderungen höherer Art, dem Gehorsam, der Ordnung, Regel und der Methode unterordnen. Der Enthusiasmus für die Sache giebt der kriegerischen Tugend eines Heeres Leben und stärkeres Feuer, aber er ist kein nothwendiger Bestandtheil derselben.

Krieg ist ein bestimmtes Geschäft (und wie allgemein auch seine Beziehung sei, und wenn auch alle waffenfähigen Männer eines Volkes dasselbe trieben, so würde es doch immer ein solches bleiben) verschieden und getrennt von den übrigen Thätigkeiten, die das Menschenleben in Anspruch nehmen. — Von dem Geiste und Wesen dieses Geschäftes durchdrungen sein, die Kräfte, die in ihm thätig sein sollen, in sich üben, erwecken und aufnehmen, das Geschäft mit dem Verstande ganz durchdringen, durch Übung Sicherheit und Leichtigkeit in demselben gewinnen, ganz darin aufgehen, aus dem Menschen übergehen in die Rolle, die uns darin angewiesen wird: das ist die kriegerische Tugend des Heeres in dem Einzelnen.

Wie ſorgfältig man ſich alſo auch den Bürger neben dem Krieger in einem und demſelben Individuum ausgebildet denken, wie ſehr man ſich die Kriege nationaliſiren, und wie weit man ſie ſich in einer Richtung hinaus denken möge, entgegengeſetzt den ehemaligen Condottieris: niemals wird man die Individualität des Geſchäftsgangs aufheben können, und wenn man das nicht kann, ſo werden auch immer diejenigen, welche es treiben, und ſo lange ſie es treiben, ſich als eine Art Innung anſehen, in deren Ordnungen, Geſetzen und Gewohnheiten ſich die Geiſter des Krieges vorzugsweiſe fixiren. Und ſo wird es auch in der That ſein. Man würde alſo, bei der entſchiedenſten Neigung den Krieg vom höchſten Standpunkt aus zu betrachten, ſehr Unrecht haben, den Innungsgeiſt (Esprit de Corps) mit Geringſchätzung anzuſehen, der mehr oder weniger in einem Heer vorhanden ſein kann und muß. Dieſer Innungsgeiſt giebt in Dem, was wir kriegeriſche Tugend des Heeres nennen, gewiſſermaßen das Bindemittel ab unter den natürlichen Kräften, die darin wirkſam ſind. Es ſchießen an dem Geiſt der Innung die Kryſtalle kriegeriſcher Tugend leichter an.

Ein Heer, welches in dem zerſtörendſten Feuer ſeine gewohnten Ordnungen behält, welches niemals von einer eingebildeten Furcht geſchreckt wird, und der gegründeten den Raum Fuß für Fuß ſtreitig macht, ſtolz im Gefühl ſeiner Siege, auch mitten im Verderben der Niederlage die Kraft zum Gehorſam nicht verliert, nicht die Achtung und das Zutrauen zu ſeinen Führern, deſſen körperliche Kräfte in der Übung von Entbehrung und Anſtrengung geſtärkt ſind, wie die Muskeln eines Athleten, welches dieſe Anſtrengungen anſieht als ein Mittel zum Siege, nicht als einen Fluch, der auf ſeinen Fahnen ruht, und welches an

alle diese Pflichten und Tugenden durch den kurzen Ka-
techismus einer einzigen Vorstellung erinnert wird, nämlich die Ehre seiner Waffen — ein solches Heer ist vom
kriegerischen Geiste durchdrungen.

Man kann sich vorzüglich schlagen wie die Vendeer,
und Großes bewirken wie die Schweizer, die Amerikaner,
die Spanier, ohne diese kriegerische Tugend zu entwickeln;
man kann sogar glücklich sein an der Spitze stehender
Heere, wie Eugen und Marlborough, ohne sich ihres Beistandes vorzüglich zu erfreuen; man soll also nicht sagen:
daß ein glücklicher Krieg ohne sie nicht denkbar sei, und
wir machen hierauf besonders aufmerksam, um den Begriff, welchen wir hier aufstellen, mehr zu individualisiren,
damit die Vorstellungen nicht im Allgemeinen verschwim-
men, und man nicht glaube, die kriegerische Tugend sei
am Ende Eins und Alles. So ist es nicht. Die kriegerische Tugend eines Heeres erscheint als eine bestimmte moralische Potenz, die man sich hinweg denken, deren Einfluß
man also schätzen — als ein Werkzeug, dessen Kraft man
berechnen kann.

Nachdem wir sie so charakterisirt haben, wollen wir
versuchen, was sich über ihren Einfluß sagen läßt und über
die Mittel ihn zu gewinnen.

Die kriegerische Tugend ist für die Theile überall,
was der Genius des Feldherrn für das Ganze ist. Nur
das Ganze kann der Feldherr leiten, nicht jeden einzelnen
Theil, und wo er den Theil nicht leiten kann, da muß der
kriegerische Geist sein Führer werden. Der Feldherr wird
gewählt nach dem Ruf seiner ausgezeichneten Eigenschaften;
die vornehmeren Führer großer Haufen nach sorgfältiger
Prüfung; aber diese Prüfung nimmt ab, je tiefer man
hinunter steigt, und in eben dem Maaße dürfen wir also

weniger auf individuelle Anlagen rechnen; was aber an diesen abgeht, muß die kriegerische Tugend ersetzen. Eben diese Rollen spielen die natürlichen Eigenschaften eines zum Kriege gerüsteten Volkes: Tapferkeit, Gewandtheit, Abhärtung und Enthusiasmus. Diese Eigenschaften also können den kriegerischen Geist ersetzen und umgekehrt, woraus sich denn Folgendes ergiebt:

1. Die kriegerische Tugend ist nur den stehenden Heeren eigen, sie bedürfen ihrer auch am meisten. Bei Volksbewaffnungen und Kriegen werden sie durch die natürlichen Eigenschaften ersetzt, die sich da schneller entwickeln.

2. Stehende Heere gegen stehende Heere können ihrer eher entbehren, als stehende Heere gegen Volksbewaffnungen; denn in diesem Falle sind die Kräfte getheilter, und die Theile sich mehr selbst überlassen. Wo das Heer aber zusammengehalten werden kann, nimmt der Genius des Feldherrn eine größere Stelle ein, und ersetzt was dem Geist des Heeres fehlt. Überhaupt wird also kriegerische Tugend um so nöthiger, je mehr der Kriegsschauplatz und andere Umstände den Krieg verwickelt machen, und die Kräfte zerstreuen.

Die einzige Lehre, welche sich aus diesen Wahrheiten ziehen läßt, ist die: daß man, wenn einem Heere diese Potenz abgeht, den Krieg so einfach als möglich einzurichten suche, oder seine Vorsorge für andere Punkte der Kriegseinrichtung verdoppele, und nicht etwa von dem bloßen Namen des stehenden Heeres erwarte, was nur die Sache leisten kann.

Es ist also die kriegerische Tugend des Heeres eine der bedeutendsten moralischen Potenzen im Kriege, und wo sie gefehlt hat, sehen wir entweder eine der andern sie ersetzen, wie die überlegene Größe des Feldherrn, der Enthusiasmus des Volkes, oder wir finden Wirkungen, die den gemachten Anstrengungen nicht entsprechen. — Wie viel Großes dieser Geist, diese Gediegenheit des Heeres, diese Veredlung des Erzes bis zum strahlenden Metall schon geleistet hat, sehen wir an den Macedoniern unter Alexander, den Römischen Legionen unter Cäsar, an der Spanischen Infanterie unter Alexander Farnese, den Schweden unter Gustav Adolph und Karl dem XII., den Preußen unter Friedrich dem Großen, und den Franzosen unter Bonaparte. Man müßte absichtlich die Augen verschließen gegen alle historischen Beweise, wenn man nicht zugeben wollte, daß die wunderbaren Erfolge dieser Feldherrn und ihre Größe in den schwierigsten Lagen nur bei einem so potenzirten Heere möglich waren.

Entstehen kann dieser Geist nur aus zwei Quellen und diese können ihn nur gemeinschaftlich erzeugen. Die erste ist eine Reihe von Kriegen und glücklichen Erfolgen, die andere eine oft bis zur höchsten Anstrengung getriebene Thätigkeit des Heeres. Nur in dieser lernt der Krieger seine Kräfte kennen. Je mehr ein Feldherr gewohnt ist, von seinen Soldaten zu fordern: um so sicherer ist er, daß die Forderung geleistet wird. Der Soldat ist eben so stolz auf überwundene Mühseligkeiten, als auf überstandene Gefahren. Also nur in dem Boden einer beständigen Thätigkeit und Anstrengung gedeiht dieser Keim; aber auch nur im Sonnenlicht des Sieges. Ist er einmal zum starken Baum ausgebildet, so widersteht er den größten Stürmen von Unglück und Niederlage, und sogar der trägen Ruhe des Friedens, wenigstens eine Zeit lang. Entstehen kann er also nur im Kriege und unter großen Feldherrn, aber dauern kann er freilich, wenigstens mehrere Generationen hindurch), auch unter mittelmäßigen, und bei beträchtlichen Friedensepochen.

Mit diesem erweiterten und veredelten Bandengeist einer narbenvollen abgehärteten Kriegerrotte soll man nicht das Selbstgefühl und die Eitelkeit stehender Heere vergleichen, die blos durch den Leim eines Dienst- und Exerzierreglements zusammengehalten werden. — Ein gewisser schwerer Ernst und strenge Dienstordnung können die kriegerische Tugend einer Truppe länger erhalten, aber sie erzeugen sie nicht; sie behalten darum immer ihren Werth, aber man soll sie nicht überschätzen. Ordnung, Fertigkeit, guter Wille, auch ein gewisser Stolz, und eine vorzügliche Stimmung: sind Eigenschaften eines im Frieden erzogenen Heeres, die man schätzen muß, die aber keine Selbstständigkeit haben. Das Ganze hält das Ganze, und wie beim zu schnell erkalteten Glase, zerbröckelt ein einziger Riß die ganze Masse. Besonders verwandelt sich die beste Stimmung von der Welt beim ersten Unfall nur zu leicht in Kleinmuth, und man mögte sagen, in eine Art von Großsprecherei der Angst; das französische Sauve qui peut. — Ein solches Heer vermag nur durch seinen Feldherrn Etwas, Nichts durch sich selbst. Es muß mit doppelter Vorsicht geführt werden, bis nach und nach in Sieg und Anstrengung die Kraft in die schwere Rüstung hineinwächst. Man hüte sich also, Geist des Heeres mit Stimmung desselben zu verwechseln.

Sechstes Kapitel.
Die Kühnheit.

Welche Stelle und Rolle die Kühnheit einnimmt in dem dynamischen System der Kräfte, wo sie der Vorsicht und Behutsamkeit entgegen steht: haben wir in dem Kapitel von der Sicherheit des Erfolgs gesagt, um damit zu zeigen, daß die Theorie kein Recht hat, sie unter dem Vorwande ihrer Gesetzgebung einzuschränken.

Aber diese edle Schwungkraft, womit die menschliche Seele sich über die drohendsten Gefahren erhebt, ist im Kriege auch als ein eigenes wirksames Prinzip zu betrachten. In der That, in welchem Gebiet menschlicher Thätigkeit sollte die Kühnheit ihr Bürgerrecht haben, wenn es nicht im Kriege wäre.

Sie ist vom Troßknecht und Tambour bis zum Feldherrn hinauf die edelste Tugend, der rechte Stahl, welcher der Waffe ihre Schärfe und ihren Glanz giebt.

Gestehen wir uns nur: sie hat im Kriege sogar eigene Vorrechte. Über den Erfolg des Kalküls mit Raum, Zeit und Größe hinaus, müssen ihr noch gewisse Prozente zugestanden werden, die sie jedesmal, wo sie sich überlegen zeigt, aus der Schwäche der andern zieht. Sie ist also eine wahrhaft schöpferische Kraft. Dies ist selbst philosophisch nicht schwer nachzuweisen. So oft die Kühnheit auf die Zaghaftigkeit trifft, hat sie nothwendig die Wahrscheinlichkeit des Erfolges für sich, weil Zaghaftigkeit schon ein verlornes Gleichgewicht ist. Nur wo sie auf besonnene Vorsicht trifft, die, man mögte sagen, eben so kühn, in jedem Fall eben so stark und kräftig ist, als sie selbst:

muß sie im Nachtheil sein; das sind aber schon die seltenen Fälle. In der ganzen Schaar der Vorsichtigen befindet sich eine ansehnliche Majorität, die es aus Furchtsamkeit ist.

In dem großen Haufen ist die Kühnheit eine Kraft, deren vorzügliche Ausbildung nie zum Nachtheil anderer Kräfte gereichen kann, weil der große Haufen durch die Rahmen und Gefüge der Schlachtordnung und des Dienstes an einen höheren Willen gebunden, und also von fremder Einsicht geleitet wird. Hier bleibt die Kühnheit nur die zum Losschnellen immer gespannte Federkraft.

Je höher wir unter den Führern hinaufsteigen, je nothwendiger wird es, daß der Kühnheit ein überlegender Geist zur Seite trete, daß sie nicht zwecklos, nicht ein blinder Stoß der Leidenschaft sei; denn immer weniger betrifft es die eigene Aufopferung, immer mehr knüpft sich die Erhaltung Anderer, und die Wohlfahrt eines großen Ganzen daran. Was also bei dem großen Haufen die zur zweiten Natur gewordene Dienstordnung regelt, das muß in dem Führer die Überlegung regeln, und hier kann die Kühnheit einer einzelnen Handlung schon leicht zum Fehler werden. Aber dennoch bleibt es ein schöner Fehler, der nicht angesehen werden muß wie jeder andere. Wohl dem Heere, wo sich eine unzeitige Kühnheit häufig zeigt; es ist ein üppiger Auswuchs, aber der Zeuge eines kräftigen Bodens. Selbst die Tollkühnheit, d. h. die Kühnheit ohne allen Zweck, ist nicht mit Geringschätzung anzusehen; im Grunde ist es dieselbe Kraft des Gemüths, nur ohne alles Zuthun des Geistes, in einer Art Leidenschaft ausgeübt. Nur wo die Kühnheit sich gegen den Gehorsam auflehnt, wo sie einen ausgesprochenen höheren Willen geringschätzend verläßt: da muß sie, nicht um ihrer selbst Willen, sondern wegen des Ungehorsams wie ein gefährliches Übel behandelt werden, denn Nichts geht im Kriege über den Gehorsam. —

Daß bei einem gleichen Grade von Einsicht im Kriege tausendmal mehr verdorben wird durch Ängstlichkeit als durch Kühnheit, das brauchen wir wohl nur auszusprechen, um des Beifalls unserer Leser gewiß zu sein.

Im Grunde sollte das Hinzutreten eines vernünftigen Zwecks die Kühnheit erleichtern, sie also an und für sich heruntersetzen; und doch ist es gerade umgekehrt.

Allen Kräften des Gemüths benimmt das Hinzutreten des lichten Gedankens, oder gar das Vorherrschen des Geistes, einen großen Theil ihrer Gewalt. Darum wird die Kühnheit immer seltener, je höher wir hinaufsteigen in den Graden; denn, wenn auch die Einsicht und der Verstand nicht mit diesen Graden wachsen sollten, so werden doch den Führern in ihren verschiedenen Stationen die objektiven Größen, Verhältnisse und Rücksichten von außen her so viel und stark aufgedrungen, daß sie gerade nur um so mehr davon belastet sind, je weniger es die eigene Einsicht ist. Dies ist im Kriege der hauptsächlichste Grund der in dem französischen Sprichwort bewahrten Lebenserfahrung: tel brille au second qui s'éclipse au premier. Fast alle Generale, die uns die Geschichte als mittelmäßige oder gar unentschlossene Feldherrn kennen lehrt, hatten sich in geringeren Graden durch Kühnheit und Entschlossenheit ausgezeichnet.

Bei denjenigen Motiven zu einer kühnen Handlung, welche aus dem Drang der Nothwendigkeit entspringen, muß man einen Unterschied machen. Diese Nothwendigkeit hat ihre Grade. Liegt sie nahe, wird der Handelnde zur Verfolgung seines Ziels zwischen großen Gefahren hingetrieben, um anderen, eben so großen Gefahren zu entgehen: so kann man nur noch die Entschlossenheit bewundern, die aber auch noch ihren Werth hat. Wenn ein junger Mensch, um seine Geschicklichkeit als Reiter zu zeigen, über einen tiefen Abgrund sprengt, so ist es kühn; wenn er denselben Sprung thut, verfolgt von einer Rotte kopfabschneidender Janitscharen, so ist er bloß entschlossen. Je weiter aber die Nothwendigkeit von der Handlung entfernt ist, je größer die Zahl der Verhältnisse ist, die der Verstand durchlaufen muß, um sich ihrer bewußt zu werden: um so weniger thut sie der Kühnheit Eintrag. Wenn Friedrich der Große im Jahr 1756 den Krieg als unvermeidlich ansah, und seinem Untergang nur entgehen konnte, wenn er seinen Feinden zuvor kam: so war es nothwendig den Krieg selbst anzufangen, aber gewiß zu gleicher Zeit sehr kühn, denn nur wenige Männer in seiner Lage würden sich dazu entschlossen haben.

Obgleich die Strategie nur das Gebiet der Feldherrn oder der Führer in den höchsten Stellen ist, so ist ihr doch die Kühnheit aller übrigen Glieder des Heeres eben so wenig ein gleichgültiger Gegenstand, wie die andern kriegerischen Tugenden desselben. Mit einem Heere, was von einem kühnen Volke ausgegangen, und in welchem der Geist der Kühnheit immer genährt worden ist: lassen sich andere Dinge unternehmen, als mit einem, was dieser kriegerischen Tugend entfremdet ist; darum haben wir derselben auch für das Heer gedacht. Aber ganz eigentlich ist die Kühnheit des Feldherrn unser Gegenstand, und doch haben wir nicht Viel davon zu sagen, nachdem wir diese kriegerische Tugend im Allgemeinen, nach unserem besten Wissen, charakterisirt haben.

Je

Je höher wir in den Führerstellen hinaufsteigen, um so mehr wird Geist, Verstand und Einsicht in der Thätigkeit vorherrschend, um so mehr wird also die Kühnheit, welche eine Eigenschaft des Gemüths ist, zurückgedrängt, und darum finden wir sie in den höchsten Stellen so selten, aber um so bewundernswürdiger ist sie auch dann. Eine, durch vorherrschenden Geist geleitete Kühnheit ist der Stempel des Helden, diese Kühnheit besteht nicht im Wagen gegen die Natur der Dinge, in einer plumpen Verletzung des Wahrscheinlichkeitsgesetzes, sondern in der kräftigen Unterstützung jenes höheren Kalküls, den das Genie, der Takt des Urtheils, in Blitzesschnelle und nur halb bewußt durchlaufen hat, wenn er seine Wahl trifft. Je mehr die Kühnheit den Geist und die Einsicht beflügelt, um so weiter reichen diese mit ihrem Flug, um so umfassender wird der Blick, um so richtiger das Resultat; aber freilich immer nur in dem Sinn, daß mit den größeren Zwecken auch die größeren Gefahren verbunden bleiben. Der gewöhnliche Mensch, um nicht von den schwachen und unentschlossenen zu reden, kommt höchstens bei einer eingebildeten Wirksamkeit auf seinem Zimmer, entfernt von Gefahr und Verantwortlichkeit, zu einem richtigen Resultat, so weit nämlich ein solches ohne lebendige Anschauung möglich ist. Treten ihm aber Gefahr und Verantwortlichkeit überall nahe, so verliert er den Überblick, und bliebe ihm dieser etwa durch den Einfluß Anderer, so würde er den Entschluß verlieren, weil da kein Anderer aushelfen kann.

So glauben wir denn, daß ohne Kühnheit kein ausgezeichneter Feldherr zu denken ist, d. h., daß ein solcher nie aus einem Menschen werden kann, dem diese Kraft

I   15

des Gemüths nicht angeboren ist, die wir also als die erste
Bedingung einer solchen Laufbahn ansehen. Wie viel von
dieser angeborenen, durch die Erziehung und das übrige
Leben weiter ausgebildeten und modifizirten Kraft übrig
bleibt, wenn der Mann die hohe Stelle erreicht hat, ist
die zweite Frage. Je größer diese Kraft noch ist, um so
stärker ist der Flügelschlag des Genies, um so höher der
Flug. Das Wagniß wird immer größer, aber das Ziel
wächst mit ihm. Ob die Linien von einer entfernten Nothwendigkeit auslaufen und ihre Richtung bekommen, oder
nach dem Schlußstein eines Gebäudes hinziehn, welches der
Ehrgeiz entworfen hat, ob Friedrich oder Alexander handeln, ist für die kritische Betrachtung ziemlich dasselbe.
Reizt das Letztere mehr die Phantasie, weil es noch kühner ist, so befriedigt das Erstere mehr den Verstand, weil
es mehr innere Nothwendigkeit hat.

Jetzt müssen wir aber noch eines wichtigen Verhält-
nisses gedenken.

Der Geist der Kühnheit kann in einem Heere zu
Hause sein, entweder weil er es im Volke ist, oder weil
er sich in einem glücklichen Kriege, unter kühnen Führern
erzeugt hat; in diesem Fall aber wird man ihn im Anfange entbehren.

Nun giebt es in unseren Zeiten kaum ein anderes
Mittel, den Geist des Volks in diesem Sinn zu erziehen,
als eben den Krieg, und zwar die kühne Führung desselben.
Durch sie allein kann jener Weichlichkeit des Gemüths,
jenem Hang nach behaglicher Empfindung entgegen gewirkt
werden, welche ein in steigendem Wohlstand und in erhöheter
Thätigkeit des Verkehrs begriffenes Volk herunterziehn.

Nur wenn Volkscharakter und Kriegsgewohnheit in

beständiger Wechselwirkung sich gegenseitig tragen, darf ein Volk hoffen, einen festen Stand in der politischen Welt zu haben.

Siebentes Kapitel.
Beharrlichkeit.

Von Winkeln und Linien erwartet der Leser zu hören, und findet statt dieser Bürger der wissenschaftlichen Welt nur Leute aus dem gemeinen Leben, die er alle Tage auf der Straße begegnet. Und doch kann der Verfasser sich nicht entschließen, ein Haar breit mathematischer zu werden als ihm sein Gegenstand zu sein scheint, und er scheut nicht die Befremdung, welche ihm sein Leser zeigen könnte.

Im Kriege mehr, als irgend sonst wo in der Welt, kommen die Dinge anders als man sich es gedacht hat, und sehen in der Nähe anders aus als in der Entfernung. Mit welcher Ruhe kann der Baumeister sein Werk aufsteigen und in seine Zeichnung hineinwachsen sehn! Der Arzt, obgleich viel mehr unerforschlichen Wirkungen und Zufällen preisgegeben als der Baumeister, kennt doch die Wirkungen und Formen seiner Mittel genau. Im Kriege befindet sich der Führer eines großen Ganzen im beständigen Wellenschlag von falschen und wahren Nachrichten; von Fehlern, die begangen werden, aus Furcht, aus Nachlässigkeit, aus Übereilung; von Widerspenstigkeiten, die ihm gezeigt werden, aus wahrer oder falscher Ansicht, aus üblem Willen, wahrem oder falschen Pflichtgefühl, Trägheit oder Erschöpfung; von Zufällen, an die kein Mensch gedacht

15*

hat. Kurz, er ist hunderttausend Eindrücken preisgegeben, von denen die meisten eine besorgliche, die wenigsten eine ermuthigende Tendenz haben. Lange Kriegserfahrung bringt zu dem Takt, den Werth dieser einzelnen Erscheinungen schnell zu würdigen, hoher Muth und innere Stärke widerstehen ihnen, wie der Fels dem Geplätscher der Wellen. Wer diesen Eindrücken nachgeben wollte, würde keine seiner Unternehmungen durchführen, und darum ist die Beharrlichkeit in dem gefaßten Vorsatz, so lange nicht die entschiedensten Gründe dagegen eintreten, ein sehr nothwendiges Gegengewicht. — Ferner giebt es im Kriege fast kein ruhmvolles Unternehmen, was nicht mit unendlicher Anstrengung, Mühe und Noth zu Stande gebracht würde, und wenn hier die Schwäche des physischen und geistigen Menschen immer zum Nachgeben bereit ist, so kann wieder nur eine große Willenskraft ans Ziel führen, die sich in einer von Welt und Nachwelt bewunderten Ausdauer kund thut.

Achtes Kapitel.
Überlegenheit der Zahl.

Sie ist in der Taktik wie in der Strategie das allgemeinste Prinzip des Sieges und soll von uns zuerst in dieser Allgemeinheit betrachtet werden, wozu wir uns folgende Entwickelung erlauben.

Die Strategie bestimmt den Punkt, auf welchem, die Zeit, in welcher, und die Streitkräfte, mit welchen gefochten werden soll; sie hat also durch diese dreifache Bestimmung einen sehr wesentlichen Einfluß auf den Ausgang des Gefechts. Hat die Taktik das Gefecht geliefert, ist der Erfolg da, er mag nun Sieg oder Niederlage sein: so macht die Strategie denjenigen Gebrauch davon, welcher sich nach dem Zweck des Krieges davon machen läßt. Dieser Zweck des Krieges ist natürlich oft ein sehr entfernter, und in den seltensten Fällen ein ganz nahe liegender. Eine Reihe von anderen Zwecken ordnen sich ihm als Mittel unter. Diese Zwecke, die zugleich Mittel für höhere Zwecke sind, können in der Anwendung mancherlei sein, selbst der letzte Zweck, das Ziel des ganzen Krieges, ist fast in jedem Kriege ein anderes. Wir werden mit diesen Dingen uns bekannt machen in dem Maaße als wir die einzelnen Gegenstände kennen lernen, die dadurch berührt werden, und es kann nicht unsere Absicht sein, hier durch eine vollständige Aufzählung derselben, wenn sie auch möglich wäre, den ganzen Gegenstand zu umfassen. Wir lassen also die Verwendung des Gefechts vor der Hand liegen.

Auch diejenigen Dinge, wodurch die Strategie Einfluß auf den Ausgang des Gefechts hat, indem es dasselbe festsetzt (gewissermaaßen dekretirt), sind nicht so einfach, daß man sie mit einer einzigen Betrachtung umfassen könnte. Indem die Strategie Zeit, Ort und Stärke bestimmt, kann sie dies in der Anwendung auf mancherlei Weise thun, wovon jede das Gefecht, sowohl seinem Ausgang als seinem Erfolg nach, anders bedingt. Also werden wir auch dies erst nach und nach kennen lernen, nämlich bei den Gegenständen, welche die Anwendung näher bestimmen.

Entkleiden wir so das Gefecht von allen Modifikationen, die es, nach seiner Bestimmung und den Umständen aus welchen es hervorgeht, bekommen kann, abstrahiren wir endlich von dem Werth der Truppen, weil dieser ein

Gegebenes ist: so bleibt nur der nackte Begriff des Gefechts, d. h. ein formloser Kampf übrig, an dem wir Nichts
als die Zahl der Kämpfenden unterscheiden.

Diese Zahl wird also den Sieg bestimmen. Schon
aus der Menge von Abstraktionen, welche wir haben machen müssen, um auf diesen Punkt zu kommen, ergiebt sich,
daß die Überlegenheit der Zahl in einem Gefecht nur einer
der Faktoren ist, aus welchem der Sieg gebildet wird,
daß also, weit entfernt, mit der Überlegenheit der Zahl
Alles, oder auch nur die Hauptsache gewonnen zu haben,
vielleicht noch sehr wenig damit erreicht ist, je nachdem die
mitwirkenden Umstände so oder anders sind.

Aber die Überlegenheit hat Grade, sie kann doppelt,
drei-, viermal so groß gedacht werden u. s. w., und Jedermann begreift, daß sie bei dieser Steigerung alles Übrige
überwältigen muß.

In dieser Beziehung muß man einräumen, daß die
Überlegenheit der Zahl der wichtigste Faktor in dem Resultat eines Gefechts ist, nur muß sie groß genug sein,
um den übrigen mitwirkenden Umständen das Gleichgewicht
zu halten. Die unmittelbare Folge davon ist: daß man
die möglichst größte Zahl von Truppen auf den entscheidenden Punkt ins Gefecht bringen müsse.

Mögen diese Truppen dann hinreichen oder nicht, so
hat man von dieser Seite Alles gethan, was die Mittel
zuließen. Dies ist der erste Grundsatz in der Strategie.
So allgemein wie er hier ausgesprochen ist, würde er eben
so gut für Griechen und Perser, oder für Engländer und
Maratten, als für Franzosen und Deutsche passen. Aber
wir wollen den Blick auf unsere europäischen Kriegsver-
hältnisse richten, um uns etwas Bestimmteres dabei denken zu können.

Hier sind die Heere in Bewaffnung, Einrichtung und Kunstfertigkeit jeder Art einander viel ähnlicher, es besteht nur abwechselnd noch ein Unterschied in kriegerischer Tugend des Heeres und Talent des Feldherrn. Gehen wir die Kriegsgeschichte des neuern Europa durch, so finden wir keine Beispiele von Marathon.

Friedrich der Große schlug bei Leuthen mit etwa 30,000 Mann 80,000 Östreicher, bei Roßbach mit 25,000 Mann einige 50,000 Mann Verbündete; das sind aber auch die einzigen Beispiele eines gegen den doppelt und mehr als doppelt so starken Feind errungenen Sieges. Karl den XII. in der Schlacht bei Narva können wir füglich nicht anführen. Die Russen waren damals kaum als Europäer zu betrachten, auch sind selbst die Hauptumstände dieser Schlacht zu wenig bekannt. Bonaparte, bei Dresden, hatte 120,000 gegen 220,000, es war also noch nicht das Doppelte. Bei Collin wollte es Friedrich dem Großen mit 30,000 Mann gegen 50,000 Östreicher nicht gelingen, und eben so Bonaparte in der verzweiflungsvollen Leipziger Schlacht, wo er 160,000 Mann gegen 280,000 stark, die Überlegenheit also lange nicht das Doppelte war.

Es geht hieraus wohl hervor, daß im heutigen Europa es dem talentvollsten Feldherrn sehr schwer ist, einer feindlichen Macht von doppelter Stärke den Sieg abzugewinnen; sehen wir die doppelte Streitkraft, gegen die größten Feldherrn, ein solches Gewicht in die Waageschaale legen: so dürfen wir nicht zweifeln, daß in gewöhnlichen Fällen, bei großen und kleinen Gefechten, eine bedeutende Überlegenheit, die aber doch das Doppelte nicht zu übersteigen braucht, hinreichen wird, den Sieg zu verleihen, wie nachtheilig auch die anderen Umstände sein mögen. Freilich kann man sich einen Paß denken, wo auch das Zehnfache zur überwältigung nicht hinreichen würde; aber in solchem Falle kann von Gefecht überhaupt nicht mehr die Rede sein.

Wir glauben also, daß gerade in unseren Verhältnissen, so wie in allen ähnlichen, die Stärke auf dem entscheidenden Punkt eine große Hauptsache, und daß dieser Gegenstand in der Allgemeinheit der Fälle geradezu unter allen der wichtigste sei. Die Stärke auf dem entscheidenden Punkte hängt von der absoluten Stärke des Heeres und von der Geschicklichkeit der Verwendung ab.

Die erste Regel würde also sein: mit einem Heere so stark als möglich ins Feld zu ziehen. Das klingt sehr nach einem Gemeinspruch und ist doch wirklich keiner.

Um zu beweisen, wie man lange Zeit hindurch die Stärke der Streitkräfte keinesweges für eine Hauptsache angesehen hat, dürfen wir nur bemerken, daß in den meisten, selbst in den ausführlichern Kriegsgeschichten des achtzehnten Jahrhunderts, die Stärke der Heere entweder gar nicht, oder nur nebenher angegeben, und niemals ein besonderer Werth darauf gelegt wird. Tempelhof, in seiner Geschichte des siebenjährigen Krieges, ist der früheste von den Schriftstellern, der sie regelmäßig, aber dennoch nur sehr oberflächlich angiebt.

Selbst Massenbach, in seinen mancherlei kritischen Betrachtungen über die preußischen Feldzüge von 1793 und 1794 in den Vogesen, spricht viel von Bergen, Thälern, Wegen und Fußstegen, sagt aber nie eine Sylbe von der gegenseitigen Stärke.

Ein anderer Beweis liegt in einer wunderbaren Idee, welche in den Köpfen mancher kritischen Schriftsteller spukte, nach der es eine gewisse Größe eines Heeres gab, welches die beste war, eine Normalgröße, über die hinaus die überschießenden Streitkräfte mehr lästig als nützlich wären. *)

Endlich giebt es eine Menge von Beispielen, wo nicht alle verwendbaren Streitkräfte in der Schlacht oder im Kriege wirklich verwendet wurden, weil man die Überlegenheit der Zahl nicht von der Wichtigkeit glaubte, die ihr nach der Natur der Sache gebührt.

Ist man von der Überzeugung, daß mit einer beträchtlichen Übermacht alles Mögliche zu erzwingen ist, recht durchdrungen: so kann es nicht fehlen, daß diese klare Überzeugung auf die Anstalten zum Kriege zurückwirkt, um mit so viel Kräften als nur immer möglich aufzutreten, und entweder selbst das Übergewicht zu bekommen, oder sich wenigstens vor einem feindlichen zu verwahren. So viel was die absolute Macht betrifft, mit welcher der Krieg geführt werden soll.

Das Maaß dieser absoluten Macht wird von der Regierung bestimmt, und obgleich mit dieser Bestimmung schon die eigentliche kriegerische Thätigkeit beginnt, und dieselbe ein ganz wesentlicher, strategischer Theil derselben ist: so muß doch in den meisten Fällen der Feldherr, welcher diese Streitkraft im Kriege führen soll, ihre absolute Stärke als ein Gegebenes betrachten, sei es, daß er keinen Theil an ihrer Bestimmung hatte, oder daß die Umstände verhinderten, ihr eine genügende Ausdehnung zu geben.

Es bleibt also nur übrig, durch eine geschickte Verwendung, auch da wo das absolute Übergewicht nicht zu erreichen war, sich ein relatives auf dem entscheidenden Punkt zu verschaffen.

---

*) Tempelhof und Montalembert fallen uns zunächst dabei ein; jener in einer Stelle seines ersten Theils, Seite 148, dieser in seiner Korrespondenz bei Gelegenheit des russischen Operationsplans für 1759.

Als das Wesentlichste hierbei erscheint die Berechnung von Raum und Zeit, und dies hat veranlaßt, daß man in der Strategie diesen Gegenstand als einen den ganzen Gebrauch der Streitkräfte ziemlich umfassenden betrachtet hat. Ja man ist so weit gegangen, in der Strategie und Taktik großen Feldherrn ein eigends dafür geschaffenes inneres Organ beizulegen.

Aber diese Vergleichung von Raum und Zeit, wenn sie auch überall zum Grunde liegt und gewissermaßen das tägliche Brot der Strategie ist: ist doch weder das Schwierigste, noch das Entscheidende.

Wenn wir die Kriegsgeschichte mit unbefangenem Blick durchlaufen, so werden wir finden, daß die Fälle, wo wirklich die Fehler in solcher Rechnung die Ursache bedeutender Verluste geworden wären, wenigstens in der Strategie höchst selten sind. Soll aber der Begriff einer geschickten Kombination von Raum und Zeit alle die Fälle repräsentiren, wo ein entschlossener und thätiger Feldherr durch schnelle Märsche mit ein und demselben Heer mehrere seiner Gegner schlug (Friedrich der Große, Bonaparte): so verwirren wir uns unnützerweise in eine konventionelle Sprache. Für die Klarheit und Fruchtbarkeit der Vorstellungen ist es nöthig, die Dinge immer bei ihrem rechten Namen zu nennen.

Die richtige Beurtheilung ihrer Gegner (Daun, Schwarzenberg), die Wagniß, ihnen eine Zeit lang nur geringe Streitkräfte gegenüber stehen zu lassen, die Energie verstärkter Märsche, die Dreistigkeit schneller Anfälle, die erhöhete Thätigkeit, welche große Seelen im Augenblick der Gefahr gewinnen: das sind die Gründe solcher Siege, — und was haben diese mit der Fähigkeit zu thun, zwei so einfache Dinge, wie Raum und Zeit sind richtig zu vergleichen!

Aber selbst jenes rikochettirende Spiel der Kräfte, wo die Siege von Roßbach und Montmirail den Schwung geben zu den Siegen von Leuthen und Montereau, und welchen die großen Feldherrn in der Vertheidigung sich öfter vertraut haben: ist doch, wenn wir klar und genau sein wollen, nur ein seltenes Vorkommen in der Geschichte.

Viel häufiger hat die relative Überlegenheit, d. h. die geschickte Führung überlegener Streitkräfte auf den entscheidenden Punkt, ihren Grund in der richtigen Würdigung dieser Punkte, und der treffenden Richtung, welche die Kräfte von Hause aus dadurch erhalten; in der Entschlossenheit, welche erforderlich ist, um das Unwichtige zum Besten des Wichtigen fallen zu lassen, d. h. seine Kräfte in einem überwiegenden Maaße vereinigt zu halten. Darin sind namentlich Friedrich der Große und Bonaparte charakteristisch.

Hiermit glauben wir der Überlegenheit in der Zahl die Wichtigkeit wiedergegeben zu haben, die ihr zukommt; sie soll als die Grundidee betrachtet, überall zuerst und nach Möglichkeit gesucht werden.

Sie darum für eine nothwendige Bedingung des Sieges zu halten, würde ein völliges Mißverstehn unserer Entwickelung sein; vielmehr liegt in dem Resultat derselben Nichts als der Werth, welchen man auf die Stärke der Streitkraft im Gefecht legen soll. Wird diese Stärke so groß als möglich gemacht, so ist dem Grundsatz genug geschehen, und nur der Blick auf die Gesammtheit der Verhältnisse entscheidet, ob das Gefecht wegen fehlender Streitkräfte vermieden werden darf, oder nicht.

Neuntes Kapitel.
Die Überraschung.

Schon aus dem Gegenstand des vorigen Kapitels, dem allgemeinen Streben nach relativer Überlegenheit, ergiebt sich ein anderes Streben, welches folglich eben so allgemein sein muß: es ist die Überraschung des Feindes. Sie liegt mehr oder weniger allen Unternehmungen zum Grunde, denn ohne sie ist die Überlegenheit auf dem entscheidenden Punkte eigentlich nicht denkbar.

Die Überraschung wird also das Mittel zur Überlegenheit, aber sie ist außerdem auch als ein selbstständiges Prinzip anzusehen, nämlich durch ihre geistige Wirkung. Wo sie in einem hohen Grade gelingt, sind Verwirrung, gebrochener Muth beim Gegner die Folgen, und wie diese den Erfolg multipliziren, davon giebt es große und kleine Beispiele genug. Es ist also hier nicht vom eigentlichen Überfall die Rede, welcher beim Angriff hingehört, sondern von dem Bestreben, mit seinen Maaßregeln überhaupt, besonders aber mit der Vertheilung der Kräfte den Gegner zu überraschen, welches eben so gut bei der Vertheidigung gedacht werden kann, und in der taktischen Vertheidigung namentlich eine große Hauptsache ist.

Wir sagen: die Überraschung liegt ohne Ausnahme allen Unternehmungen zum Grunde, nur in sehr verschiedenen Graden, nach der Natur der Unternehmung und der übrigen Umstände.

Schon bei den Eigenschaften des Heeres, des Feldherrn, ja der Landesregierung, fängt dieser Unterschied an.

Geheimniß und Schnelligkeit sind die beiden Faktoren

dieses Produktes, und beide setzen bei der Regierung und beim Feldherrn eine große Energie, beim Heere aber einen großen Ernst des Dienstes voraus. Mit Weichlichkeit und laxen Grundsätzen ist es vergeblich, auf Überraschung zu rechnen. Aber so allgemein, ja so unerläßlich dieses Bestreben ist, und so wahr es ist, daß dasselbe nie ganz ohne Wirkung bleiben wird: so ist es doch eben so wahr, daß es selten in einem ausgezeichneten Grade gelingt, und daß dies in der Natur der Sache liegt. Man würde sich also eine falsche Vorstellung machen, wenn man glaubte, durch dieses Mittel sei hauptsächlich Viel im Kriege zu erreichen. In der Idee spricht es uns so sehr an, in der Ausführung bleibt es meistens in der Friktion der ganzen Maschine stecken.

In der Taktik ist die Überraschung viel mehr zu Hause, aus der ganz natürlichen Ursache, daß alle Zeiten und Räume kleiner sind. Sie wird also in der Strategie um so thunlicher, als die Maaßregeln dem Gebiet der Taktik näher liegen, und um so schwieriger, je höher hinauf gegen das Gebiet der Politik diese liegen.

Die Vorbereitungen zum Kriege nehmen gewöhnlich mehrere Monate ein, die Versammlung der Heere in ihren großen Aufstellungspunkten erfordert meistens die Anlage von Magazinen und Depots und beträchtliche Märsche, deren Richtung sich früh genug errathen läßt.

Es ist daher äußerst selten, daß ein Staat den andern mit einem Kriege überrascht oder mit der Richtung seiner Kräfte im Großen. Im siebzehnten und achtzehnten Jahrhundert, wo der Krieg sich viel um Belagerungen drehte, war ein vielfältiges Bestreben und ein ganz eigenes wichtiges Kapitel in der Kriegeskunst, einen festen Platz unvermuthet einzuschließen; und auch dies gelang nur selten.

Dagegen ist bei Dingen, die von einem Tag zum andern geschehen können, die Überraschung viel denkbarer, und so ist es denn auch oft nicht schwer, dem Feinde einen Marsch und dadurch eine Stellung, einen Punkt in der Gegend, einen Weg abzugewinnen u. s. w. Allein es ist klar: daß, was die Überraschung nach dieser Seite hin an Leichtigkeit gewinnt, an ihrer Wirksamkeit verloren geht, so wie diese nach der andern Richtung hin immer zunimmt. Wer da glaubt, daß sich an solche Überraschung in kleinen Maaßregeln oft Großes anknüpfen ließe, z. B. der Gewinn einer Schlacht, die Wegnahme eines bedeutenden Magazins, der glaubt Etwas, was allerdings sehr denkbar ist, was aber die Geschichte nicht bewährt, denn es sind im Ganzen sehr wenig Beispiele, wo aus solchen Überraschungen Großes hervorgegangen wäre, woraus man wohl ein Recht hat, auf die Schwierigkeiten zu schließen, die in der Sache liegen.

Freilich muß, wer die Geschichte in solchen Dingen befragt, sich nicht an gewisse Paradepferde der historischen Kritik, an ihre Sentenzen und selbstgefälligen Terminologieen halten, sondern dem Faktum selbst in die Augen sehen. Es giebt z. B. einen gewissen Tag im Feldzuge von 1761 in Schlesien, der in dieser Beziehung eine Art Berühmtheit hat. Es ist der 22. Juli, an welchem Friedrich der Große dem General Laudon den Marsch nach Nossen bei Neisse abgewann, wodurch, wie es heißt, die Vereinigung der östreichischen und russischen Armee in Oberschlesien unmöglich, und also für den König ein Zeitraum von vier Wochen gewonnen wurde. Wer dieses Ereigniß in den Hauptgeschichtschreibern *) umständlich nachliest und

---

*) Tempelhof, der Veteran, Friedrich der Große.

unbefangen überlegt, wird in dem Marsch vom 22. Juli diese Bedeutung niemals finden, und überhaupt in dem ganzen Raisonnement, welches über diesen Punkt zur Mode geworden ist, Nichts als Widersprüche, in den Bewegungen Laudons in dieser berühmten Manöverzeit aber viel Unmotivirtes sehen. Wie könnte man nun bei dem Durst nach Wahrhaftigkeit und klarer Überzeugung solch einen historischen Beweis gelten lassen.

Indem man sich von dem Prinzip der Überraschung im Laufe eines Feldzuges große Wirkungen verspricht, denkt man an eine sehr große Thätigkeit, schnelle Entschlüsse, starke Märsche, welche dazu die Mittel geben sollen; daß aber diese Dinge, auch da wo sie in einem hohen Grade vorhanden sind, nicht immer die beabsichtigte Wirkung hervorbringen, sehen wir an Beispielen zweier Feldherrn, die wohl dafür gelten können die größte Virtuosität darin gehabt zu haben, Friedrich des Großen und Bonaparte's. Der erstere, als er im Juli 1760 so urplötzlich von Bauzen aus auf Lascy fiel und sich gegen Dresden wandte, erreichte mit diesem ganzen Intermezzo eigentlich Nichts, vielmehr wurden seine Angelegenheiten dadurch merklich verschlimmert, indem Glatz unterdessen fiel.

Bonaparte wandte sich im Jahre 1813 von Dresden aus zweimal urplötzlich gegen Blücher, von seinem Einfall aus der Oberlausitz nach Böhmen hinein gar nicht einmal zu sprechen, und beide Male ganz ohne die beabsichtigte Wirkung. Es wurden Lufthiebe welche ihm nur Zeit und Kräfte kosteten, und bei Dresden hätten höchst gefährlich werden können.

Eine Überraschung mit großem Erfolg, geht also auch in diesem Gebiet nicht aus der bloßen Thätigkeit, Kraft und Entschlossenheit der Führung hervor, sie muß durch

andere Umstände begünstigt werden. Wir wollen aber diesen Erfolg keinesweges läugnen, sondern ihn nur an die
Nothwendigkeit günstiger Bedingungen anknüpfen, die sich
dann freilich nicht so häufig finden, und die der Handelnde
selten hervorbringen kann.

Eben jene Feldherrn geben jeder ein auffallendes Beispiel davon, Bonaparte in seiner berühmten Unternehmung
auf Blüchers Heer 1814, als dasselbe, vom großen Heere
getrennt, die Marne hinunter zog. Nicht leicht konnte ein
überraschender Marsch von zwei Tagen größere Resultate
geben. Blüchers Heer, auf drei Tagemärsche ausgedehnt,
wurde einzeln geschlagen, und erlitt einen Verlust, welcher
einer verlornen Hauptschlacht gleich kam. Es war ledig-
lich die Wirkung der Überraschung, denn Blücher würde,
wenn er an eine so nahe Möglichkeit eines Anfalls Bonaparte's geglaubt hätte, seinen Marsch ganz anders eingerichtet haben. An diesen Fehler Blüchers knüpfte sich
der Erfolg an. Bonaparte kannte diese Umstände allerdings nicht, und so war es für ihn glücklicher Zufall, welcher sich einmischte.

Eben so ist es mit der Schlacht von Liegnitz 1760.
Friedrich der Große gewann diese schöne Schlacht, weil er
in der Nacht seine Stellung, die er eben erst bezogen
hatte, schon wieder veränderte; dadurch wurde Laudon
völlig überrascht, und der Erfolg war ein Verlust von
70 Kanonen und 10,000 Mann. Obgleich Friedrich der
Große in dieser Zeit den Grundsatz angenommen hatte, sich
viel hin und her zu bewegen, um dadurch eine Schlacht
unmöglich zu machen, oder wenigstens des Feindes Pläne
zu verrücken: so war doch die Veränderung der Stellung
in der Nacht vom 14. zum 15. nicht gerade in der Absicht
gemacht, sondern wie der König selbst sagt, weil ihm die
Stel-

Stellung vom 14. nicht gefiel. Es war also auch hier der Zufall stark im Spiel. Ohne das Zusammentreffen des Angriffs mit der nächtlichen Veränderung und der unzugänglichen Gegend wäre der Erfolg nicht derselbe gewesen.

Auch im höheren und höchsten Gebiet der Strategie giebt es einige Beispiele folgenreicher Überraschungen, wir wollen nur an die glänzenden Züge des großen Kurfürsten gegen die Schweden, von Franken bis Pommern und von der Mark bis an den Pregel, an den Feldzug von 1757 und den berühmten Übergang Bonaparte's über die Alpen 1800, erinnern. Hier überlieferte ein Heer in einer Kapitulation sein ganzes Kriegstheater, und wenig fehlte 1757, daß ein anderes sein Kriegstheater und sich selbst ausgeliefert hätte. Endlich kann man für den Fall eines ganz unerwarteten Krieges, Friedrichs des Großen Einfall in Schlesien anführen. Groß und gewaltig sind hier überall die Erfolge. Aber solche Erscheinungen giebt es sehr wenige in der Geschichte, wenn man nämlich nicht die Fälle damit verwechselt, wo ein Staat aus Mangel an Thätigkeit und Energie (1756 Sachsen und 1812 Rußland) mit seinen Anstalten nicht fertig wird.

Jetzt ist noch eine Bemerkung zurück, welche das Innere der Sache betrifft. Es kann nämlich nur derjenige überraschen, welcher dem Andern das Gesetz giebt; das Gesetz giebt wer im Recht ist. Wenn wir den Gegner mit einer verkehrten Maaßregel überraschen, so werden wir, statt der guten Folgen, vielleicht einen derben Rückschlag zu ertragen haben, in jedem Fall braucht der Gegner sich um unsere Überraschung wenig zu kümmern, er findet in unsere Fehler die Mittel, das Übel abzuwenden. Da der Angriff viel mehr positive Handlungen in sich schließt als die Ver-

I
16

theidigung, so ist auch das Überraschen allerdings mehr in der Stelle des Angreifenden, aber keinesweges ausschließlich, wie wir das in der Folge sehen werden. Es können sich also, die gegenseitigen Überraschungen, des Angreifenden und des Vertheidigers, begegnen, und dann müßte derjenige recht behalten, welcher den Nagel am besten auf dem Kopf getroffen hat.

So sollte es sein; es hält aber das praktische Leben diese Linie auch nicht so genau, und zwar aus einer einfachen Ursache. Die geistigen Wirkungen, welche die Überraschung mit sich führt, machen für denjenigen, welcher sich ihres Beistandes erfreut, oft die schlechteste Sache zu einer guten, und lassen den Andern nicht zu einem ordentlichen Entschluß kommen; wir haben hier mehr als irgendwo, nicht bloß die ersten Führer im Sinn, sondern jeden Einzelnen, weil die Wirkung der Überraschung das Eigenthümliche hat, das Band der Einheit gewaltig aufzulockern, so daß leicht jede einzelne Individualität dabei zum Vorschein kommt.

Viel hängt hier von dem allgemeinen Verhältniß ab, in welchem beide Theile zu einander stehen. Ist der eine schon durch ein allgemeines moralisches Übergewicht zum Entmuthigen und Überschnellen des andern befähigt: so wird er sich der Überraschung mit mehr Erfolg bedienen können, und selbst da gute Früchte erndten, wo er eigentlich zu schanden werden sollte.

Zehntes Kapitel.
Die List.

List setzt eine versteckte Absicht voraus, und steht also der geraden, schlichten, das ist, unmittelbaren Handlungsweise entgegen, so wie der Witz dem unmittelbaren Beweise entgegen steht. Mit den Mitteln der Überredung, des Interesses, der Gewalt, hat sie daher nichts gemein, aber viel mit dem Betruge, weil dieser seine Absicht gleichfalls versteckt. Sie ist sogar selbst ein Betrug, wenn das Ganze fertig ist, aber sie unterscheidet sich doch von dem, was schlechthin so genannt wird, und zwar dadurch, daß sie nicht unmittelbar wortbrüchig wird. Der Listige läßt denjenigen, welchen er betrügen will die Irrthümer des Verstandes selbst begehen, die zuletzt in eine Wirkung zusammenfließend, plötzlich das Wesen des Dinges vor seinen Augen verändern. Daher kann man sagen: wie der Witz eine Taschenspielerei mit Ideen und Vorstellungen ist, so ist die die List eine Taschenspielerei mit Handlungen.

Auf den ersten Blick scheint es nicht mit Unrecht zu sein, daß die Strategie ihren Namen von der List bekommen, und daß, bei allen wahren und scheinbaren Veränderungen, welche der große Zusammenhang des Krieges seit den Griechen erlitten hat, dieser Name doch noch auf ihr eigentlichstes Wesen deute.

Wenn man die Ausführung der Gewaltstreiche, die Gefechte selbst, der Taktik überläßt, und die Strategie als die Kunst betrachtet, sich des Vermögens dazu mit Geschick zu bedienen: so scheint, außer den Kräften des Gemüthes, als da sind: ein glühender Ehrgeiz, der wie eine

Feder immer drückt, ein starker Wille, der schwer weicht u. s. w., keine subjektive Naturanlage so geeignet die strategische Thätigkeit zu leiten und zu beleben, als die List. Schon das allgemeine Bedürfniß zu überraschen, wovon wir im vorigen Kapitel gesprochen haben, weis't darauf hin; denn jedem Überraschen liegt ein, wenn auch noch so geringer Grad von List zum Grunde.

Aber so sehr man gewissermaaßen das Bedürfniß fühlt, die Handelnden im Kriege an verschlagener Thätigkeit, Gewandheit und List sich einander überbieten zu sehen: so muß man doch gestehen, daß diese Eigenschaften sich in der Geschichte wenig zeigen, und selten aus der Masse der Verhältnisse und Umstände sich haben hervorarbeiten können.

Der Grund davon liegt nahe genug, und läuft mit dem Gegenstande des vorigen Kapitels ziemlich auf Eins hinaus.

Die Strategie kennt keine andere Thätigkeit als die Anordnung der Gefechte, mit den Maaßregeln die sich darauf beziehen. Sie kennt nicht, wie das übrige Leben, Handlungen, die in bloßen Worten, d. h. in Äußerungen, Erklärungen u. s. w. bestehen. Diese, die nicht viel kosten, sind es aber vorzüglich, womit der Listige hinters Licht führt.

Das was es im Kriege Ähnliches giebt: Entwürfe und Befehle bloß zum Schein gegeben, falsche Nachrichten dem Feinde absichtlich hinterbracht u. s. w., ist für das strategische Feld gewöhnlich von so schwacher Wirkung, daß es nur bei einzelnen, sich von selbst darbietenden Gelegenheiten gebraucht, also nicht als eine freie Thätigkeit die von dem Handelnden ausgeht betrachtet werden kann.

Solche Handlungen aber, wie die Anordnung von Gefechten, so weit durchzuführen, daß sie dem Feinde einen Eindruck machen, erfordert schon einen beträchtlichen Aufwand von Zeit und Kräften, und zwar um so mehr, je größer der Gegenstand ist. Weil man diese gewöhnlich nicht daran geben will, darum sind die wenigsten der sogenannten Demonstrationen, in der Strategie, von der beabsichtigten Wirkung. In der That ist es gefährlich, bedeutende Kräfte auf längerer Zeit, zum bloßen Schein zu verwenden, weil immer die Gefahr bleibt, daß es umsonst geschieht, und man diese Kräfte dann am entscheidenden Ort entbehrt.

Diese nüchterne Wahrheit fühlt der Handelnde im Kriege immer durch, und darum vergeht ihm die Lust zu dem Spiel schlauer Beweglichkeit. Der trockene Ernst der Nothwendigkeit drängt meist so in das unmittelbare Handeln hinein, daß für jenes Spiel kein Raum bleibt. Mit einem Wort: es fehlt den Steinen im strategischen Schachbrett die Beweglichkeit, welche das Element der List und Verschlagenheit ist.

Die Folgerung welche wir ziehen ist: daß ein richtiger treffender Blick eine nothwendigere und nützlichere Eigenschaft des Feldherrn ist, als die List, wiewohl diese auch Nichts verdirbt, wenn sie nicht auf Unkosten nothwendiger Gemüthseigenschaften besteht, welches freilich nur zu oft der Fall ist.

Je schwächer aber die Kräfte werden, welche der strategischen Führung unterworfen sind, um so zugänglicher wird diese der List sein, so daß dem ganz Schwachen und Kleinen, für den keine Vorsicht, keine Weisheit mehr ausreicht, auf dem Punkt wo ihm alle Kunst zu verlassen scheint, die List sich als die letzte Hilfe desselben anbietet. Je hilfloser seine Lage ist, je mehr sich Alles in einen einzigen verzweiflungsvollen Schlag zusammendrängt: um so williger tritt die List seiner Kühnheit zur Seite. Von aller weitern Berechnung loslassend, von aller spätern Entgeltung befreit, dürfen Kühnheit und List einander steigern, und so einen unmerklichen Hoffnungsschimmer auf einen einzigen Punkt vereinigen, zu einem einzigen Strahl, der allenfalls noch zu zünden vermag.

Elftes Kapitel.
Sammlung der Kräfte im Raum.

Die beste Strategie ist: immer recht stark zu sein, zuerst überhaupt, und demnächst auf dem entscheidenden Punkt. Daher giebt es außer der Anstrengung welche die Kräfte schafft, und die nicht immer vom Feldherrn ausgeht, kein höheres und einfacheres Gesetz für die Strategie, als das: seine Kräfte zusammenzuhalten. — Nichts soll von der Hauptmasse getrennt sein, was nicht durch einen dringenden Zweck davon abgerufen wird. An dies Kriterium halten wir fest, und sehen es als einen zuverlässigen Führer an. Welches die vernünftigen Ursachen einer Theilung der Kräfte sein können, werden wir nach und nach kennen lernen. Dann werden wir auch sehen, daß dieser Grundsatz nicht in jedem Kriege dieselben allgemeinen Folgen haben könne, sondern daß sich diese nach Zweck und Mittel verändern.

Es klingt unglaublich, und ist doch hundertmal vorgekommen, daß die Streitkräfte getheilt und getrennt worden sind, bloß nach dem dunklen Gefühl herkömmlicher Manier, ohne deutlich zu wissen, warum.

Erkennt man die Vereinigung der ganzen Streitkraft als die Norm an, und jede Trennung und Theilung als eine Abweichung, die motivirt sein muß: so wird nicht nur jene Thorheit ganz vermieden, sondern auch manchem falschen Theilungsgrund der Zutritt versperrt.

Zwölftes Kapitel.

Vereinigung der Kräfte in der Zeit.

Wir haben es hier mit einem Begriff zu thun, der da, wo er ins thätige Leben ausläuft, mancherlei trügerischen Schein verbreitet; eine klare Feststellung und Durchführung der Vorstellungen ist uns daher Bedürfniß, und so hoffen wir, man wird uns abermals eine kleine Analyse erlauben.

Der Krieg ist ein Stoß entgegengesetzter Kräfte aufeinander, woraus von selbst folgt, daß die stärkere die andere nicht bloß vernichtet, sondern in ihrer Bewegung mit fortreißt. Dies läßt im Grunde keine nachhaltige (successive) Wirkung der Kräfte zu, sondern es muß die gleichzeitige Anwendung aller für einen Stoß bestimmten Kräfte als ein Urgesetz des Krieges erscheinen.

So ist es auch wirklich, aber nur so weit als der Kampf auch wirklich dem mechanischen Stoße gleicht; wo aber derselbe in eine dauernde, gegenseitige Einwirkung vernichtender Kräfte besteht, da kann allerdings eine nachhaltige Wirkung der Kräfte gedacht werden. Dies ist in der Taktik der Fall, hauptsächlich weil das Feuergewehr die Hauptgrundlage aller Taktik ist, aber auch aus anderen Gründen. Wenn im Feuergefecht 1000 Mann gegen 500 gebraucht werden, so ist die Größe ihres Verlustes zusammengesetzt aus der Größe der feindlichen Kräfte und der eigenen. Tausend schießen noch einmal so viel als 500; gegen 1000 aber treffen auch mehr Kugeln als gegen 500; weil doch vorauszusetzen ist, daß sie dichter stehen als jene. Dürften wir annehmen, daß auch die Anzahl der treffenden Kugeln bei ihnen doppelt so groß wäre: so würde der Verlust von beiden Seiten gleich sein. Von den 500 würden z. B. 200 außer Gefecht sein, und von den 1000 gleichfalls. Hätten nun jene 500 eben so viel hinter sich, die bis dahin ganz außer dem Feuer gehalten wurden, so würden beide Theile 800 Mann gesund haben, davon aber der eine 500 Mann ganz frisch, mit voller Munition und mit vollen Kräften hätte, der andere aber nur 800 Mann, die alle im gleichen Maaße aufgelös't, ohne hinlängliche Munition, und in geschwächter Kraft sind. Die Voraussetzung, daß die 1000 Mann, bloß wegen ihrer größern Zahl, auch doppelt so viel verlieren sollten als 500 an ihrer Stelle verloren haben würden, ist allerdings nicht richtig, es muß also bei jener ursprünglichen Ordnung der größere Verlust, welchen der erleidet, der die Hälfte seiner Kraft zurückgestellt hat, als ein Nachtheil angesehen werden; eben so muß in der Allgemeinheit der Fälle eingeräumt werden, daß den 1000 Mann im ersten Augenblick der Vortheil werden kann, ihre Gegner aus ihrem Standpunkt zu vertreiben, und in eine rückgängige Bewegung zu bringen; ob nun diese beiden Vortheile dem Nachtheile das Gleichgewicht halten, sich mit 800 Mann durch das Gefecht aufgelös'ter Truppen, gegen einen Feind zu befinden, der wenigstens nicht merklich schwächer ist, und 500 Mann ganz frischer Truppen hat: das kann eine weiter getriebene Analyse nicht mehr entscheiden, sondern man muß hier auf die Erfahrung sich stützen, und da wird es wohl keinen Offizier von einiger Kriegserfahrung geben, welcher nicht in der Allgemeinheit der Fälle das Übergewicht demjenigen zuschreiben wird, der die frischen Kräfte hat.

Auf diese Weise wird es klar, wie die Anwendung zu großer Kräfte im Gefechte nachtheilig werden kann, denn wie viele Vortheile uns auch die Überlegenheit im ersten Augenblick geben mag, vielleicht müssen wir im nächsten dafür büßen.

Diese Gefahr reicht aber nur so weit, als die Unordnung, der Zustand der Auflösung und Schwächung reicht, mit einem Wort, die Krise welchen jedes Gefecht auch beim Sieger mit sich bringt. In dem Bereich dieses geschwächten Zustandes ist die Erscheinung einer verhältnißmäßigen frischen Anzahl Truppen entscheidend.

Wo aber diese auflösende Wirkung des Sieges aufhört, und also nur die moralische Überlegenheit bleibt, die jeder Sieg giebt: da ist die frische Kraft nicht mehr im Stande, das Verlorne gut zu machen, da wird sie mit fortgerissen. Ein geschlagenes Heer kann Tages darauf nicht mehr durch eine starke Reserve zum Sieg zurückgeführt werden. Hier befinden wir uns an der Quelle eines höchst wesentlichen Unterschiedes zwischen Taktik und Strategie.

Es liegen nämlich die taktischen Erfolge, die Erfolge innerhalb des Gefechts und vor seinem Schluß, größtentheils noch in dem Bereich jener Auflösung und Schwächung; die strategischen aber, d. h. der Erfolg des Totalgefechts, der fertige Sieg, groß oder klein, wie er auch sei: liegt schon außerhalb dieses Bereichs. Erst wenn die Erfolge der Theilgefechte sich zu einem selbstständigen Ganzen verbunden haben, tritt der strategische Erfolg ein, dann hört aber der Zustand der Krise auf, die Kräfte gewinnen ihre ursprüngliche Gestalt wieder, und sind nur um den Theil geschwächt, der wirklich vernichtet worden ist.

Die Folge dieses Unterschieds ist, daß die Taktik eines nachhaltigen Gebrauchs der Kräfte fähig ist, und die Strategie nur eines gleichzeitigen.

Kann ich in der Taktik nicht mit dem ersten Erfolg Alles entscheiden, muß ich den nächsten Augenblick fürchten: so folgt von selbst, daß ich für den Erfolg des ersten Augenblicks nur so viel Kräfte verwende, als dazu nöthig scheinen, und die übrigen aus der Vernichtungssphäre, sowohl des Feuers als des Faustkampfes, entfernt halte, um frischen Kräften frische entgegenzustellen, oder mit solchen, geschwächte überwinden zu können. So ist es aber nicht in der Strategie. Theils hat sie, wie wir eben gezeigt haben, nachdem ihr Erfolg eingetreten ist, nicht so leicht eine Rückwirkung zu befürchten, weil mit diesem Erfolg die Krise aufhört, theils werden nicht nothwendig alle Kräfte die strategisch sind, geschwächt. Nur was mit der feindlichen Kraft taktisch im Konflikt, d. h. im Theilgefecht begriffen ist, wird durch sie geschwächt; also, wenn die Taktik nicht unnütz verschwendet, nur so viel als unvermeidlich ist, keinesweges aber Alles was strategisch damit im Konflikt ist. Korps welche wegen Überlegenheit der Kräfte wenig oder gar nicht gefochten, und durch ihre bloße Gegenwart mit entschieden haben, sind nach der Entscheidung was sie vorher waren, und für neue Zwecke eben so brauchbar, als wenn sie müßig gewesen wären. Wie sehr aber solche, die Übermacht gebenden Korps zum Totalerfolge beitragen können, ist an sich klar; ja selbst das ist nicht schwer einzusehen, wie sie selbst den Verlust der im taktischen Konflikt begriffenen Kräfte, unserer Seits beträchtlich verringern können.

Wächst also in der Strategie der Verlust nicht mit dem Umfang der gebrauchten Kräfte, wird er sogar dadurch oft verringert, und ist, wie sich von selbst versteht, die Entscheidung dadurch mehr für uns gesichert: so folgt von selbst, daß man niemals zu viel Kräfte anwenden könne, und folglich auch, daß die zur Verwendung vorhandenen, gleichzeitig angewendet werden müssen.

Aber wir müssen den Satz noch auf einem anderen Felde durchkämpfen. Wir haben bis jetzt nur vom Kampfe selbst gesprochen; er ist die eigentliche kriegerische Thätigkeit, aber Menschen, Zeit und Raum, welche als die Träger dieser Thätigkeit erscheinen, müssen dabei berücksichtigt, und die Produkte ihrer Einwirkungen in die Betrachtung mit aufgenommen werden.

Mühen, Anstrengungen und Entbehrungen sind im Kriege ein eigenes, nicht wesentlich zum Kampf gehöriges, aber mehr oder weniger unzertrennlich mit ihm verbundenes Vernichtungsprinzip, und zwar eins was der Strategie vorzugsweise angehört. Sie finden zwar in der Taktik auch statt, und vielleicht da im höchsten Grade, aber da die taktischen Akte von weniger Dauer sind, so können die Wirkungen von Anstrengungen und Entbehrungen in ihnen auch wenig in Betracht kommen. Aber in der Strategie, wo Zeiten und Räume größer sind, wird die Wirkung nicht nur stets merklich, sondern oft ganz entscheidend. Es ist nicht ungewöhnlich, daß ein siegreiches Heer viel mehr an Krankheiten, als in Gefechten verliert.

Betrachten wir also diese Vernichtungssphäre in der Strategie, wie wir die des Feuers und des Faustkampfes in der Taktik betrachtet haben, so können wir uns aller-

dings vorstellen, daß Alles was ihr ausgesetzt ist, am Ende
des Feldzugs, oder eines andern strategischen Abschnittes,
in einen Zustand der Schwächung geräth, welche eine neu
erscheinende frische Kraft entscheidend macht. Man
könnte also, hier wie dort, veranlaßt werden, den ersten
Erfolg mit so Wenigem als möglich zu suchen, um diese
frische Kraft für das Ende sich aufzubewahren.

Um diesen Gedanken, welcher in zahlreichen Fällen
der Anwendung einen großen Schein von Wahrheit haben
wird, genau zu würdigen, müssen wir den Blick auf die
einzelnen Vorstellungen desselben richten. Zuerst muß man
den Begriff der bloßen Verstärkung nicht mit einer frischen, unabgenutzten Kraft verwechseln. Es giebt wenig
Feldzüge, an deren Schluß nicht dem Sieger wie dem
Besiegten, ein neuer Zuwachs der Kräfte höchst erwünscht,
ja entscheidend erscheinen sollte; aber davon ist hier nicht
die Rede, denn dieser Zuwachs an Kräften würde nicht
nöthig sein, wenn diese gleich anfangs so viel größer gewesen wären. Daß aber ein frisch in's Feld rückendes
Heer, seinem moralischen Werthe nach, besser zu achten
wäre, als das schon im Felde stehende, so wie eine taktische Reserve allerdings besser zu achten ist, als eine Truppe,
die schon viel im Gefecht gelitten hat: das wäre gegen
alle Erfahrung. Eben so viel wie ein unglücklicher Feldzug den Truppen an Muth und moralischer Kraft nimmt,
eben so viel erhöht ein glücklicher ihren Werth von dieser
Seite, so daß sich diese Wirkungen in der Allgemeinheit
der Fälle ausgleichen, und dann noch die Kriegsgewohnheit als ein reiner Gewinn übrig bleibt. Überdem muß
hier der Blick mehr auf die glücklichen als auf die unglücklichen Feldzüge gerichtet sein, weil da, wo der letztere
sich mit mehr Wahrscheinlichkeit vorhersetzen läßt, ohnehin

die Kräfte fehlen, und an eine Zurückstellung eines Theils derselben, zum spätern Gebrauch, nicht zu denken ist.

Ist dieser Punkt beseitigt, so frägt es sich: wachsen die Verluste, welche eine Streitkraft durch Anstrengungen und Entbehrungen erleidet, eben so wie ihr Umfang, wie das im Gefecht der Fall ist? und darauf muß man nein antworten.

Die Anstrengungen entstehen größtentheils aus den Gefahren, womit jeder Augenblick des kriegerischen Aktes, mehr oder weniger, durchdrungen ist. Diesen Gefahren überall zu begegnen, in seinem Handeln mit Sicherheit fortzuschreiten, das ist der Gegenstand einer großen Menge von Thätigkeiten, welche den taktischen und strategischen Dienst des Heeres ausmachen. Dieser Dienst wird schwieriger je schwächer das Heer ist, und leichter, je mehr seine Überlegenheit gegen das feindliche zunimmt. Wer kann das bezweifeln. Ein Feldzug gegen einen viel schwächern Feind wird also auch geringere Anstrengungen kosten, als gegen einen eben so starken, oder gar stärkern.

Das sind die Anstrengungen. Etwas anders sieht es mit den Entbehrungen aus. Diese bestehen hauptsächlich in zwei Gegenständen: dem Mangel an Lebensmitteln und dem Mangel beim Unterkommen der Truppen, sei es im Quartiere oder in bequemen Lägern. Beide werden allerdings um so größer sein, je zahlreicher das Heer auf demselben Fleck ist. Allein, giebt denn nicht gerade die Übermacht auch die besten Mittel sich auszubreiten und mehr Raum, also auch mehr Mittel des Unterhaltes und des Unterkommens zu finden?

Wenn Bonaparte, im Jahr 1812 beim Vordringen in Rußland, sein Heer, auf eine unerhörte Weise, zu großen Massen auf einer Straße vereinigt, und dadurch einen eben so unerhörten Mangel veranlaßt hat: so muß man das seinem Grundsatz zuschreiben: nie stark genug auf dem entscheidenden Punkt sein zu können. Ob er diesen Grundsatz hier übertrieben hat oder nicht, ist eine Frage die nicht hierher gehört, aber gewiß ist es, daß, wenn er dem dadurch hervorgerufenen Mangel hätte aus dem Wege gehen wollen: er nur in einer größeren Breite vorzugehen brauchte; es fehlte dazu in Rußland nicht an Raum, und wird in den wenigsten Fällen daran fehlen. Es kann also hieraus kein Grund hergeleitet werden, um zu beweisen, daß die gleichzeitige Anwendung sehr überlegener Kräfte eine größere Schwächung hervorbringen mußte. Gesetzt nun aber, Wind und Wetter, und die unvermeidlichen Anstrengungen des Krieges, hätten auch an dem Theil des Heeres, welchen man als eine überschießende Macht, allenfalls für einen spätern Gebrauch hätte aufbewahren können, trotz der Erleichterungen, welcher dieser Theil dem Ganzen verschaffte, doch eine Verminderung bewirkt: so muß man doch nun erst alles wieder mit einem Gesammtblick im Zusammenhange auffassen, und also fragen: wird diese Verminderung so viel betragen, als der Gewinn an Kräften, welchen wir durch unsere Übermacht auf mehr als einem Wege machen können?

Aber es giebt noch einen sehr wichtigen Punkt zu berühren. In dem Theilgefecht kann man, ohne große Schwierigkeit, die Kraft ungefähr bestimmen, welche zu einem größern Erfolg, den man sich vorgesetzt hat, nöthig ist, und folglich auch bestimmen, was überflüssig sein würde. In der Strategie ist dies so gut wie unmöglich, weil der strategische Erfolg keinen so bestimmten Gegenstand, und keine so nahen Grenzen hat. Was also in der Taktik als ein Überfluß von Kräften angesehen werden kann, muß in der

Strategie als ein Mittel betrachtet werden, den Erfolg zu erweitern, wenn sich die Gelegenheit dazu darbietet; mit der Größe des Erfolges aber wachsen die Prozente des Gewinnes, und das Übergewicht der Kräfte kann auf diese Weise schnell zu einem Punkte kommen, welchen die sorgfältigste Ökonomie der Kräfte nie gegeben haben würde.

Vermittelst seiner ungeheuern Überlegenheit gelang es Bonaparte im Jahre 1812 bis Moskau vorzudringen, und diese Centralhauptstadt einzunehmen; wäre es ihm auch vermittelst eben dieser Übermacht noch gelungen, das russische Heer vollkommen zu zertrümmern, so würde er wahrscheinlich einen Frieden in Moskau geschlossen haben, der auf jede andere Weise weniger erreichbar war. Dies Beispiel soll den Gedanken nur erklären, nicht beweisen, welches einer umständlichen Entwickelung bedürfte, wozu hier nicht der Ort ist.

Alle diese Betrachtungen sind bloß auf den Gedanken einer successiven Kraftanwendung gerichtet, und nicht auf den eigentlichen Begriff einer Reserve, welchen sie zwar unaufhörlich berühren, der aber, wie wir im folgenden Kapitel sehen werden, noch mit anderen Vorstellungen zusammenhängt.

Was wir hier ausmachen wollten, ist: daß wenn in der Taktik die Streitkraft schon durch die bloße Dauer der wirklichen Anwendung eine Schwächung erleidet, die Zeit also als ein Faktor in dem Produkt erscheint, dies in der Strategie nicht auf eine wesentliche Art der Fall ist. Die zerstörenden Wirkungen, welche die Zeit auf die Streitkräfte auch in der Strategie übt, werden durch die Masse derselben theils vermindert, theils auf andere Weise eingebracht, und es kann daher in der Strategie nicht die Absicht sein, die Zeit um ihrer selbst willen zu seinem

Verbündeten zu machen, indem man die Kräfte nach und
nach zur Anwendung bringt.

Wir sagen um ihrer selbst willen, denn der Werth
welchen die Zeit wegen anderer Umstände, die sie herbeiführt, die aber von ihr selbst verschieden sind, für den einen
der beiden Theile haben kann, ja nothwendig haben muß:
ist etwas ganz Anderes, ist nichts weniger als gleichgültig,
oder unwichtig, und wird der Gegenstand anderer Betrachtung sein.

Das Gesetz, welches wir zu entwickeln versuchten, ist
also: alle Kräfte welche für einen strategischen Zweck bestimmt und vorhanden sind, sollen gleichzeitig darauf
verwendet werden, und diese Verwendung wird um so vollkommener sein, je mehr Alles in einen Akt und in einen
Moment zusammengedrängt wird.

Es giebt aber darum doch einen Nachdruck und eine
nachhaltige Wirkung in der Strategie, und wir können sie
um so weniger übersehen, als sie ein Hauptmittel des endlichen Erfolges ist, nämlich die fortdauernde Entwickelung
neuer Kräfte. Auch dies ist der Gegenstand eines andern
Kapitels, und wir nennen ihn bloß, um zu verhüten daß
der Leser nicht Etwas im Auge habe, wovon wir gar nicht
sprechen.

Wir wenden uns nun zu einem mit unseren bisherigen Betrachtungen sehr nahe verwandten Gegenstand, durch
dessen Feststellung dem Ganzen erst sein volles Licht gegeben
werden kann, wir meinen die strategische Reserve.

Dreizehntes Kapitel.
Strategische Reserve.

Eine Reserve hat zwei Bestimmungen, die sich wohl von einander unterscheiden lassen, nämlich: erstens, die Verlängerung und Erneuerung des Kampfes, und zweitens, der Gebrauch gegen unvorhergesehene Fälle. Die erste Bestimmung setzt den Nutzen einer successiven Kraftanwendung voraus, und kann deshalb in der Strategie nicht vorkommen. Die Fälle, wo ein Korps nach einem Punkt hingeschickt wird, der im Begriff ist überwältigt zu werden, sind offenbar in die Kategorie der zweiten Bestimmung zu setzen, weil der Widerstand, welchen man hier zu leisten hat, nicht hinlänglich vorhergesehen worden ist. Ein Korps aber, was zur bloßen Verlängerung des Kampfes bestimmt, und zu dem Behuf zurückgestellt ist, würde nur außer dem Bereich des Feuers gestellt, dem im Gefecht Befehlenden untergeordnet und zugewiesen, mithin eine taktische und keine strategische Reserve sein.

Das Bedürfniß aber, eine Kraft für unvorhergesehene Fälle bereit zu haben, kann auch in der Strategie vorkommen, und folglich kann es auch strategische Reserve geben: aber nur da, wo unvorhergesehene Fälle denkbar sind. In der Taktik, wo man die Maaßregeln des Feindes meistens erst durch den Augenschein kennen lernt, und wo jedes Gehölz und jede Falte eines wellenförmigen Bodens dieselben verbergen kann, muß man natürlich immer mehr oder weniger auf unvorhergesehene Fälle gefaßt sein, um diejenigen Punkte unseres Ganzen, welche sich zu schwach zeigen, hinterher zu verstärken, und überhaupt die Anordnung unserer Kräfte mehr nach Maaßgabe der feindlichen einrichten zu können.

Auch in der Strategie müssen solche Fälle vorkommen, weil der strategische Akt unmittelbar an den taktischen anknüpft. Auch in der Strategie wird manche Anordnung erst nach dem Augenschein, nach ungewissen, von einem Tage zum andern, von einer Stunde zur andern eingehenden Nachrichten, endlich nach den wirklichen Erfolgen der Gefechte, getroffen; es ist also eine wesentliche Bedingung der strategischen Führung, daß, nach Maaßgabe der Ungewißheit, Streitkräfte zur späteren Verwendung zurückgehalten werden.

Bei der Vertheidigung überhaupt, besonders aber gewisser Bodenabschnitte, wie Flüsse, Gebirge u. s. w. kommt dies bekanntlich unaufhörlich vor.

Aber diese Ungewißheit nimmt ab, je weiter sich die strategische Thätigkeit von der taktischen entfernt, und hört fast ganz auf, in jenen Regionen derselben, wo sie an die Politik grenzt.

Wohin der Feind seine Kolonnen zur Schlacht führt, kann man nur aus dem Augenschein erkennen; wo er einen Fluß überschreiten wird, aus wenigen Anstalten, die sich kurz vorher kund thun; auf welcher Seite er unser Reich anfallen werde, das verkünden gewöhnlich schon alle Zeitungen, ehe noch ein Pistolenschuß fällt. Je größerer Art die Maaßnehmungen werden, um so weniger kann man damit überraschen. Zeiten und Räume sind so groß, die Verhältnisse, aus welchen die Handlung hervorgeht, so bekannt und wenig veränderlich, daß man das Ergebniß entweder zeitig genug erfährt, oder mit Gewißheit erforschen kann.

Von der andern Seite wird auch der Gebrauch einer Reserve, wenn sie wirklich vorhanden wäre, in diesem Gebiete

der Strategie immer unwirkſamer, je weiter die Maaßregel gegen das Ganze hinaufrückt.

Wir haben geſehen, daß die Entſcheidung eines Theil-
gefechtes an ſich Nichts iſt, ſondern daß alle Theilgefechte
erſt in der Entſcheidung des Totalgefechtes ihre Erledigung finden.

Aber auch dieſe Entſcheidung des Totalgefechts hat
nur eine relative Bedeutung, in ſehr vielen Abſtufungen,
je nachdem die Streitkraft, über welche der Sieg errungen iſt, einen mehr oder weniger großen und bedeutenden
Theil des Ganzen ausmachte. Das verlorne Treffen eines
Korps kann durch den Sieg des Heeres gut gemacht werden, und ſelbſt die verlorne Schlacht eines Heeres könnte
durch die gewonnene eines bedeutenderen, nicht bloß aufge-
wogen, ſondern in ein glückliches Ereigniß verwandelt werden (die beiden Tage von Kulm 1813). Niemand kann
dies bezweifeln; aber es iſt eben ſo klar, daß das Gewicht
eines jeden Sieges (der glückliche Erfolg eines jeden Totalgefechts) um ſo ſelbſtſtändiger wird, je bedeutender der
beſiegte Theil war, und daß alſo die Möglichkeit, das Verlorne durch ein ſpäteres Ereigniß wieder einzubringen, in
dieſer Richtung immer mehr abnimmt. Wie ſich das
näher beſtimmt, werden wir an einem andern Ort zu betrachten haben, hier iſt es uns genug, auf das unzwei-
felhafte Daſein dieſer Progreſſion aufmerkſam gemacht zu
haben.

Fügen wir nun endlich dieſen beiden Betrachtungen
noch die dritte hinzu, nämlich: daß, wenn der nachhaltige
Gebrauch der Streitkräfte in der Taktik die Hauptentſcheidung immer gegen das Ende des ganzen Aktes hin
verſchiebt, das Geſetz des gleichzeitigen Gebrauchs in der
Strategie, umgekehrt die Hauptentſcheidung (welches nicht

die endliche zu sein braucht) fast immer am Anfang des großen Aktes stattfinden läßt: so werden wir in diesen drei Resultaten Gründe genug haben, um strategische Reserve immer entbehrlicher, immer unnützer und immer gefährlicher zu finden, je mehr ihre Bestimmung umfassend ist.

Der Punkt aber, wo die Idee der strategischen Reserve anfängt widersprechend zu werden, ist nicht schwer zu bestimmen; er liegt in der Hauptentscheidung. Die Verwendung aller Kräfte muß sich innerhalb der Hauptentscheidung befinden, und jede Reserve (fertiger Streitkräfte), welche erst nach dieser Entscheidung gebraucht werden sollte, ist widersinnig.

Wenn also die Taktik in ihren Reserven das Mittel hat, nicht bloß den unvorhergesehenen Anordnungen des Feindes zu begegnen, sondern auch den niemals vorherzusehenden Erfolg des Gefechts, da wo er unglücklich ist, wieder gut zu machen: so muß die Stratezie, wenigstens was die große Entscheidung betrifft, auf dieses Mittel verzichten; sie kann die Nachtheile, welche auf einem Punkt eintreten, in der Regel nur durch die Vortheile wieder gut machen, die sie auf anderen erhält, und in wenigen Fällen, indem sie Kräfte von einem Punkte zum andern überführt; niemals aber soll oder darf sie auf den Gedanken kommen, einem solchen Nachtheil durch eine zurückgestellte Kraft im Voraus begegnen zu wollen.

Wir haben die Idee einer strategischen Reserve, welche bei der Hauptentscheidung nicht mitwirken soll, für widersinnig erklärt, und das ist sie so unzweifelhaft, daß wir gar nicht versucht gewesen sein würden, sie einer solchen Analyse zu unterwerfen, wie in diesen beiden Kapiteln geschehen ist, wenn sie sich nicht, unter andern Vorstellungen verkappt, etwas besser ausnähme und so häufig zum Vorschein käme. Der Eine sieht in ihr den Preis strategischer Weisheit und Vorsicht, der Andere verwirft sie, und mit ihr die Idee jeder Reserve, folglich auch der taktischen. Dieser Ideenwirrwarr geht in's wirkliche Leben über, und will man ein glänzendes Beispiel davon sehen, so erinnere man sich, daß Preußen 1806 eine Reserve von 20,000 Mann unter dem Prinzen Eugen von Würtemberg in der Mark kantoniren ließ, welche dann die Saale zur rechten Zeit nicht mehr erreichen konnte, und daß andere 25,000 Mann dieser Macht in Ost- und Südpreußen zurückblieben, welche man als eine Reserve erst später auf den Feldfuß setzen wollte.

Nach diesen Beispielen wird man uns wohl nicht Schuld geben, daß wir mit Windmühlen gefochten haben.

Vierzehntes Kapitel.
Ökonomie der Kräfte.

Der Pfad der Überlegung läßt sich, wie wir gesagt haben, durch Grundsätze und Ansichten selten bis zu einer bloßen Linie einengen. Es bleibt immer ein gewisser Spielraum. So ist es aber in allen praktischen Künsten des Lebens. Für die Schönheitslinien giebt es keine Abszissen und Ordinaten, Kreis und Ellipse werden nicht mit ihren algebraischen Formeln zu Stande gebracht. Es muß sich also der Handelnde bald dem feinern Takt des Urtheils überlassen, der, aus natürlichem Scharfsinn hervorgehend und durch Nachdenken gebildet, das Rechte fast bewußtlos trifft; bald muß er das Gesetz zu hervorstechenden Merkmalen vereinfachen, welche ihre Regeln bilden, bald muß die eingeführte Methode der Stab werden, an welchem er sich hält.

Als ein solches vereinfachtes Merkmal, als einen Handgriff des Geistes sehen wir den Gesichtspunkt an: stets auf die Mitwirkung aller Kräfte zu wachen, oder mit andern Worten, es immer und immer im Auge zu haben, daß kein Theil derselben müßig sei. Wer da Kräfte hat, wo der Feind sie nicht hinreichend beschäftigt, wer einen Theil seiner Kräfte marschiren, d. h. todt sein läßt, während die feindlichen schlagen: der führt mit seinen Kräften einen schlechten Haushalt. In diesem Sinne giebt es eine Verschwendung der Kräfte, die selbst schlimmer ist als ihre unzweckmäßige Verwendung. Wenn einmal gehandelt werden soll, so ist das erste Bedürfniß, daß alle Theile handeln, weil die unzweckmäßigste Thätigkeit doch einen Theil der feindlichen Kräfte beschäftigt und niederschlägt, während die ganz müßigen Kräfte für den Augenblick ganz neutralisirt sind. Unverkennbar hängt diese Ansicht mit den Grundsätzen der drei letzten Kapitel zusammen; es ist dieselbe Wahrheit, aber von einem etwas mehr umfassenden Standpunkt aus gesehen, und in eine einzelne Vorstellung zusammengedrängt.

Funfzehntes Kapitel.
Geometrisches Element.

Wie stark das geometrische Element oder die Form in der Aufstellung der Streitkräfte im Kriege zu einem vorherrschenden Prinzip werden kann, sehen wir an der Befestigungskunst, wo die Geometrie fast das Größte und Kleinste besorgt. Auch in der Taktik spielt sie eine große Rolle. Von der Taktik im engern Sinn, der Bewegungslehre der Truppen, ist sie die Grundlage; in der Feldbefestigung aber, so wie in der Lehre von den Stellungen und ihrem Angriff, herrschen ihre Winkel und Linien, wie Gesetzgeber, welche den Streit zu entscheiden haben. Manches ist hier zu falscher Anwendung gekommen und Anderes war nur Spielerei; aber dennoch hat gerade in der heutigen Taktik, wo man in jedem Gefecht seinen Gegner zu umfassen sucht, das geometrische Element von Neuem eine große Wirksamkeit erhalten, zwar in sehr einfacher, aber immer wiederkehrender Anwendung. Nichts desto weniger kann in der Taktik, wo Alles beweglicher, wo die moralischen Kräfte, die individuellen Züge und der Zufall einflußreicher sind, als im Festungskriege, das geometrische Element nicht eben so wie in ihm vorherrschen. Noch geringer aber ist sein Einfluß in der Strategie. Zwar sind auch hier die Formen in der Aufstellung der Streitkräfte, die Gestalt der Länder und Staaten von großem Einfluß. — Das geometrische Prinzip ist nicht entscheidend wie in der Befestigungskunst, und lange nicht so wichtig wie in der Taktik. — Auf welche Weise jener Einfluß sich zeigt, wird sich erst nach und nach an denje-

nigen Orten sagen lassen, wo er eintritt und Rücksicht
verdient. Hier wollen wir vielmehr auf den Unterschied
aufmerksam machen, welcher dabei zwischen Taktik und
Strategie besteht.

In der Taktik kommen Zeit und Raum schnell auf ihr
absolut Kleinstes zurück. Wenn eine Truppe von der feindlichen in Seite und Rücken gefaßt wird, so kommt es
bald auf den Punkt, wo ihr gar kein Rückzug mehr bleibt;
eine solche Lage ist der absoluten Unmöglichkeit weiter zu
fechten nahe, und sie muß sich also daraus befreien, oder
derselben vorbeugen. Dies giebt allen dahin zielenden Kombinationen, von Hause aus, eine große Wirksamkeit, und
diese besteht größtentheils in den Besorgnissen, welche sie
dem Gegner über die Folgen einflößen. Darum ist die
geometrische Aufstellung der Streitkräfte ein so wesentli-
licher Faktor in dem Produkt.

Von allen Dem hat die Strategie, wegen der großen
Räume und Zeiten, nur einen schwachen Reflex. Man
schießt nicht von einem Kriegstheater bis zum andern, sondern es vergehen oft Wochen und Monate, ehe eine ange-
legte strategische Umgehung zur Wirklichkeit kommt. Ferner sind die Räume so groß, daß die Wahrscheinlichkeit
zuletzt den rechten Punkt zu treffen, auch bei den besten
Maaßregeln, sehr geringe bleibt.

In der Strategie ist also die Wirkung solcher Kombinationen, d. h. des geometrischen Elements, viel geringer,
und darum ist die Wirkung dessen was man einstweilen
faktisch auf einem Punkt errungen hat viel größer. Dieser Vortheil hat Zeit seine volle Wirkung zu äußern, ehe
er von entgegengesetzten Besorgnissen darin gestört, oder
gar vernichtet wird. Wir scheuen uns daher nicht, es
als eine ausgemachte Wahrheit anzusehen, daß es in der

Strategie mehr auf die Anzahl und den Umfang siegreicher Gefechte ankomme, als auf die Form der großen Lineamente, in welcher sie zusammenhängen.

Gerade die umgekehrte Ansicht ist ein Lieblingsthema neuerer Theorie gewesen, weil man geglaubt hat, dadurch der Strategie eine größere Wichtigkeit zu geben. In der Strategie aber sah man wieder die höhere Funktion des Geistes, und so glaubte man den Krieg dadurch zu veredlen, und, wie man, vermöge einer neuen Substitution der Begriffe, sagte, wissenschaftlicher zu machen. Wir halten es für einen Hauptnutzen einer vollständigen Theorie, solchen Verschrobenheiten ihr Ansehen zu benehmen, und da das geometrische Element die Hauptvorstellung ist von welcher dieselbe auszugehen pflegt: so haben wir diesen Punkt ausdrücklich herausgehoben.

Sechszehntes Kapitel.

Über den Stillstand im kriegerischen Akt.

Wenn man den Krieg als einen Akt gegenseitiger Vernichtung ansieht, so muß man sich nothwendigerweise beide Theile als im Allgemeinen vorschreitend denken, zugleich aber muß man sich, was den jedesmaligen Augenblick betrifft, fast eben so nothwendigerweise den einen als abwartend, und nur den andern als vorschreitend denken, denn die Umstände werden niemals auf beiden Seiten völlig gleich sein, oder sich völlig gleich bleiben. Es wird mit der Zeit ein Wechsel entstehen, woraus dann folgt, daß der gegenwärtige Augenblick dem einen günstiger ist als dem andern. Setzt man nun bei beiden Feldherrn eine vollkommene Kenntniß dieser Umstände voraus, so entspringt daraus für den einen ein Grund des Handelns, der dann zugleich für den andern ein Grund des Abwartens wird. Es können also hiernach beide nicht zugleich das Interesse des Vorschreitens, aber auch nicht zugleich das Interesse des Abwartens haben. Dieses gegenseitige Ausschließen desselben Zwecks ist hier nicht aus dem Grunde der allgemeinen Polarität hergeleitet, und also kein Widerspruch gegen die Behauptung des fünften Kapitels des zweiten Buchs, sondern rührt daher, daß hier für beide Feldherrn wirklich dieselbe Sache Bestimmungsgrund wird, nämlich die Wahrscheinlichkeit einer Verbesserung oder Verschlimmerung ihrer Lage durch die Zukunft.

Ließe man aber auch die Möglichkeit einer völligen Gleichheit der Umstände in dieser Beziehung zu, oder nimmt man darauf Rücksicht, daß die mangelhafte Kenntniß der gegenseitigen Lagen beiden Feldherrn es so erscheinen lassen kann, so hebt doch die Verschiedenheit der politischen Zwecke diese Möglichkeit eines Stillstandes auf. Einer der beiden Theile muß, politisch genommen, nothwendig der Angreifende sein, weil aus gegenseitiger Vertheidigungsabsicht kein Krieg entstehen kann. Der Angreifende aber hat den positiven Zweck, der Vertheidiger einen bloß negativen — jenem gebührt also das positive Handeln, denn nur dadurch kann er den positiven Zweck erreichen. Es wird also in den Fällen, wo beide Theile sich in ganz gleichen Umständen befinden, der Angreifende durch seinen positiven Zweck zum Handeln aufgefordert.

So ist also nach dieser Vorstellungsart ein Stillstand

im kriegerischen Akt, strenge genommen, ein Widerspruch mit der Natur der Sache, weil beide Heere wie zwei feindliche Elemente einander unausgesetzt vertilgen müssen, so wie Feuer und Wasser sich nie ins Gleichgewicht setzen, sondern so lange auf einander einwirken, bis ein's ganz verschwunden ist. Was würde man von zwei Ringern sagen, die sich stundenlang umfaßt hielten, ohne eine Bewegung zu machen? Der kriegerische Akt sollte also, wie ein aufgezogenes Uhrwerk in stetiger Bewegung ablaufen. — Aber so wild die Natur des Krieges ist, so liegt sie doch an der Kette der menschlichen Schwächen, und der Widerspruch, der sich hier zeigt, daß der Mensch die Gefahr sucht und schafft, die er gleichwohl fürchtet, wird Niemand befremden.

Richten wir den Blick auf die Kriegsgeschichte überhaupt, so finden wir so sehr das Gegentheil von einem unaufhaltsamen Fortschreiten zum Ziel, daß ganz offenbar Stillstehen und Nichtsthun der Grundzustand der Heere mitten im Kriege ist, und das Handeln die Ausnahme. Dies sollte uns an der Richtigkeit der gefaßten Vorstellung fast irre machen. Aber wenn die Kriegsgeschichte dies thut durch die Masse ihrer Begebenheiten, so führt die letzte Reihe derselben von selbst in unsere Ansicht zurück. Der Revolutionskrieg zeigt nur zu sehr ihre Realität, und beweis't nur zu sehr ihre Nothwendigkeit. In ihm, und besonders in den Feldzügen Bonaparte's hat die Kriegführung den unbedingten Grad der Energie erreicht, den wir als das natürliche Gesetz des Elements betrachtet haben. Dieser Grad ist also möglich, und wenn er möglich ist, so ist er nothwendig.

In der That, wie wollte man auch vor den Augen

der Vernunft den Aufwand von Kräften rechtfertigen, welchen man im Kriege macht, wenn ein Handeln nicht der Zweck wäre? Der Bäcker heizt seinen Ofen nur wenn er das Brod hineinschieben will; die Pferde spannt man nur an den Wagen wenn man damit fahren will; warum denn die ungeheuren Anstrengungen eines Krieges machen, wenn man damit Nichts hervorbringen will, als ähnliche Anstrengungen beim Feinde?

So viel zur Rechtfertigung des allgemeinen Prinzips, jetzt von seinen Modifikationen, so weit sie in der Natur der Sache liegen, und nicht von individuellen Fällen abhängen.

Es sind hier drei Ursachen zu bemerken, welche als innere Gegengewichte erscheinen, und das allzurasche oder unaufhaltsame Ablaufen des Uhrwerks verhindern.

Die erste, welche einen beständigen Hang zum Aufenthalt hervorbringt, und dadurch ein retardirendes Prinzip wird, ist die natürliche Furchtsamkeit und Unentschlossenheit des menschlichen Geistes, eine Art Schwere in der moralischen Welt, die aber nicht durch anziehende, sondern durch zurückstoßende Kräfte hervorgebracht wird; nämlich durch die Scheu vor Gefahr und Verantwortlichkeit.

In dem Flammenelement des Krieges müssen die gewöhnlichen Naturen schwerer erscheinen, die Anstöße müssen also stärker und wiederholter sein, wenn die Bewegung eine dauernde werden soll. Selten reicht die bloße Vorstellung von dem Zweck der Bewaffnung hin, diese Schwere zu überwinden, und wenn nicht ein kriegerischer unternehmender Geist an der Spitze steht, der sich im Kriege, wie der Fisch im Wasser, in seinem rechten Element befindet, oder wenn nicht eine große Verantwortlichkeit von oben drückt:

so wird das Stillstehen zur Tagesordnung und das Vorschreiten zu den Ausnahmen gehören.

Die zweite Ursache ist die Unvollkommenheit menschlicher Einsicht und Beurtheilung, die im Kriege größer ist
als irgend wo, weil man kaum die eigene Lage in jedem
Augenblick genau kennt, die des Gegners aber, weil sie
verschleiert ist, aus Wenigem errathen muß. Dies bringt
denn oft den Fall hervor, daß beide Theile auch da ein
und denselben Gegenstand für ihren Vortheil ansehen, wo
das Interesse des einen doch überwiegend ist. So kann
denn jeder glauben weise zu thun, wenn er einen andern
Moment abwartet, wie wir das im fünften Kapitel des
zweiten Buchs schon gesagt haben.

Die dritte Ursache, welche wie ein Sperrrad in das
Uhrwerk eingreift und von Zeit zu Zeit einen gänzlichen
Stillstand hervorbringt, ist die größere Stärke der Vertheidigung; A kann sich zu schwach fühlen B anzugreifen,
woraus aber nicht folgt, daß B stark genug zum Angriff
gegen A sei. Der Zusatz von Kraft, welchen die Ver-
theigung giebt, geht durch den Angriff nicht bloß verloren, sondern wird dem Gegner gegeben, so wie bildlich gesagt: die Differenz von $a + b$ und $a - b$ gleich $2b$ ist.
Daher kann es kommen, daß beide Theile zum Angriff
zugleich zu schwach nicht bloß sich fühlen, sondern wirklich sind.

So finden mitten in der Kriegskunst selbst, besorgliche Klugheit, Furcht vor allzugroßer Gefahr: bequeme
Standpunkte um sich geltend zu machen, und das elemen-
tarische Ungestüm des Krieges zu bändigen.

Indessen würden diese Ursachen schwerlich ohne Zwang
den langen Stillstand erklären können, den die Unterneh-

mungen in früheren, von keinem großen Interesse ange-
regten Kriegen litten, wo der Müßiggang neun Zehntheile
der Zeit einnahm, die man unter den Waffen zubrachte.
Diese Erscheinung rührt vorzüglich von dem Einfluß her,
den die Forderung des Einen, und der Zustand und die
Stimmung des Andern auf die Führung des Krieges haben, wie im Kapitel vom Wesen und Zweck des Krieges
bereits gesagt ist.

Diese Dinge können von einem so überwiegenden
Einfluß werden, daß sie den Krieg zu einem Halbdinge
machen. Oft sind die Kriege nicht viel mehr wie eine bewaffnete Neutralität, oder eine drohende Stellung zur Unterstützung der Unterhandlungen, oder ein mäßiger Versuch,
sich in einen kleinen Vortheil zu setzen, und dann die Sache
abzuwarten, oder eine unangenehme Bundespflicht, die man
so karg als möglich erfüllt.

In allen diesen Fällen, wo der Stoß der Interessen
gering, das Prinzip der Feindschaft schwach ist, wo man
dem Gegner nicht viel thun will, und auch nicht viel von
ihm zu befürchten hat, kurz, wo kein großes Interesse
drängt und treibt: wollen die Kabinette nicht viel auf's
Spiel setzen, und daher diese zahme Kriegführung, wo der
feindseelige Geist des wahren Krieges an die Kette gelegt wird.

Je mehr der Krieg auf diese Weise zu einem Halbdinge wird, um so mehr entbehrt die Theorie desselben der
nöthigen festen Punkte und Widerlagen für ihr Raisonnement, des Nothwendigen wird immer weniger, des Zufälligen immer mehr.

Nichts destoweniger wird es auch in dieser Kriegführung eine Klugheit geben, ja vielleicht ist ihr Spiel hier

mannichfaltiger und ausgedehnter als in der andern. Das
Hazardspiel mit Goldrollen scheint in ein Kommerzspiel
mit Groschen verwandelt. Und in diesem Felde, wo die
Kriegführung mit vielen kleinen Schnörkeln die Zeit aus-
füllt: mit Vorpostengefechten, die zwischen Ernst und Scherz
in der Mitte stehen, mit langen Dispositionen, die Nichts
hervorbringen, mit Stellungen und Märschen, die man hinterher nur darum gelehrt nennt, weil die winzig kleine Ursache derselben verloren gegangen ist, und der Hausverstand
sich Nichts dabei denken kann: gerade in diesem Felde finden
manche Theoretiker die wahre Kriegskunst zu Haus; in
diesen Finten, Paraden, Halben- und Viertelstößen der
alten Kriege finden sie das Ziel aller Theorie, das Vorherrschen des Geistes über die Materie, und die letzten
Kriege kommen ihnen dagegen wie rohe Faustschläge vor,
bei denen Nichts zu lernen ist, und die man als Rück-
schritte gegen die Barbarei betrachten muß. Diese Ansicht
ist eben so kleinlich als ihr Gegenstand. Wo große Kräfte,
große Leidenschaften fehlen, ist es einer gewandten Klugheit freilich leichter ihr Spiel zu zeigen; aber ist denn die
Leitung großer Kräfte, das Steuern in Sturm und Wellenschlag nicht an sich eine höhere Thätigkeit des Geistes?
Ist denn jene Rappierkunst nicht von der andern Kriegführung umfaßt und getragen? Verhält sie sich nicht zu
ihr, wie sich die Bewegungen auf einem Schiffe zu den
Bewegungen des Schiffes verhalten? Sie kann ja nur
bestehen unter der stillschweigenden Bedingung, daß der
Gegner es nicht besser mache. Und wissen wir, wie lange
er diese Bedingung erfüllen wird? Hat uns denn nicht
Frankreichs Revolution mitten in der eingebildeten Sicherheit unserer alten Künste überfallen, und von Chalons bis

Moskau geschleudert? und hat Friedrich der Große nicht
schon auf ähnliche Weise die Östreicher in der Ruhe ihrer
alten Kriegsgewohnheiten überrascht, und ihre Monarchie
erschüttert? — Wehe dem Kabinet, was mit einer halben
Politik und gefesselten Kriegskunst auf einen Gegner trifft,
der, wie das rohe Element, keine andere Gesetze kennt, als
die seiner inwohnenden Kraft! Dann wird jeder Mangel an
Thätigkeit und Anstrengung ein Gewicht in der Waagschaale des Gegners; es ist dann nicht so leicht die
Fechterstellung in die eines Athleten zu verwandeln, und
ein geringer Stoß reicht oft hin, das Ganze zu Boden
zu werfen.

Aus allen angeführten Ursachen geht hervor: daß der
kriegerische Akt eines Feldzuges nicht in kontinuirlicher
Bewegung fortläuft, sondern ruckweis, und daß also zwi-
schen den einzelnen blutigen Handlungen eine Zeit des
Beobachtens eintritt, in welcher sich beide Theile in der
Vertheidigung befinden, so wie: daß gewöhnlich ein höherer
Zweck bei dem Einen, das Prinzip des Angriffs vorherr-
schen, und ihn im Allgemeinen in einer fortschreitenden
Stellung bleiben läßt, wodurch denn sein Betragen in
etwas modifizirt wird.

Siebzehntes Kapitel.

Über den Charakter der heutigen Kriege.

Die Rücksicht, welche man dem Charakter der heutigen Kriege schuldig ist, hat einen großen Einfluß auf alle Entwürfe, vorzüglich die strategischen.

Seit alle gewöhnlichen früheren Mittel durch Bonaparte's Glück und Kühnheit über den Haufen geworfen, und Staaten vom ersten Range fast mit einem Schlage vernichtet worden sind; seitdem die Spanier durch ihren anhaltenden Kampf gezeigt haben, was Nationalbewaffnungen und Insurrektionsmittel im Großen vermögen, troß ihrer Schwäche und Porösität im Einzelnen; seitdem Rußland durch seinen Feldzug von 1812 gelehrt hat: erstens, daß ein Reich von großen Dimensionen nicht zu erobern ist (welches man füglich vorher hätte wissen können), zweitens, daß die Wahrscheinlichkeit des Erfolgs nicht in allen Fällen in dem Maaße abnimmt, als man Schlachten, Hauptstädte, Provinzen verliert (welches früher allen Diplomaten ein unumstößlicher Grundsaß war, daher sie auch gleich mit einem interimistischen schlechten Frieden bei der Hand waren), sondern daß man oft mitten in seinem Lande am stärksten ist, wenn die Offensivkraft des Gegners sich schon erschöpft hat, und mit welcher ungeheuern Gewalt dann die Defensive zur Offensive überspringt; seitdem ferner Preußen 1813 gezeigt hat, daß plößliche Anstrengungen die gewöhnliche Stärke einer Armee auf dem Wege der Miliz versechsfachen können, und daß diese Miliz eben so gut außerhalb des Landes als im Lande zu gebrauchen ist, — nachdem alle diese Fälle gezeigt

I   18

haben, welch ein ungeheuerer Faktor in dem Produkt der Staats- Kriegs- und Streitkräfte das Herz und die Gesinnung der Nation sei, — nachdem die Regierungen alle diese Hilfsmittel kennen gelernt haben: ist nicht zu erwarten, daß sie dieselben in künftigen Kriegen unbenutzt lassen werden, sei es, daß die Gefahr der eigenen Existenz ihnen drohe, oder ein heftiger Ehrgeiz sie treibe.

Daß Kriege, welche mit der ganzen Schwere der gegenseitigen Nationalkraft geführt werden, nach andern Grundsätzen eingerichtet sein müssen als solche, wo Alles nach dem Verhältniß der stehenden Heere zu einander berechnet wurde, ist leicht einzusehen. Die stehenden Heere glichen sonst den Flotten, die Landmacht der Seemacht in ihrem Verhältniß zum übrigen Staat, und daher hatte die Kriegeskunst zu Lande Etwas von der Seetaktik was sie nun ganz verloren hat.

Achtzehntes Kapitel.

Spannung und Ruhe.

Das dynamische Gesetz des Krieges.

Wir haben im sechszehnten Kapitel dieses Buches gesehen, wie viel größer in den meisten Feldzügen die Zeit des Stillstandes und der Ruhe als die des Handelns war. Wenn wir nun auch, wie im zehnten Kapitel gesagt ist, in den heutigen Kriegen einen ganz anderen Charakter wahrnehmen, so ist es doch gewiß, daß das eigentliche Handeln immer von mehr oder weniger langen Pausen un-

terbrochen sein wird, und dies führt uns auf das Bedürf=
niß, das Wesen beider Zustände näher zu betrachten.

Wenn ein Stillstand im kriegerischen Akt eintritt,
d. h. wenn keiner von beiden Theilen etwas Positives will,
so ist Ruhe, und folglich Gleichgewicht; aber freilich Gleich=
gewicht in der weitesten Bedeutung, wo nicht bloß die
physischen und moralischen Streitkräfte, sondern alle Ver=
hältnisse und Interessen in die Rechnung kommen. So
wie einer der beiden Theile sich einen neuen positiven Zweck
vorsetzt, und für die Erreichung desselben thätig wird,
wäre es auch bloß mit Vorbereitungen, und sobald der
Gegner diesem widerstrebt, entsteht eine Spannung der
Kräfte; diese dauert so lange, bis die Entscheidung erfolgt
ist, d. h. bis entweder der eine seinen Zweck aufgegeben,
oder der andere ihn eingeräumt hat.

Auf diese Entscheidung, deren Gründe immer in den
Wirkungen der Gefechtskombinationen liegen, welche von
beiden Seiten entstehen, folgt dann eine Bewegung in der
einen oder andern Richtung.

Hat sich diese Bewegung erschöpft, entweder in den
Schwierigkeiten, die dabei zu überwinden waren, wie an
eigener Friktion, oder durch neu eingetretene Gegengewichte:
so tritt entweder wieder Ruhe, oder eine neue Spannung
und Entscheidung, und dann eine neue Bewegung in den
meisten Fällen in der entgegengesetzten Richtung ein.

Diese spekulative Unterscheidung von Gleichgewicht,
Spannung und Bewegung ist wesentlicher für das prak=
tische Handeln als es auf den ersten Augenblick schei=
nen mögte.

Im Zustand der Ruhe und des Gleichgewichts kann
mancherlei Thätigkeit herrschen, nämlich die, welche bloß
von Gelegenheitsursachen und nicht von dem Zweck einer

großen Veränderung ausgeht. Eine solche Thätigkeit kann bedeutende Gefechte, ja selbst Hauptschlachten in sich schließen, aber sie ist darum doch von einer ganz andern Natur und deshalb meistens von anderer Wirkung.

Wenn eine Spannung stattfindet, so wird die Entscheidung immer wirksamer sein, theils weil sich darin mehr Willenskraft und mehr Drang der Umstände kund thun wird, theils weil Alles schon auf eine große Bewegung vorbereitet und zugerichtet ist. Die Entscheidung gleicht da der Wirkung einer wohl verschlossenen und verdämmten Mine, während eine an sich vielleicht eben so große Begebenheit im Zustande der Ruhe einer in freier Luft verplatzten Pulvermasse mehr oder weniger ähnlich ist.

Der Zustand der Spannung muß übrigens, wie sich von selbst versteht, von verschiedenen Graden gedacht werden, und kann sich folglich gegen den Zustand der Ruhe hin in so viel Abstufungen verlaufen, daß er in den letzten wenig von ihr verschieden sein wird.

Nun ist der wesentlichste Nutzen, den wir aus dieser Betrachtung ziehen, der Schluß, daß jede Maaßregel, die man in dem Zustande der Spannung nimmt, wichtiger, erfolgreicher ist, als dieselbe Maaßregel im Zustande des Gleichgewichts gewesen sein würde, und daß diese Wichtigkeit in den höchsten Graden der Spannung unendlich steigt.

Die Kanonade von Valmy hat mehr entschieden als die Schlacht bei Hochkirch.

In einem Landstrich, den uns der Feind überläßt, weil er ihn nicht vertheidigen kann, dürfen wir uns ganz anders niederlassen, als wenn der Rückzug des Feindes bloß in der Absicht geschah, die Entscheidung unter besseren Umständen zu geben. Gegen einen im Vorschreiten begriffenen strategischen Angriff kann eine fehlerhafte Stel-

lung, ein einziger falscher Marsch von entscheidenden Fol-
gen sein, während im Zustande des Gleichgewichts diese
Dinge sehr hervorstechend sein müßten, um des Gegners
Thätigkeit überhaupt nur anzuregen.

Die meisten früheren Kriege bestanden, wie wir schon
gesagt haben, dem größten Theil der Zeit nach, in diesem
Zustande des Gleichgewichts, oder wenigstens so geringer
entfernt liegender schwachwirkender Spannungen, daß die
Ereignisse, welche darin vorkommen, selten von großem
Erfolge waren, oft Gelegenheitsstücke zum Geburtstag
einer Monarchin (Hochkirch), oft eine bloße Genugthuung
der Waffenehre (Kunersdorf), der Feldherrn Eitelkeit
(Freiberg).

Daß der Feldherr diese Zustände gehörig erkenne, daß
er den Takt habe, sich im Geist derselben zu betragen,
halten wir für ein großes Erforderniß, und wir haben an
dem Feldzug von 1806 die Erfahrung gemacht, wie sehr
dies zuweilen abgeht. In jener ungeheuern Spannung,
wo Alles zu einer Hauptentscheidung hindrängte, und diese
mit allen ihren Folgen allein die ganze Seele des Feldherrn hätte in Anspruch nehmen sollen: kamen Maaßregeln
in Vorschlag und zum Theil auch zur Anwendung (die
Rekognoscirung nach Franken), die höchstens im Zustande
des Gleichgewichts ein leichtes, oszillirendes Spiel hätten
abgeben können. Über allen diesen verwirrenden, die Thätigkeit absorbirenden Maaßregeln und Betrachtungen gingen
die nothwendigen, die allein retten konnten, verloren.

Diese von uns gemachte spekulative Unterscheidung ist
uns aber auch für den Fortbau unserer Theorie nothwendig, weil Alles, was wir über das Verhältniß von Angriff und Vertheidigung und über die Vollziehung dieses
doppelseitigen Aktes zu sagen haben, sich auf den Zustand

der Krise bezieht, in welchem sich die Kräfte während der Spannung und Bewegung befinden; und daß wir alle Thätigkeit, welche im Zustande des Gleichgewichts stattfinden kann, nur als ein Corollarium betrachten und behandeln werden, denn jene Krise ist der eigentliche Krieg, und dieses Gleichgewicht nur ein Reflex davon.

Viertes Buch.

Das Gefecht.

———

Erstes Kapitel.
Übersicht.

—

Nachdem wir im vorigen Buche die Gegenstände betrachtet haben, welche als die wirksamen Elemente im Kriege betrachtet werden können: wollen wir jetzt unsern Blick auf das Gefecht werfen, als die eigentliche kriegerische Thätigkeit, welche durch ihre physischen und geistigen Wirkungen bald einfacher, bald zusammengesetzter den Zweck des ganzen Krieges umfaßt. In dieser Thätigkeit und in ihren Wirkungen müssen also jene Elemente sich wieder finden.

Die Konstruktion des Gefechts ist taktischer Natur, wir werfen nur einen allgemeinen Blick darauf, um es in seiner Gesammterscheinung kennen zu lernen. Die nähern Zwecke geben in der Anwendung jedem Gefecht eine eigenthümliche Gestalt; diese nähern Zwecke werden wir erst in der Folge kennen lernen, allein jene Eigenthümlichkeiten sind im Verhältniß zu den allgemeinen Eigenschaften eines Gefechts meistens nur unbedeutend, so daß die Mehrzahl derselben einander sehr ähnlich sind, und wir sind also, wollen wir nicht an jedem Orte das Allgemeine wiederholen, genöthigt, dasselbe zu betrachten, ehe noch von einer näheren Anwendung die Rede ist.

Zuvor also, im nächsten Kapitel, werden wir mit ein Paar Worten die heutige Schlacht in ihrem taktischen Verlauf charakterisiren, weil diese unseren Vorstellungen vom Gefecht zum Grunde liegt.

Zweites Kapitel.
Charakter der heutigen Schlacht.

Nach den Begriffen, die wir von der Taktik und Strategie angenommen haben, versteht es sich von selbst, daß, wenn die Natur der ersten sich ändert, dies Einfluß auf die letztere haben muß. Haben die taktischen Erscheinungen in dem einen Fall einen ganz andern Charakter als in dem andern, so werden ihn auch die strategischen haben müssen, wenn sie konsequent und vernünftig bleiben sollen. Darum ist es wichtig die Hauptschlacht in ihrer neueren Gestalt zu charakterisiren, ehe wir ihren Gebrauch in der Strategie weiter kennen lernen.

Was thut man jetzt gewöhnlich in einer großen Schlacht? Man stellt sich in großen Massen neben und hinter einander geordnet ruhig hin, entwickelt verhältnißmäßig nur einen geringen Theil des Ganzen, und läßt sich diesen ausringen in einem Stunden langen Feuergefecht, welches durch einzelne kleine Stöße von Sturmschritt, Bajonette und Kavallerieanfall hin und wieder unterbrochen, und etwas hin und her geschoben wird. Hat dieser eine Theil sein kriegerisches Feuer auf diese Weise nach und nach ausgeströmt, und es bleiben Nichts als die Schlacken übrig, so wird er zurückgezogen und von einem andern ersetzt.

Auf diese Weise brennt die Schlacht mit gemäßigtem Element wie nasses Pulver langsam ab, und wenn der Schleier der Nacht Ruhe gebietet, weil Niemand mehr sehen kann, und sich Niemand dem blinden Zufall Preis geben will: so wird geschätzt, was dem Einen und dem Andern übrig bleiben mag, an Massen die noch brauchbar genannt werden können, d. h. die noch nicht ganz wie ausgebrannte Vulkane in sich zusammengefallen sind; es wird geschätzt, was man Raum gewonnen oder verloren hat, und wie es mit der Sicherheit des Rückens steht; es ziehen sich diese Resultate mit den einzelnen Eindrücken von Muth und Feigheit, Klugheit und Dummheit, die man bei sich und seinem Gegner wahrgenommen zu haben glaubt, in einen einzigen Haupteindruck zusammen, aus welchem dann der Entschluß entspringt: das Schlachtfeld zu räumen, oder das Gefecht am andern Morgen zu erneuern.

Diese Schilderung, die nicht ein ausgemaltes Bild der heutigen Schlacht sein, sondern bloß ihren Ton angeben soll, paßt auf Angreifende und Vertheidiger, und man kann in dieselbe die einzelnen Züge, welche der vorgesetzte Zweck, die Gegend u. s. w. an die Hand geben, hineintragen, ohne diesen Ton wesentlich zu ändern.

Es sind aber die heutigen Schlachten nicht zufällig so, sondern sie sind es, weil die Partheien sich ungefähr auf demselben Punkt der kriegerischen Einrichtungen und der Kriegskunst befinden, und weil das kriegerische Element, angefacht durch große Volksinteressen, durchgebrochen ist und in seine natürlichen Bahnen geleitet. Unter diesen beiden Bedingungen werden die Schlachten diesen Charakter immer behalten.

Diese allgemeine Vorstellung von der heutigen Schlacht wird uns in der Folge an mehr als einem Orte nützlich sein, wenn wir den Werth der einzelnen Coefficienten von Stärke, Gegend u. s. w. bestimmen wollen. Nur von allgemeinen, großen und entscheidenden Gefechten, und was dem nahe kommt, gilt diese Schilderung; die kleinen haben ihren Charakter auch, in dieser Richtung aber weniger als die großen verändert. Der Beweis davon gehört in die Taktik, wir werden aber dennoch Gelegenheit haben, in der Folge diesen Gegenstand noch durch ein Paar Züge deutlicher zu machen.

Drittes Kapitel.
Das Gefecht überhaupt.

Das Gefecht ist die eigentliche kriegerische Thätigkeit, alles Übrige sind nur die Träger derselben. Werfen wir also auf seine Natur einen aufmerksamen Blick.

Gefecht ist Kampf, und in diesem ist die Vernichtung oder Überwindung des Gegners der Zweck; der Gegner im einzelnen Gefecht aber ist die Streitkraft, welche uns entgegen steht.

Dies ist die einfache Vorstellung; wir werden zu ihr zurückkehren; aber ehe wir das können, müssen wir eine Reihe anderer einschalten.

Denken wir uns den Staat und seine Kriegsmacht als Einheit, so ist die natürlichste Vorstellung, uns den Krieg auch als ein einziges großes Gefecht zu denken, und in den einfachen Verhältnissen wilder Völker ist es auch nicht viel anders. Unsere Kriege aber bestehen aus einer Unzahl von großen und kleinen, gleichzeitigen oder auf

einander folgenden Gefechten, und dieses Zerfallen der Thätigkeit in so viel einzelne Handlungen hat seinen Grund
in der großen Mannichfaltigkeit der Verhältnisse, aus denen der Krieg bei uns hervorgeht.

Schon der letzte Zweck unserer Kriege, der politische,
ist nicht immer ein ganz einfacher, und wäre er es auch,
so ist die Handlung an eine solche Menge von Bedingungen und Rücksichten gebunden, daß der Zweck nicht mehr
durch einen einzelnen großen Akt, sondern nur durch eine
Menge größerer oder kleinerer, die zu einem Ganzen verbunden sind, erreicht werden kann. Jede dieser einzelnen
Thätigkeiten ist also ein Theil eines Ganzen, hat folglich
einen besondern Zweck, durch welchen sie an dieses Ganze
gebunden ist.

Wir haben früher gesagt, daß sich jede strategische
Handlung auf die Vorstellung eines Gefechts zurückführen
läßt, weil sie eine Verwendung der Streitkraft ist, und
dieser die Idee des Gefechts immer zum Grunde liegt.
Wir können also im Gebiete der Strategie alle kriegerische Thätigkeit auf die Einheit einzelner Gefechte zurückführen und uns nur mit den Zwecken dieser letztern beschäftigen. Wir werden diese besonderen Zwecke erst nach
und nach kennen lernen, so wie wir von den Gegenständen
sprechen werden, die sie hervorrufen. Hier ist es uns genug, zu sagen: jedes Gefecht, groß oder klein, hat seinen
besondern, dem Ganzen untergeordneten Zweck. Ist dieses
der Fall, so ist die Vernichtung und Überwindung des
Gegners nur als das Mittel für diesen Zweck zu betrachten. So ist es allerdings.

Allein dieses Resultat ist nur in seiner Form wahr,
und nur um des Zusammenhanges willen wichtig, welchen
die Vorstellungen unter sich haben, und es ist gerade, um

uns von demselben wieder los zu machen, daß wir es aufgesucht haben.

Was ist die Überwindung des Gegners? Immer nur die Vernichtung seiner Streitkraft, sei es durch Tod oder Wunden oder auf was für eine andere Art, sei es ganz und gar, oder nur in einem solchen Maaße, daß er den Kampf nicht mehr fortsetzen will. Wir können also, so lange wir von allen besonderen Zwecken der Gefechte absehen, die Vernichtung des Gegners ganz oder theilweise als den einzigen Zweck aller Gefechte betrachten.

Nun behaupten wir, daß in der Mehrheit der Fälle, und besonders bei den großen Gefechten, der besondere Zweck, wodurch das Gefecht individualisirt, und mit dem großen Ganzen verbunden wird, nur eine schwache Modifikation jenes allgemeinen Zweckes oder ein mit demselben verbundener Nebenzweck ist, wichtig genug, um das Gefecht zu individualisiren, aber immer nur unbedeutend im Vergleich mit jenem allgemeinen Zweck; dergestalt, daß, wenn jener Nebenzweck allein erreicht werden sollte, nur ein unwichtiger Theil seiner Bestimmung erfüllt ist. Wenn diese Behauptung richtig ist, so wird man einsehen, daß jene Vorstellungsart, wonach die Vernichtung der feindlichen Streitkräfte nur das Mittel, und der Zweck immer irgend ein anderer ist nur in ihrer Form wahr sei, daß sie aber zu falschen Folgerungen führen würde, wenn man sich nicht erinnerte, daß eben diese Vernichtung der feindlichen Streitkraft sich in jenem Zweck auch wieder findet, und daß dieser nur eine schwache Modifikation derselben sei.

Dieses Vergessen hat vor der letzten Kriegsepoche in ganz falsche Ansichten hinein geführt, und Tendenzen so wie Fragmente von Systemen erzeugt, womit die Theorie sich über den Handwerksgebrauch um so mehr zu erheben glaubte, je weniger sie meinte, des eigentlichen Instrumentes, nämlich der Vernichtung der feindlichen Streitkräfte zu bedürfen.

Freilich würde ein solches System nicht entstehen können, wenn nicht andere falsche Voraussetzungen dabei gebraucht, und an die Stelle der Vernichtung der feindlichen Streitkräfte andere Dinge gesetzt würden, denen man eine falsche Wirksamkeit zuschrieb. Wir werden diese bekämpfen, wo uns der Gegenstand dazu veranlaßt, aber wir können nicht von dem Gefecht handeln, ohne die Wichtigkeit und den wahren Werth derselben reklamirt, und vor dem Abweg gewarnt zu haben, den eine bloß formelle Wahrheit veranlassen könnte.

Aber wie werden wir es nur beweisen, daß die Vernichtung der feindlichen Streitkräfte in den meisten und wichtigsten Fällen die Hauptsache ist? wie werden wir nur der äußerst feinen Vorstellung begegnen, welche sich die Möglichkeit denkt, durch eine besonders künstliche Form mit einer geringen unmittelbaren Vernichtung feindlicher Streitkräfte eine größere mittelbar zu erreichen, oder vermittelst kleiner aber besonders geschickt angebrachter Schläge eine solche Lähmung der feindlichen Kräfte, eine solche Lenkung des feindlichen Willens hervorzubringen, daß dieses Verfahren als eine große Abkürzung des Weges zu betrachten wäre? Allerdings ist ein Gefecht auf einem Punkte mehr werth, als auf einem andern, allerdings giebt es eine kunstvolle Ordnung der Gefechte untereinander auch in der Strategie, und diese ist sogar Nichts als diese Kunst; das zu verneinen, ist nicht unsere Absicht; aber wir behaupten, daß die unmittelbare Vernichtung der feindlichen Streitkräfte überall das Vorherrschende ist. Diese vorherrschende Wichtigkeit und nichts Anderes wollen wir dem Vernichtungsprinzip hier erkämpfen.

Indessen müssen wir daran erinnern, daß wir uns in der Strategie und nicht in der Taktik befinden, daß wir also nicht von den Mitteln sprechen, welche jene haben mag, mit wenig Kraftaufwand viel feindliche Streitkräfte zu vernichten: sondern daß wir unter unmittelbarer Vernichtung die taktischen Erfolge verstehen, und daß also unsere Behauptung ist, daß nur große taktische Erfolge zu großen strategischen führen können, oder, wie wir es schon einmal bestimmter ausgedrückt haben, daß die taktischen Erfolge von vorherrschender Wichtigkeit in der Kriegführung sind.

Der Beweis dieser Behauptung scheint uns ziemlich einfach; er liegt in der Zeit, welche jede zusammengesetzte (kunstvolle) Combination erfordert. Ob ein einfacher Stoß, oder ein mehr zusammengesetzter, kunstvoller, größere Wirkungen hervorbringt, mag unzweifelhaft für den letztern entschieden werden, so lange der Gegner als ein leidender Gegenstand gedacht wird. Allein jeder zusammengesetzte Stoß erfordert mehr Zeit, und diese Zeit muß ihm gegönnt werden, ohne daß durch einen Gegenstoß auf einen der Theile das Ganze in den Vorbereitungen zu seiner Wirkung gestört werde. Entscheidet sich nun der Gegner zu einem einfacheren Stoß, der in kurzer Zeit ausgeführt ist, so gewinnt er den Vorsprung und stört die Wirkung des großen Plans. Man muß also bei dem Werthe eines zusammengesetzten Stoßes alle Gefahr in Betrachtung bringen, welche man während seiner Vorbereitung läuft, und kann ihn nur anwenden, wenn man von dem Gegner nicht fürchten darf, durch einen kürzern gestört zu werden; so oft dies der Fall ist, muß man selbst den kürzern wählen, und

und in diesem Sinn so weit hinunter steigen, als es der Charakter, die Verhältnisse des Gegners und andere Umstände nöthig machen. Verlassen wir die schwachen Eindrücke abstrakter Begriffe, und steigen ins wirkliche Leben hinab, so wird ein rascher, muthiger, entschlossener Gegner uns nicht Zeit zu weit aussehenden künstlichen Zusammensetzungen lassen, und gerade gegen einen solchen würden wir der Kunst am meisten bedürfen. Hiermit, scheint es uns, ist das Vorherrschen der einfachen und unmittelbaren Erfolge vor den zusammengesetzten schon gegeben.

Unsere Meinung ist also nicht, daß der einfache Stoß der beste sei, sondern, daß man nicht weiter ausholen dürfe als der Spielraum erlaubt, und daß dies immer mehr zum unmittelbaren Kampf hinführen wird, je kriegerischer der Gegner ist. Also weit entfernt, den Gegner überbieten zu dürfen nach der Richtung zusammengesetzter Pläne hin, muß man vielmehr suchen ihm nach der entgegengesetzten Richtung hin immer voran zu sein.

Wenn man die letzten Fundamentalsteine dieser Gegensätze untersucht, so wird man finden, daß es in dem einen die Klugheit, in dem andern der Muth ist. Nun ist es sehr verführerisch zu glauben, daß ein mäßiger Muth, mit einer großen Klugheit gepaart, mehr Wirkung hervorbringen werde, als eine mäßige Klugheit mit einem großen Muth. Wenn man sich aber diese Elemente nicht in unlogischen Mißverhältnissen denkt, so hat man auch kein Recht, der Klugheit diesen Vortheil über den Muth einzuräumen in einem Felde welches Gefahr heißt, und welches als die eigentliche Domine des Muthes betrachtet werden muß.

Nach dieser abstrakten Betrachtung wollen wir nur noch sagen: daß die Erfahrung, weit entfernt ein anderes

Resultat zu geben, vielmehr die einzige Ursache ist, welche uns in diese Richtung hinein gedrängt und zu solchen Betrachtungen veranlaßt hat.

Wer die Geschichte unbefangen liest, wird sich der Überzeugung nicht enthalten können: daß von allen kriegerischen Tugenden die Energie der Kriegführung stets am meisten zum Ruhm und Erfolg der Waffen beigetragen hat.

Wie wir unsern Grundsatz, die Vernichtung der feindlichen Streitkräfte nicht nur im ganzen Kriege, sondern auch im einzelnen Gefecht als die Hauptsache zu betrachten, durchführen, und allen den Formen und Bedingungen anpassen werden, welche die Verhältnisse, aus denen der Krieg hervorgeht, nothwendig fordern: wird die Folge lehren.

Vor der Hand war es uns nur darum zu thun, ihm seine allgemeine Wichtigkeit zu erkämpfen, und mit diesem Resultat kehren wir zu dem Gefecht zurück.

Viertes Kapitel.
Fortsetzung.

Wir sind im vorigen Kapitel dabei stehen geblieben, die Vernichtung des Gegners sei der Zweck des Gefechts, und haben durch eine besondere Betrachtung zu beweisen gesucht, daß dies in der Mehrheit der Fälle und bei den größeren Gefechten wahr sei, weil die Vernichtung der feindlichen Streitkraft immer das Vorherrschende im Kriege sei. Die andern Zwecke, welche dieser Vernichtung der feindlichen Streitkraft beigemischt sein, und mehr oder weniger vorwalten können: werden wir im nächsten Kapitel allgemein charakterisiren, und in der Folge nach und nach näher kennen lernen; hier entkleiden wir das Gefecht von ihnen ganz, und betrachten die Vernichtung des Gegners als den völlig genügenden Zweck des einzelnen Gefechts.

Was ist nun unter Vernichtung der feindlichen Streitkraft zu verstehen? Eine Verminderung derselben, die verhältnißmäßig größer ist als die unserer eigenen. Wenn wir eine große Überlegenheit der Zahl über den Feind haben, so wird natürlich dieselbe absolute Größe des Verlustes für uns kleiner sein als für ihn, und folglich schon als ein Vortheil betrachtet werden können. Da wir das Gefecht hier als von allen Zwecken entkleidet betrachten, so müssen wir auch den davon ausschließen, wo es zu einer größern Vernichtung der feindlichen Streitkräfte nur mittelbar gebraucht wird, mithin kann auch nur jener unmittelbare Gewinn, den wir in dem gegenseitigen Zerstörungsprozeß gemacht haben, als der Zweck betrachtet werden, denn dieser Gewinn ist ein absoluter, der durch die Rechnung des ganzen Feldzuges durchläuft, und am Schluß derselben sich immer als ein reiner Gewinnst erweis't. Jede andere Art des Sieges über unsern Gegner aber würde entweder ihren Grund in andern Zwecken haben, von denen wir hier ganz absehen, oder nur einen einstweiligen relativen Vortheil geben; ein Beispiel soll uns klar machen.

Wenn wir unsern Gegner durch eine geschickte Anordnung in eine so nachtheilige Lage versetzt haben, daß er das Gefecht ohne Gefahr nicht fortsetzen kann, und er sich nach einigem Widerstande zurückzieht: so können wir sagen, daß wir ihn auf diesem Punkt überwunden haben; haben wir aber bei dieser Überwindung gerade in demselben

Verhältniß an Streitkräften eingebüßt als er: so wird bei der Schlußrechnung des Feldzugs von diesem Siege, wenn man einen solchen Erfolg so nennen könnte, Nichts übrig bleiben. Es kommt also das überwinden des Gegners, d. h. die Versetzung desselben in einen solchen Zustand, daß er das Gefecht aufgeben muß, an und für sich nicht in Betrachtung, und kann deshalb auch nicht in die Definition des Zweckes aufgenommen werden, und so bleibt denn wie gesagt, Nichts übrig als der unmittelbare Gewinn, den wir in dem Zerstörungsprozeß gemacht haben. Es gehören aber dahin nicht bloß die Verluste, welche im Verlauf des Gefechts vorkommen, sondern auch die, welche nach dem Abzug des besiegten Theils als unmittelbare Folge desselben eintreten.

Nun ist es eine bekannte Erfahrung, daß die Verluste an physischen Streitkräften im Laufe des Gefechts selten eine große Verschiedenheit zwischen Sieger und Besiegten geben, oft gar keine, zuweilen auch wohl eine sich verkehrt verhaltende, und daß die entscheidendsten Verluste für den Besiegten erst mit dem Abzug eintreten, nämlich die, welche der Sieger nicht mit ihm theilt. Die schwachen Reste schon erschütterter Bataillone werden von der Reiterei zusammengeworfen, Ermüdete bleiben liegen, zerbrochene Geschütze und Pulverwagen bleiben stehen, andere können in schlechten Wegen nicht schnell genug fort und werden von feindlicher Reiterei erreicht; in der Nacht verirren sich einzelne Haufen, und fallen dem Feinde wehrlos in die Hände, und so gewinnt der Sieg meistens erst Körper, nachdem er schon entschieden ist. Hier würde ein Widerspruch sein, wenn er sich nicht auf folgende Art lös'te.

Der Verlust an physischen Streitkräften ist nicht der einzige, den beide Theile im Verlauf des Gefechts erleiden, sondern auch die moralischen werden erschüttert, gebrochen, und gehen zu Grunde. Es ist nicht bloß der Verlust an Menschen, Pferden und Geschützen, sondern an Ordnung, Muth, Vertrauen, Zusammenhang und Plan, welcher bei der Frage in Betrachtung kommt: ob das Gefecht noch fortgesetzt werden kann oder nicht. Diese moralischen Kräfte sind es vorzugsweise, welche hier entscheiden, und sie waren es allein, in allen Fällen wo der Sieger eben so viel verloren hatte als der Besiegte.

Das Verhältniß des physischen Verlustes ist ohnehin im Laufe des Gefechts schwer zu schätzen, aber das Verhältniß des moralischen nicht. Zwei Dinge geben ihn hauptsächlich kund. Das erste ist der Verlust des Bodens, auf den man gefochten, das andere das Übergewicht der feindlichen Reserven. Je stärker unsere Reserven im Verhältniß zu den feindlichen zusammenschwinden, um so mehr Kräfte haben wir gebraucht das Gleichgewicht zu erhalten; schon darin thut sich ein fühlbarer Beweis der moralischen Überlegenheit des Gegners kund, der auch selten verfehlt in dem Gemüth des Feldherrn eine gewisse Bitterkeit und Geringschätzung seiner eigenen Truppen zu erzeugen. Aber die Hauptsache ist, daß alle Truppen, welche schon anhaltend gefochten haben, mehr oder weniger wie eine ausgebrannte Schlacke erscheinen; sie haben sich verschossen, sind zusammengeschmolzen, ihre physische und moralische Kraft ist erschöpft, auch wohl ihr Muth gebrochen. Eine solche Truppe ist also auch, abgesehen von der Verminderung ihrer Zahl, als ein organisches Ganze betrachtet, bei weitem nicht mehr was sie vor dem Gefecht war, und so ist es, daß sich der Verlust an moralischen Kräften an dem Maaß verbrauchter Reserven wie an einem Zollstock kund thut.

Verlorner Boden und Mangel an frischen Reserven sind also gewöhnlich die beiden Hauptursachen, welche zum Rückzug bestimmen, womit wir aber andere, welche in dem Zusammenhang der Theile, im Plan des Ganzen u. s. w. liegen können, keinesweges ausschließen, oder zu sehr in den Schatten stellen wollen.

Jedes Gefecht ist also die blutige und zerstörende Abgleichung der Kräfte, der physischen und moralischen. Wer am Schluß die größte Summe von beiden übrig hat, ist der Sieger.

Im Gefecht war der Verlust der moralischen Kräfte die vorherrschende Ursache der Entscheidung; nachdem diese gegeben, bleibt jener Verlust im Steigen, und er erreicht erst am Schluß des ganzen Aktes seinen Kulminationspunkt; er wird also auch das Mittel, den Gewinn in der Zerstörung der physischen Streitkräfte zu machen, welcher der eigentliche Zweck des Gefechts war. Die verlorne Ordnung und Einheit macht oft selbst den Widerstand Einzelner verderblich; der Muth des Ganzen ist gebrochen, die ursprüngliche Spannung über Verlust und Gewinn, in welcher die Gefahr vergessen wurde, ist aufgelös't, und den Meisten erscheint die Gefahr nun nicht mehr wie eine Herausforderung des Muthes, sondern wie das Erleiden einer harten Züchtigung. So ist das Instrument im ersten Augenblick des feindlichen Sieges geschwächt und abgestumpft, und darum nicht mehr geeignet Gefahr mit Gefahr zu vergelten.

Diese Zeit muß der Sieger benutzen, um den eigentlichen Gewinn an der physischen Kraftzerstörung zu machen; nur was er an dieser erreicht, bleibt ihm gewiß; die moralischen Kräfte kehren in dem Gegner nach und nach zurück, die Ordnung wird hergestellt, der Muth wieder gehoben, und es bleibt in der Mehrheit der Fälle nur ein sehr geringer Theil von dem errungenen Übergewicht zurück, oft gar keins, und in einzelnen, obgleich seltenen Fällen entsteht wohl gar, durch Rache und stärkeres Anfachen der Feindschaft, eine umgekehrte Wirkung. Dagegen kann, was an Todten, Verwundeten, Gefangenen und erobertem Geschütz gewonnen ist, niemals aus der Rechnung verschwinden.

Die Verluste in der Schlacht bestehen mehr in Todten und Verwundeten, die nach der Schlacht mehr in verlornem Geschütz und Gefangenen. Die ersten theilt der Sieger mit dem Besiegten mehr oder weniger, die letzten nicht, und deshalb finden sie sich gewöhnlich nur auf der einen Seite des Kampfes, oder wenigstens dort nur in bedeutender Überzahl.

Kanonen und Gefangene sind darum jeder Zeit als die wahren Trophäen des Sieges betrachtet worden, und zugleich als der Maaßstab desselben, weil sich an ihnen sein Umfang unzweifelhaft kund thut. Selbst der Grad der moralischen Überlegenheit geht daraus besser hervor, als aus irgend einem andern Verhältniß, besonders wenn damit die Zahl der Todten und Verwundeten verglichen wird, und hier entsteht eine neue Potenz moralischer Wirkungen.

Wir haben gesagt, daß sich die im Gefecht und seinen ersten Folgen zu Grunde gerichteten moralischen Kräfte nach und nach wieder herstellen, und oft keine Spur ihrer Zerstörung lassen; dies ist der Fall bei kleinen Abtheilungen des Ganzen, seltener bei großen; es kann auch bei diesen im Heere der Fall sein, aber selten oder nie im Staat und der Regierung, denen dies Heer angehört. Hier schätzt man das Verhältniß mit mehr Unpartheilichkeit und von einem höhern Standpunkt ab, und erkennt in dem Umfang der dem Feinde gebliebenen Trophäen, und dem Verhältniß derselben zum Verlust an Todten und Verwundeten, nur zu leicht und gut den Grad der eigenen Schwäche und Unzulänglichkeit.

Überhaupt dürfen wir das verlorne Gleichgewicht der moralischen Kräfte darum, weil es keinen absoluten Werth hat, und nicht unfehlbar in der endlichen Summe der Erfolge erscheint, nicht gering achten; es kann von einem so überwiegenden Gewicht werden, daß es mit unwiderstehlicher Gewalt Alles niederwirft. Es kann darum auch oft ein großes Ziel des Handelns werden, wovon wir an andern Orten sprechen wollen. Hier müssen wir noch einige ursprüngliche Verhältnisse desselben betrachten.

Die moralische Wirkung eines Sieges nimmt zu mit dem Umfang der Streitkräfte, nicht bloß in gleichem Maaße, sondern in steigenden Graden, nämlich nicht bloß an Umfang, sondern auch an intensiver Stärke. In einer geschlagenen Division ist die Ordnung leicht wieder hergestellt. Wie ein erstarrtes einzelnes Glied sich an dem übrigen Körper leicht wieder erwärmt, so wird der Muth einer geschlagenen Division an dem Muthe des Heeres leicht wieder gehoben, sobald sie zu demselben stößt. Verschwinden also die Wirkungen des kleinen Sieges nicht ganz, so gehen sie doch dem Gegner zum Theil verloren. So ist es nicht, wenn das Heer selbst in einer unglücklichen Schlacht erlag: da stürzt Eins mit dem Andern zusammen. Ein großes Feuer erreicht einen ganz anderen Grad der Hitze als mehrere kleine.

Ein anderes Verhältniß, welches das moralische Gewicht des Sieges bestimmen sollte, ist das Verhältniß der Streitkräfte, welche mit einander gefochten haben. Viele mit wenigen zu schlagen, ist nicht nur ein doppelter Gewinn, sondern zeigt auch eine größere, besonders eine allgemeinere Überlegenheit, welcher der Besiegte immer wieder zu begegnen fürchten muß. Gleichwohl ist in der Wirklichkeit dieser Einfluß in einem solchen Fall kaum merklich. In dem Augenblicke des Handelns ist die Überzeugung von der wirklichen Stärke des Gegners gewöhnlich so unbestimmt, die Abschätzung der eigenen gewöhnlich so unwahr, daß der Überlegene das Mißverhältniß entweder gar nicht, oder doch lange nicht in voller Wahrheit zugiebt, wodurch er dem moralischen Nachtheil, welcher für ihn daraus entspringen würde, größtentheils entgeht. Erst später, in der Geschichte pflegt jene Kraft aus der Unterdrückung, in welcher sie Unwissenheit, Eitelkeit, oder auch besonnene Klugheit gehalten haben, aufzutauchen, und dann verherrlicht sie wohl das Heer und seinen Führer, aber sie kann dann mit ihrem moralischen Gewicht Nichts mehr für die längst abgelaufenen Ereignisse thun.

Sind Gefangene und eroberte Geschütze diejenigen Dinge in welchen der Sieg hauptsächlich Körper gewinnt, seine wahren Krystallisationen: so wird auch die Anlage des Gefechts vorzugsweise darauf berechnet sein; die Vernichtung des Gegners mit Tod und Wunde erscheint hier als ein bloßes Mittel.

Welchen Einfluß dies auf die Anordnungen im Gefecht hat, geht die Strategie Nichts an, aber die Feststellung des Gefechts selbst steht damit schon in Verbindung, und zwar durch die Sicherheit des eigenen Rückens und die Gefährdung des feindlichen. Von diesem Punkt hängt die Zahl der Gefangenen und der eroberten Geschütze in einem hohen Grade ab, und diesem Punkt kann in manchen Fälle: die Taktik allein nicht genügen, wenn nämlich die ftrategiſchen Verhältniſſe ihr zu ſehr entgegen ſind.

Die Gefahr, ſich von zwei Seiten ſchlagen zu müſ-ſen, und die noch drohendere, keinen Rückzug zu behalten, lähmen die Bewegungen und die Kraft des Widerſtandes, und wirken auf die Alternative von Sieg und Niederlage; ferner ſteigern ſie bei der Niederlage den Verluſt und trei-ben ihn oft bis an die äußerſte Grenze d. h. bis zur Ver-nichtung. Der bedrohte Rücken macht alſo die Nieder-lage zugleich wahrſcheinlicher und entſcheidender.

Hieraus entſteht alſo ein wahrer Inſtinkt für die ganze Kriegführung, und beſonders für die großen und kleinen Ge-fechte: nämlich die Sicherung des eigenen Rückens und die Gewinnung des feindlichen; er folgt aus dem Begriff des Sieges, der, wie wir geſehen haben, noch etwas Anderes als bloßes Todtſchlagen iſt.

In dieſem Streben ſehen wir alſo die erſte nähere Beſtimmung des Kampfes und zwar eine ganz allge-meine. Es iſt kein Gefecht denkbar in welchem daſſelbe nicht in ſeiner doppelten oder einfachen Geſtalt neben dem bloßen Stoß der Gewalt einhergehen ſollte. Nicht die kleinſte Abtheilung wird ſich je auf ihren Gegner werfen, ohne an ihren Rückzug zu denken, und in den meiſten Fällen wird ſie den feindlichen ſuchen.

Wie oft in verwickelten Fällen dieſer Inſtinkt ver-hindert iſt den geraden Weg zu gehen, wie oft er in der Schwierigkeit andern höhern Betrachtungen weichen muß, das würde uns hier zu weit führen; wir bleiben dabei ſtehen, ihn als ein allgemeines Naturgeſetz des Gefechts aufzuſtellen.

Er iſt alſo überall wirkſam, drückt überall mit ſei-nem natürlichen Gewicht, und wird ſo der Punkt, um welchen sich fast alle taktischen und strategischen Manöver drehen.

Werfen wir jetzt noch einen Blick auf den Gesammtbegriff des Sieges, so finden wir darin drei Elemente:

1. den größern Verlust des Gegners an physischen Kräften,
2. an moralischen,
3. das öffentliche Bekenntniß davon, indem er seine Absicht aufgiebt.

Über den Verlust an Todten und Verwundeten sind die gegenseitigen Berichte nie genau, selten wahrhaft, und in den meisten Fällen voll absichtlicher Entstellung. Selbst die Zahl der Trophäen wird selten ganz zuverlässig angegeben, und wo sie also nicht sehr bedeutend ist, kann auch sie noch Zweifel des Sieges übrig lassen. Von dem Verlust an moralischen Kräften läßt sich, außer den Trophäen, gar kein gültiges Maaß angeben; es bleibt also in vielen Fällen das Aufgeben des Kampfes als der einzig wahre Beweis des Sieges allein übrig. Es ist also das Bekenntniß der Schuld als das Senken des Paniers zu betrachten, wodurch dem Gegner Recht und Überlegenheit in diesem einzelnen Fall eingeräumt wird, und diese Seite der Demüthigung und Schaam, welche von allen übrigen moralischen Folgen des umschlagenden Gleichgewichts noch zu unterscheiden bleibt, ist ein wesentliches Stück des Sieges. Dieser Theil allein ist es, welcher auf die öffentliche Meinung außer dem Heere wirkt, auf Volk und Regierung in beiden kriegführenden Staaten, und in allen betheiligten andern.

Nun ist aber das Aufgeben der Absicht nicht gerade identisch mit dem Abzug vom Schlachtfelde, selbst da wo der Kampf hartnäckig und anhaltend geführt worden ist;

Niemand wird von Vorposten, welche sich nach einem hartnäckigen Widerstande zurückziehen, sagen: sie hätten ihre Absicht aufgegeben; selbst in Gefechten, welche die Vernichtung der feindlichen Streitkräfte zur Absicht haben, kann der Abzug vom Schlachtfelde nicht stets wie ein Aufgeben dieser Absicht angesehen werden, z. B. bei vorher beabsichtigten Rückzügen, bei welchen das Land Fuß für Fuß streitig gemacht wird; es gehört dies Alles dahin, wo wir von dem besondern Zweck der Gefechte sprechen werden, hier wollen wir bloß darauf aufmerksam machen, daß in den meisten Fällen das Aufgeben der Absicht von dem Abzuge vom Schlachtfelde schwer zu unterscheiden, und daß der Eindruck, welchen jenes in und außer dem Heere hervorbringt, nicht gering zu schätzen ist.

Für Feldherrn und Heere, die nicht einen gemachten Ruf haben, ist dies eine eigene schwierige Seite, mancher sonst in den Umständen gegründeten Verfahrungsarten, wo eine Reihe mit Rückzug endigender Gefechte als eine Reihe von Niederlagen erscheinen kann, ohne es zu sein, und wo dieses Erscheinen von sehr nachtheiligem Einfluß werden kann. Es ist dem Ausweichenden in diesem Fall nicht möglich, durch die Darlegung seiner eigenthümlichen Absicht dem moralischen Eindruck überall vorzubeugen, denn um das mit Wirksamkeit zu thun, müßte er seinen Plan vollständig bekannt machen, welches, wie sich versteht, seinem Hauptinteresse zu sehr entgegen laufen würde.

Um auf die besondere Wichtigkeit dieses Siegesbegriffs aufmerksam zu machen, wollen wir nur an die Schlacht von Soor erinnern, deren Trophäen nicht bedeutend waren (einige 1000 Gefangene und 20 Kanonen) und wo Friedrich der Große den Sieg dadurch verkündete, daß er noch fünf Tage auf dem Schlachtfelde stehen blieb, obgleich sein Rückzug nach Schlesien schon beschlossen und in seiner ganzen Lage gegründet war. Er glaubte mit dem moralischen Gewicht dieses Sieges sich dem Frieden zu nähern, wie er selbst sagt; ob nun gleich noch ein Paar andere siegreiche Erfolge nöthig waren, nämlich das Gefecht bei Katholisch-Hennersdorf in der Lausitz, und die Schlacht bei Kesselsdorf, ehe dieser Friede eintrat: so kann man doch nicht sagen, daß die moralische Wirkung der Schlacht von Soor Null gewesen sei.

Ist es vorzüglich die moralische Kraft, welche durch den Sieg erschüttert worden ist, und steigt dadurch die Zahl der Trophäen zu einer ungewöhnlichen Höhe: so wird das verlorne Gefecht eine Niederlage, die also nicht jedem Siege gegenüber steht. Da bei einer solchen Niederlage die moralische Kraft des Überwundenen in einem viel höheren Grade aufgelöst ist: so entsteht oft eine völlige Unfähigkeit zum Widerstand, und das ganze Handeln besteht in Ausweichen, d. h. in Flucht.

Jena und Belle-Alliance sind Niederlagen, Borodino aber nicht.

Ob man gleich ohne Pedanterie hier kein einzelnes Merkmal als Grenze angeben kann, weil die Dinge nur dem Grade nach verschieden sind: so ist doch die Festhaltung der Begriffe, als Mittelpunkt für die Deutlichkeit theoretischer Vorstellungen, wesentlich; und es ist ein Mangel unserer Terminologie, daß wir im Fall der Niederlage den ihm entsprechenden Sieg, und im Fall eines einfachen Sieges das ihm entsprechende Unterliegen des Gegners nicht mit einem Worte zu bezeichnen wissen.

Fünftes Kapitel.
Über die Bedeutung des Gefechts.

Nachdem wir im vorigen Kapitel das Gefecht in seiner absoluten Gestalt betrachtet haben, gleichsam als das verkleinerte Bild des ganzen Krieges: wenden wir uns zu den Verhältnissen, in denen es als Theil eines größeren Ganzen mit den andern Theilen steht. Zuerst fragen wir nach der näheren Bedeutung, welche ein Gefecht haben kann.

Da der Krieg Nichts ist als gegenseitige Vernichtung, so scheint das Natürlichste in der Vorstellung und vielleicht auch in der Realität zu sein, daß sich alle Kräfte jeder Partei, in einem großen Volumen vereinigen, und alle Erfolge in einem großen Stoß dieser Massen. — Diese Vorstellung hat gewiß viel Wahres, und es scheint im Ganzen sehr heilsam zu sein, wenn man an ihr festhält, und deswegen die kleinen Gefechte anfangs nur wie nothwendigen Abgang, gleichsam wie Hobelspäne ansieht. Indessen ist doch die Sache niemals so einfach abzuthun.

Daß die Vervielfältigung der Gefechte aus der Theilung der Streitkräfte entsteht, ergiebt sich von selbst, und die näheren Zwecke der einzelnen Gefechte werden daher mit der Theilung der Streitkräfte zur Sprache kommen. Aber diese Zwecke, und mit ihnen die ganze Masse der Gefechte, lassen sich überhaupt in gewisse Klassen bringen, und es wird zur Klarheit unserer Betrachtungen beitragen, diese jetzt kennen zu lernen.

Vernichtung der feindlichen Streitkräfte ist freilich der Zweck aller Gefechte, allein es können sich daran auch andere Zwecke knüpfen, und diese auch sogar vorherrschend werden; wir müssen also den Fall unterscheiden, wo die Vernichtung der feindlichen Streitkraft die Hauptsache, und den, wo sie mehr das Mittel ist. Außer der Vernichtung der feindlichen Streitkraft können der Besitz eines Orts und der Besitz eines Gegenstandes noch die allgemeinen Bestimmungen sein, die ein Gefecht haben kann, und zwar entweder eine davon allein, oder mehrere zusammen, in welchem Fall doch gewöhnlich eine die Hauptbestimmung bleibt. Die beiden Hauptformen des Krieges, Angriff und Vertheidigung, von denen wir bald reden werden, modifiziren nun die erste dieser Bestimmungen nicht, allerdings aber die beiden andern, und es würde also ein Tableau, welches wir uns davon machen wollten, so aussehen:

Offensives Gefecht.	Defensives Gefecht.
1. Vernichtung der feindlichen Streitkräfte.	1. Vernichtung der feindlichen Streitkräfte.
2. Eroberung eines Ortes.	2. Vertheidigung eines Ortes.
3. Eroberung eines Gegenstandes.	3. Vertheidigung eines Gegenstandes.

Indessen scheinen diese Bestimmungen den Umfang des Gebiets nicht genau auszumessen, wenn wir uns an Recognoscirungen und Demonstrationen erinnern, bei welchen offenbar keiner jener drei Gegenstände Zweck des Gefechts ist. Wirklich muß uns dies vermögen noch eine vierte Klasse zuzulassen. Genau betrachtet, werden zwar bei Recognoscirungen, wo sich der Feind uns zeigen, bei Allarmirungen, wo er sich ermüden, bei Demonstrationen, wo er einen Punkt nicht verlassen, oder auf einen andern sich wenden soll, alle diese Zwecke nur mittelbar und unter Vorspiegelung eines der drei oben angegebenen, gewöhnlich des zweiten, erreicht, denn der Feind,

der recognosciren will, muß sich anstellen, als wolle er
uns wirklich angreifen und schlagen, oder vertreiben u. s. w.
Allein diese Vorspiegelung ist nicht der wahre Zweck, und
nur nach diesem haben wir hier gefragt; wir müssen also
zu jenen drei Zwecken des Angreifenden noch den vierten,
nämlich den gesellen, den Gegner zu einer falschen Maaßregel zu verleiten, oder mit andern Worten: ein Schein-
gefecht zu liefern. Daß sich dieser Zweck nur offensiv
denken lasse, liegt in der Natur der Sache.

Auf der andern Seite müssen wir bemerken, daß die
Vertheidigung eines Ortes von doppelter Art sein kann,
entweder absolut, wenn man den Punkt überhaupt nicht
aufgeben darf, oder relativ, wenn man ihn nur eine Zeitlang braucht. Dies Letztere kommt bei den Gefechten der
Vorposten und Arriergarden unaufhörlich vor.

Daß die Natur dieser verschiedenen Bestimmungen
des Gefechts auf die Einrichtungen desselben einen wesentlichen Einfluß habe, ist wohl an sich klar. Anders wird
man verfahren, wenn man einen feindlichen Posten bloß
von seinem Platze verdrängen, als wenn man ihn total
schlagen will; anders wenn man einen Ort um jeden Preis
vertheidigen, als wenn man den Feind nur einige Zeit
aufhalten soll; im ersteren Fall kümmert man sich wenig um den Rückzug, im letzteren ist dieser die Hauptsache u. s. w.

Aber diese Betrachtungen gehören in die Taktik, und
stehen hier bloß als Beispiel zur größeren Deutlichkeit.
Was die Strategie über die verschiedenen Zwecke des Gefechts zu sagen hat, wird in den Kapiteln vorkommen, die
diese Zwecke berühren. Hier nur ein Paar allgemeine Be-
merkungen.

Die erste: daß die Wichtigkeit der Zwecke ungefähr
in

in der Ordnung abnimmt, wie sie oben stehen; sodann daß der erste dieser Zwecke in der Hauptschlacht immer vorherrschen sollte; endlich, daß die beiden letzteren beim Defensivgefecht eigentlich solche sind, die keine Zinsen tragen, sie sind nämlich ganz negativ, und können also nur mittelbar, indem sie irgend etwas anderes Positives erleichtern, nützlich werden. Es ist daher ein schlimmes Zeichen von der strategischen Lage, wenn Gefechte dieser Art zu häufig werden.

Sechstes Kapitel.
Dauer des Gefechts.

Betrachten wir das Gefecht nicht mehr an sich, sondern im Verhältniß zu den übrigen Streitkräften, so erhält die Dauer desselben eine eigene Bedeutung.

Die Dauer eines Gefechts ist gewissermaßen als ein zweiter untergeordneter Erfolg zu betrachten. Dem Sieger kann ein Gefecht niemals schnell genug entschieden sein, dem Besiegten niemals lange genug dauern. Der schnelle Sieg ist eine höhere Potenz des Sieges, die späte Entscheidung bei der Niederlage ein Ersatz für den Verlust.

Dies ist im Allgemeinen wahr, aber praktisch wichtig wird es bei der Anwendung auf diejenigen Gefechte, deren Bedeutung eine relative Vertheidigung ist.

Hier liegt der ganze Erfolg oft in der bloßen Dauer. Dies ist der Grund, warum wir sie in die Reihe der strategischen Elemente mit aufnehmen.

Die Dauer eines Gefechts steht mit seinen wesent-

I

lichen Verhältnissen in einem nothwendigen Zusammenhang. Diese Verhältnisse sind: absolute Größe der Macht, Verhältniß der gegenseitigen Macht und Waffen, und Natur der Gegend. 20,000 Mann reiben sich nicht so schnell an einander auf als 2000; einem zwei- und dreifach überlegenen Feinde widersteht man nicht so lange als einem von gleicher Stärke; ein Kavalleriegefecht entscheidet sich schneller als ein Infanteriegefecht, und ein Gefecht mit bloßer Infanterie schneller als wenn Artillerie dabei ist; in Gebirgen und Wäldern schreitet man nicht so schnell vor als in der Ebene; alles Das ist an sich klar.

Hieraus folgt also, daß Stärke, Waffenverhältniß und Aufstellung berücksichtigt werden müssen, wenn das Gefecht durch seine Dauer eine Absicht erfüllen soll; diese Regel war uns aber bei dieser besonderen Betrachtung weniger wichtig, als es uns darum zu thun war, an dieselbe sogleich die Hauptresultate anzuknüpfen, die uns die Erfahrung über diesen Gegenstand giebt.

Der Widerstand einer gewöhnlichen Division von 8 bis 10,000 Mann aller Waffen dauert selbst gegen einen bedeutend überlegenen Feind und in nicht ganz vortheilhafter Gegend doch mehrere Stunden, und, ist der Feind wenig oder gar nicht überlegen, wohl einen halben Tag; ein Korps von 3 bis 4 Divisionen gewinnt die doppelte Zeit; eine Armee von 80 bis 100,000 Mann etwa die drei- bis vierfache. So lange dürfen also die Massen sich selbst überlassen bleiben, und es entsteht kein getheiltes Gefecht, wenn innerhalb dieser Zeit die andern Kräfte herbeigeschafft werden können, deren Wirksamkeit dann schnell mit dem Erfolge des stattgehabten Gefechts in ein Ganzes zusammenfließt.

Jene Zahlen haben wir aus der Erfahrung entlehnt,

es ist uns aber zugleich wichtig den Moment der Entscheidung und folglich der Beendigung näher zu charakterisiren.

Siebentes Kapitel.
Entscheidung des Gefechts.

Kein Gefecht entscheidet sich in einem einzelnen Moment, obwohl in jedem es Momente von großer Wichtigkeit giebt, welche die Entscheidung hauptsächlich bewirken. Der Verlust eines Gefechts ist also ein stufenweises Niedersinken der Waage. Es giebt aber bei jedem Gefecht einen Zeitpunkt, wo man dasselbe als entschieden ansehen kann, so daß der Wiederanfang desselben ein neues Gefecht, und nicht die Fortsetzung des alten würde. Über diesen Zeitpunkt eine klare Vorstellung zu haben ist sehr wichtig, um sich entscheiden zu können, ob ein Gefecht von einer herbeieilenden Hilfe noch mit Nutzen wieder aufgenommen werden kann.

Oft werden in Gefechten, die nicht wiederherzustellen sind, neue Kräfte vergeblich geopfert, oft wird versäumt die Entscheidung zu wenden, wo dies noch füglich geschehen konnte. Hier giebt es zwei Beispiele, die nicht schlagender sein können.

Als der Fürst von Hohenlohe 1806 bei Jena mit 35,000 Mann, gegen etwa 60 bis 70,000 unter Bonaparte, die Schlacht angenommen und verloren, aber so verloren hatte, daß die 35,000 Mann als zertrümmert angesehen werden konnten: unternahm es der General Rüchel mit circa

12,000 Mann die Schlacht zu erneuern; die Folge war, daß er in einem Augenblick gleichfalls zertrümmert war.

An demselben Tage bei Auerstädt dagegen hatte man mit etwa 25,000 Mann gegen Davoust, welcher 28,000 hatte, bis gegen Mittag zwar unglücklich gefochten, aber ohne sich in dem Zustande der Auflösung zu befinden, ohne eben mehr eingebüßt zu haben als der Gegner, dem es ganz an Reiterei fehlte, — und man versäumte die 18,000 Mann Reserve des General Kalkreuth zu gebrauchen, um die Schlacht zu wenden, die unter diesen Umständen unmöglich zu verlieren war. —

Jedes Gefecht ist ein Ganzes, in welchem die Theilgefechte sich zu einem Gesammterfolge vereinigen. In diesem Gesammterfolg liegt die Entscheidung des Gefechts. Dieser Erfolg braucht nicht gerade ein Sieg zu sein, wie wir ihn im sechsten Kapitel bezeichnet haben, denn oft ist die Anlage dazu nicht gemacht, oft ist dazu keine Gelegenheit, wenn der Feind zu früh ausweicht, und in den meisten Fällen tritt selbst da, wo ein hartnäckiger Widerstand statt fand, die Entscheidung früher ein, als derjenige Erfolg, der den Begriff eines Sieges hauptsächlich ausmacht.

Wir fragen also: welches ist gewöhnlich der Augenblick der Entscheidung, d. h. derjenige wo eine neue, wohlverstanden nicht unverhältnißmäßige, Streitkraft ein nachtheiliges Gefecht nicht mehr wenden kann?

Übergehen wir die Scheingefechte, welche ihrer Natur nach eigentlich ohne Entscheidung sind, so ist:

1. Wenn der Besitz eines beweglichen Gegenstandes der Zweck war, der Verlust desselben jedesmal die Entscheidung.

2. Wenn der Besitz einer Gegend der Zweck des Gefechts war, so liegt die Entscheidung meistens auch in

dem Verlust derselben, doch nicht immer; nämlich nur dann, wenn diese Gegend von besonderer Stärke ist; eine leicht zugängliche Gegend, wie wichtig sie auch sonst sein mögte, läßt sich ohne große Gefahr wieder nehmen.

3. In allen andern Fällen aber, wo jene beiden Umstände das Gefecht nicht schon entschieden haben, also namentlich in dem Fall, wo die Vernichtung der feindlichen Streitkraft der Hauptzweck ist: liegt die Entscheidung in dem Augenblick, wo der Sieger aufhört sich in einem Zustand der Auflösung und also einer gewissen Untüchtigkeit zu befinden, wo also der vortheilhafte Gebrauch successiver Kraftanstrengung, wovon wir im zwölften Kapitel des dritten Buches gesprochen haben, aufhört. Aus diesem Grunde haben wir auf diesen Punkt die strategische Einheit des Gefechts verlegt.

Ein Gefecht also, in welchem der Vorschreitende gar nicht außer den Zustand der Ordnung und Tüchtigkeit gekommen ist, oder nur mit einem kleinen Theil seiner Macht, während die unserige sich mehr oder weniger aufgelös't hat, ist auch nicht wieder herzustellen, und eben so wenig wenn der Gegner seine Tüchtigkeit schon wieder hergestellt hat.

Je kleiner also der Theil der Streitkraft ist, welcher wirklich gefochten, je größer derjenige ist, welcher als Reserve durch sein bloßes Dasein mit entschieden hat: um so weniger kann eine neue Streitkraft des Gegners uns den Sieg wieder aus den Händen winden, und derjenige Feldherr, wie dasjenige Heer, welche es am weitesten darin gebracht haben, das Gefecht selbst mit der höchsten Ökonomie der Kräfte zu führen, und überall die moralische

Wirkung starker Reserven geltend zu machen, gehen den sichersten Weg zum Siege. Man muß in der neuern Zeit den Franzosen, besonders wenn Bonaparte sie führte, darin eine große Meisterschaft einräumen.

Ferner wird der Augenblick, wo beim Sieger der Zustand der Gefechtskrise aufhört, und die alte Tüchtigkeit zurückkehrt, um so früher eintreten, je kleiner das Ganze ist. Eine Reiterfeldwache, die ihren Gegner spornstreichs verfolgt, wird in wenig Minuten wieder die alte Ordnung gewinnen, und länger dauert auch die Krise nicht; ein ganzes Regiment Reiterei braucht dazu schon mehr Zeit; noch länger dauert es bei dem Fußvolk, wenn es sich in einzelne Schützenlinien aufgelös't hat, und wieder länger bei Abtheilungen von allen Waffen, wenn ein Theil diese, der andere jene zufällige Richtung eingeschlagen, und das Gefecht also eine Störung der Ordnung veranlaßt hat, die gewöhnlich dadurch erst schlimmer wird, daß Keiner recht weiß wo der Andere ist. So tritt also der Zeitpunkt, wo der Sieger die gebrauchten Instrumente, die alle durcheinander gerathen und zum Theil in Unordnung gekommen sind, wieder aufgefunden, ein wenig hergerichtet, auf einem passenden Platz gestellt, und also die Schlachtwerkstatt wieder in Ordnung gebracht hat, dieser Augenblick, sagen wir, tritt immer später ein, je größer das Ganze wird.

Wieder tritt dieser Augenblick später ein, wenn die Nacht den Sieger in der Krise überrascht, und endlich tritt er später ein, wenn die Gegend durchschnitten und verdeckt ist. Zu diesen beiden Punkten aber muß man bemerken, daß die Nacht auch ein großes Schutzmittel ist, weil nur selten die Umstände geeignet sind, sich von nächtlichen Angriffen einen guten Erfolg zu versprechen, wie am 10. März 1814 bei Laon, wo York gegen Marmont ein ganz hieher gehöriges Beispiel giebt. Eben so wird eine verdeckte und durchschnittene Gegend gleichfalls der Schutz des in der längern Siegeskrise Begriffenen gegen eine Reaction sein. Beides also, die Nacht sowohl, als die verdeckte und durchschnittene Gegend, erschweren eine Wiederaufnahme desselben Gefechts, anstatt sie zu erleichtern.

Bis jetzt haben wir die herbeieilende Hilfe des im Verlust Begriffenen als eine bloße Vermehrung der Streitkraft betrachtet, also als eine gerade von hinten kommende Verstärkung, welches der gewöhnliche Fall ist. Ganz anders aber wird der Fall, wenn sie dem Gegner von der Seite oder in den Rücken kommt.

Über die Wirkung der Seiten- und Rückenangriffe werden wir an einem andern Ort sprechen, so weit sie in die Strategie gehören; ein solcher, wie wir ihn hier zur Herstellung eines Gefechts im Auge haben, gehört hauptsächlich in die Taktik, und nur, weil wir hier von den taktischen Resultaten sprechen und unsere Vorstellungen also in das Gebiet der Taktik hineindringen müssen, kommt er zur Sprache.

Die Richtung einer Streitkraft in des Feindes Seite und Rücken kann ihre Wirksamkeit sehr erhöhen, aber sie thut das nicht nothwendig immer, sondern sie kann sie auch eben so sehr schwächen. Die Umstände, unter welchen das Gefecht statt hat, entscheiden über diesen Punkt seiner Anlage, wie über jeden andern, ohne daß wir hier darauf eingehen können. Für unsern Gegenstand sind aber dabei zwei Dinge wichtig.

Erstens: daß Seiten- und Rückenangriffe in der Regel günstiger auf den Erfolg nach der

Entscheidung wirken, als auf die Entscheidung selbst. Nun ist bei Herstellung eines Gefechts vor allen Dingen erst die günstige Entscheidung zu suchen, und nicht die Größe des Erfolgs. In dieser Rücksicht sollte man also glauben, daß eine Hilfe, die zur Herstellung unsers Gefechts herbeieilte, weniger günstig wird, wenn sie dem Gegner in Seite und Rücken geht, also getrennt von uns, als wenn sie sich gerade mit uns vereinigte. Gewiß fehlt es nicht an Fällen, wo dem so ist; allein man muß doch sagen, daß die Mehrheit auf der andern Seite sich finden wird, und zwar wegen des zweiten Punktes, welcher uns hier wichtig ist.

Dieser zweite Punkt ist die moralische Kraft der Überraschung, welche eine zur Herstellung eines Gefechtes herbeieilende Hilfe in der Regel für sich hat.

Die Wirkung einer Überraschung in Seite und Rücken aber ist immer gesteigert, und ein in der Krisis des Sieges Begriffener ist in seinem ausgereckten und zerstreuten Zustande weniger im Stande ihr entgegen zu wirken. Wer fühlt es nicht, daß ein Seiten- und Rückenanfall, welcher im Anfang des Gefechts, wo die Kraft gesammelt und solchen Fällen immer vorgesehen ist, wenig bedeuten würde, ein ganz anderes Gewicht im letzten Augenblick des Gefechtes bekommt.

Wir müssen also unbedenklich einräumen, daß in den meisten Fällen eine von der Seite oder im Rücken des Gegners herbeikommende Hilfe viel wirksamer sein, sich wie dasselbe Gewicht an einem längern Hebelarm verhalten wird, so daß man also unter solchen Umständen die Herstellung eines Gefechts mit derselben Kraft unternehmen kann, die auf dem geraden Wege nicht zugereicht haben würde. Hier, wo die Wirkungen faſt jeder Berechnung ausweichen, weil die moraliſchen Kräfte ganz das Überge- wicht gewinnen, iſt das rechte Feld der Kühnheit und des Wagens.

Auf alle dieſe Gegenſtände alſo muß das Augenmerk gerichtet, alle dieſe Momente zuſammenwirkender Kräfte müſſen in Betracht gezogen werden, wenn man in zwei- felhaften Fällen entſcheiden ſoll, ob einem nachtheiligen Ge- fechte wieder aufgeholfen werden könne oder nicht.

Iſt das Gefecht noch nicht als beendigt anzuſehen, ſo wird das neue, welches vermittelſt der herbeieilenden Hilfe eröffnet wird, mit dem frühern in eins, alſo in ein gemeinſchaftliches Reſultat zuſammenfließen, und der erſte Nachtheil verſchwindet dann ganz aus der Rechnung. So iſt es aber nicht, wenn das Gefecht ſchon entſchieden war; dann giebt es zwei von einander getrennte Reſultate. Iſt nun die herbeieilende Hilfe nur von einer verhältniß- mäßigen Stärke, d. h. dem Gegner nicht an und für ſich ſchon gewachſen, ſo iſt ſchwerlich auf einen günſtigen Er- folg dieſes zweiten Gefechts zu rechnen; iſt ſie aber ſo ſtark, daß ſie das zweite Gefecht ohne Rückſicht auf das erſte unternehmen kann, ſo kann ſie das letzte zwar durch einen günſtigen Erfolg ausgleichen und überwiegen, aber nie aus der Rechnung verſchwinden machen.

In der Schlacht von Kunersdorf eroberte Friedrich der Große im erſten Anlauf den linken Flügel der ruſſi- ſchen Stellung und nahm 70 Geſchütze; am Ende der Schlacht war Beides wieder verloren und das ganze Re- ſultat dieſes erſten Gefechts aus der Rechnung verſchwun- den. Wäre es möglich geweſen, hier inne zu halten und den zweiten Theil der Schlacht bis auf den kommenden Tag zu verſchieben, ſo würden, ſelbſt wenn der König ſie verlor, die Vortheile des ersten immer daran abgeglichen werden können.

Aber es verschwindet, indem man ein nachtheiliges Gefecht noch vor seinem Schluß auffaßt und wendet, nicht bloß sein Minusresultat für uns aus der Rechnung, sondern es wird auch die Grundlage eines größern Sieges. Wenn man sich nämlich den taktischen Hergang des Gefechts genau vorstellt, so sieht man leicht, daß, bis es geschlossen ist, alle Erfolge der Theilgefechte nur suspendirte Urtheile sind, die durch den Haupterfolg nicht bloß vernichtet, sondern in entgegengesetzte umgewandelt werden können. Je mehr unsere Streitkräfte bereits zu Grunde gerichtet sind, um so mehr feindliche werden sich daran aufgerieben haben, um so größer wird also die Krisis auch beim Feinde sein, und um so größer wird das Übergewicht unserer frischen Kräfte werden. Wendet sich nun der Totalerfolg für uns, entreißen wir dem Feinde das Schlachtfeld und die Trophäen wieder, so werden alle Kräfte, die sie ihm gekostet haben, ein baarer Vortheil für uns, und unsere frühere Niederlage wird die Stufe zu höherem Triumph. Die glänzendsten Waffenthaten, welche im Siege dem Gegner so hoch gegolten hätten, daß er die daran verlornen Kräfte nicht achten konnte, lassen nun Nichts zurück, als die Reue über diese aufgeopferten Kräfte. So verändert der Zauber des Sieges und der Fluch der Niederlage das spezifische Gewicht der Elemente.

Es ist also auch selbst dann, wenn man entschieden überlegen ist und dem Feinde seinen Sieg durch einen größern vergelten könnte, immer noch besser, dem Schluß eines nachtheiligen Gefechts, wenn es von verhältnißmäßiger Bedeutung ist, zuvorzukommen, um dasselbe zu wenden, als ein zweites zu liefern.

Feldmarschall Daun im Jahr 1760 versuchte es bei Liegnitz dem General Laudon zu Hilfe zu kommen, während dessen Gefecht dauerte; aber er versuchte nicht, als jenes mißlungen war, den König am folgenden Tage anzugreifen, obgleich es ihm an Macht nicht fehlte.

Aus diesem Grunde sind blutige Gefechte der Avantgarde, welche einer Schlacht vorhergehen, nur als nothwendige Übel zu betrachten, und da, wo sie nicht nothwendig sind, zu vermeiden.

Wir werden noch eine andere Folgerung zu betrachten haben.

Ist ein geschlossenes Gefecht eine abgemachte Sache, so kann es nicht der Grund werden, ein neues zu beschließen, sondern der Entschluß dieses neuen muß aus den übrigen Verhältnissen hervorgehen. Dieser Folgerung tritt aber eine moralische Kraft entgegen, die wir berücksichtigen müssen: es ist das Gefühl der Rache und Vergeltung. Vom obersten Feldherrn bis zum geringsten Tambour fehlt dies Gefühl nicht und daher ist nie eine Truppe von einer bessern Stimmung beseelt, als wenn es darauf ankommt, eine Scharte auszuwetzen. Nur setzt dies voraus, daß der geschlagene Theil kein zu bedeutender des Ganzen sei, weil jenes Gefühl sich sonst in dem der Ohnmacht verlieren würde.

Es ist also eine sehr natürliche Tendenz, jene moralische Kraft zu benutzen, um auf der Stelle das Verlorne wieder einzubringen, und deshalb vorzugsweise, wenn die übrigen Umstände es zulassen, ein zweites Gefecht zu suchen. Es liegt dann in der Natur der Sache, daß dieses zweite Gefecht meistens ein Angriff sein muß.

In der Reihe der untergeordneten Gefechte findet man viele Beispiele solcher Wiedervergeltungen; die großen Schlachten aber haben gewöhnlich zu viel andere Bestimmungsgründe, um von dieser schwächern Kraft angezogen zu werden.

Ein solches Gefühl war es unstreitig, welches den edlen Blücher den 14. Februar 1814, nachdem zwei seiner Korps drei Tage zuvor bei Montmirail geschlagen waren, mit dem dritten auf dieses Schlachtfeld führte. Hätte er gewußt, daß er noch auf Bonaparte selbst treffen würde, so mußten natürlich überwiegende Gründe ihn bestimmen, seine Rache aufzuschieben; aber er hoffte sich an Marmont zu rächen, und anstatt die Vortheile einer edlen Rachbegierde zu erndten, unterlag er den Nachtheilen einer falschen Berechnung.

Von der Dauer der Gefechte und dem Moment ihrer Entscheidung hängen die Entfernungen ab, in welchen diejenigen Massen von einander aufgestellt sein dürfen, die bestimmt sind gemeinschaftlich zu fechten. Diese Aufstellung würde insofern eine taktische Anordnung sein, als sie ein und dasselbe Gefecht beabsichtigt; allein sie kann doch nur da so betrachtet werden, wo die Aufstellung so nahe ist, daß zwei getrennte Gefechte dabei nicht denkbar sind, und also der Raum, welchen das Ganze einnimmt, strategisch, wie ein bloßer Punkt angesehen werden kann. Es kommen aber im Kriege die Fälle häufig vor, wo man auch diejenigen Kräfte, welche bestimmt sind gemeinschaftlich zu schlagen, so weit von einander trennen muß, daß ihre Vereinigung zum gemeinschaftlichen Gefecht zwar die Hauptabsicht, aber das Vorkommen getrennter Gefechte doch auch möglich bleibt. Eine solche Aufstellung ist also eine strategische.

Anordnungen solcher Art sind: Märsche in getrennten Massen und Kolonnen, Avantgarden und Seitenkorps, Reserven die mehr als einem strategischen Punkt zur Unterstützung dienen sollen, Versammlung der einzelnen Korps aus weitläuftigen Quartieren u. s. w. Man sieht, daß sie unaufhörlich vorkommen und gewissermaßen die Scheidemünze in dem strategischen Haushalt ausmachen, während die Hauptschlachten, und Alles was mit ihnen auf gleicher Linie steht, die Gold- und Thalerstücke sind.

Achtes Kapitel.
Einverständniß beider Theile zum Gefecht.

Kein Gefecht kann ohne gegenseitige Einwilligung dazu entstehen, und von dieser Idee, welche die ganze Grundlage eines Zweikampfs ausmacht, geht eine gewisse Phraseologie der historischen Schriftsteller aus, die zu vielen unbestimmten und irrigen Vorstellungen verführt.

Die Betrachtung der Schriftsteller dreht sich nämlich häufig um den Punkt: daß der eine Feldherr dem andern die Schlacht angeboten und dieser sie nicht angenommen habe.

Aber das Gefecht ist ein sehr modifizirter Zweikampf, und die Grundlage desselben besteht nicht bloß in der gegenseitigen Kampflust, d. h. Einwilligung, sondern in den Zwecken, welche mit dem Gefecht verbunden werden; diese gehören immer größeren Ganzen an, und das um so mehr, als selbst der ganze Krieg, als Kampfeinheit gedacht, politische Zwecke und Bedingungen hat, die einem größeren

Ganzen angehören. So tritt also die bloße Lust, sich gegenseitig zu besiegen, in ein ganz untergeordnetes Verhältniß, oder vielmehr, sie hört ganz auf, Etwas an und für sich selbst zu sein, und ist nur als der Nerv anzusehen, der dem höheren Willen die Bewegung verleiht.

Bei den alten Völkern, und dann wieder in der ersten Zeit der stehenden Heere, hatte der Ausdruck, daß man dem Feinde die Schlacht vergeblich angeboten, doch noch mehr Sinn als in unsern Tagen. Bei den alten Völkern war nämlich Alles darauf eingerichtet, sich in offenem Felde ohne alle hindernde Gegenstände im Kampf mit einander zu messen, und alle Kriegskunst bestand in der Einrichtung und Zusammensetzung des Heeres, also in der Schlachtordnung.

Da nun ihre Heere sich in ihren Lägern regelmäßig verschanzten, so wurde die Stellung im Lager als etwas Unantastbares betrachtet, und eine Schlacht wurde erst möglich, wenn der Gegner sein Lager verließ und sich in zugänglicher Gegend gewissermaaßen in die Schranken stellte.

Wenn es also heißt, daß Hannibal dem Fabius die Schlacht vergeblich anbot: so sagt das zwar in Beziehung auf den Letztern Nichts, als daß eine Schlacht nicht in seinem Plan lag, und es beweist an sich weder die physische noch moralische Überlegenheit des Hannibal; aber in Beziehung auf diesen ist doch der Ausdruck richtig, denn er sagt, daß Hannibal die Schlacht wirklich gewollt hat.

In der ersten Zeit der neueren Heere fanden bei großen Gefechten und Schlachten ähnliche Verhältnisse statt. Die großen Massen wurden nämlich vermittelst einer Schlachtordnung ins Gefecht geführt und darin geleitet, die als ein großes unbehülfliches Ganze mehr oder weniger die Ebene brauchte und sich weder zum Angriff, noch selbst zur Vertheidigung in einer sehr durchschnittenen oder verdeckten, oder gar gebirgigen Gegend, eignete. Es fand also der Vertheidiger auch hier einigermaßen ein Mittel, die Schlacht zu vermeiden. Diese Verhältnisse haben sich, wiewohl immer schwächer, bis in die ersten schlesischen Kriege erhalten, und erst im siebenjährigen wurde ein Angriff des Gegners auch in unzugänglichen Gegenden immer mehr thunlich und Sitte; nun hörte zwar die Gegend nicht auf, ein Verstärkungsprinzip für denjenigen zu werden, der sich ihres Beistandes bediente, aber sie war nicht mehr ein Zauberkreis, welcher die natürlichen Kräfte des Krieges baunte.

Seit 30 Jahren hat sich der Krieg noch viel mehr in diesem Sinne ausgebildet, und es steht demjenigen, welcher wirklich eine Entscheidung durchs Gefecht haben will, Nichts mehr im Wege, er kann seinen Gegner aufsuchen und angreifen; thut er dies nicht, so kann er nicht dafür gelten, das Gefecht gewollt zu haben, und der Ausdruck: er habe eine Schlacht angeboten, die sein Gegner nicht angenommen, heißt also jetzt Nichts, als: er habe die Verhältnisse zum Gefecht nicht vortheilhaft genug gefunden, welches ein Geständniß ist, worauf jener Ausdruck nicht paßt, und das er nur zu bemänteln strebt.

Freilich kann der Vertheidiger auch noch jetzt ein Gefecht zwar nicht mehr ablehnen, aber doch vermeiden, wenn er nämlich seinen Platz und die damit verknüpfte Rolle aufgiebt, dann liegt aber für den Angreifenden in diesem Erfolg der halbe Sieg und die Anerkenntniß seiner einstweiligen Überlegenheit.

Es kann also diese auf ein Cartel sich beziehende Vorstellungsart jetzt nicht mehr gebraucht werden, um mit solchem Worttriumph das Stillstehen dessen zu beschönigen, an welchem das Vorschreiten ist, nämlich des Angreifenden. Der Vertheidiger, welcher, so lange er nicht zurückweicht, dafür gelten muß die Schlacht zu wollen, kann allerdings, wenn er nicht angegriffen wird, sagen: er habe sie angeboten, wenn sich dies nicht schon von selbst verstände.

Von der andern Seite kann aber jetzt Einer, der ausweichen will und kann, nicht wohl zum Gefecht gezwungen werden. Da nun dem Angreifenden an den Vortheilen, welche er mit diesem Ausweichen erhält, oft nicht genügt und ein wirklicher Sieg ihm dringendes Bedürfniß wird: so werden zuweilen die wenigen Mittel, welche vorhanden sind, auch einen solchen Gegner zum Gefecht zu zwingen, oft mit einer besondern Kunst gesucht und angewendet.

Die hauptsächlichsten Wege hierzu sind: erstens das Umstellen des Gegners, um ihm den Rückzug unmöglich oder so schwer zu machen, daß er es vorzieht, das Gefecht anzunehmen, und zweitens das Überraschen desselben. Dieser letztere Weg, welcher früher in der Unbehülflichkeit aller Bewegungen seinen Grund hatte, ist in der neueren Zeit sehr unwirksam geworden. Bei der Biegsamkeit und Beweglichkeit der jetzigen Heere scheut man sich nicht, auch im Angesicht des Feindes seinen Rückzug anzutreten, und nur besonders nachtheilige Verhältnisse der Gegend können hier bedeutende Schwierigkeiten hervorbringen.

Ein Fall der Art mögte der der Schlacht von Neresheim sein, welche der Erzherzog Karl den 11. August 1796 in der rauhen Alp gegen Moreau lieferte, bloß in der Absicht sich den Rückzug zu erleichtern, wiewohl wir gern gestehen, daß wir das Raisonnement des berühmten Feldherrn und Autors hier nie ganz verstanden haben.

Die

Die Schlacht von Roßbach liefert ein anderes Beispiel, insofern der Feldherr des verbündeten Heeres wirklich nicht die Absicht gehabt haben sollte Friedrich den Großen anzugreifen.

Von Soor sagt der König selbst, daß er die Schlacht nur angenommen habe, weil ihm der Rückzug im Angesicht des Feindes bedenklich geschienen; indessen führt doch der König auch noch andere Gründe zur Schlacht an.

Im Ganzen werden, die eigentlichen nächtlichen Überfälle ausgenommen, solche Fälle immer selten sein, und die, wo ein Gegner durch Umstellung zum Gefecht gezwungen worden ist, sich hauptsächlich nur bei einzelnen Korps, wie das Finksche bei Maxen, zutragen.

Neuntes Kapitel.
Die Hauptschlacht.

Ihre Entscheidung.

Was ist die Hauptschlacht? Ein Kampf der Hauptmacht, aber freilich nicht ein unbedeutender um einen Nebenzweck, nicht ein bloßer Versuch, den man aufgiebt, sobald man frühzeitig gewahr wird, daß man seinen Zweck schwer erreichen wird, sondern ein Kampf mit ganzer Anstrengung um einen wirklichen Sieg.

Auch in einer Hauptschlacht können Nebenzwecke dem Hauptzweck beigemischt sein, und sie wird manchen besondern Farbenton von den Verhältnissen annehmen, aus denen sie hervorgeht, denn auch eine Hauptschlacht hängt mit einem größern Ganzen zusammen, von dem sie nur ein

I   21

Theil ist; allein man muß, weil das Wesen des Krieges Kampf, und die Hauptschlacht der Kampf der Hauptmacht ist, diese immer als den eigentlichen Schwerpunkt des Krieges betrachten, und es ist daher im Ganzen ihr unterscheidender Charakter, daß sie mehr als irgend ein anderes Gefecht um ihrer selbst willen da ist.

Dies hat Einfluß auf die Art ihrer Entscheidung, auf die Wirkung des in ihr erhaltenen Sieges, und bestimmt den Werth, welchen ihr die Theorie als Mittel zum Zweck beilegen muß. Wir machen sie daher zum Gegenstand unserer besondern Betrachtung und zwar hier, bevor wir noch der besondern Zwecke gedenken, die mit ihr verbunden sein können, die aber ihren Charakter, sobald sie den Namen einer Hauptschlacht wirklich verdient, nicht wesentlich verändern.

Ist eine Hauptschlacht hauptsächlich um ihrer selbst willen da, so müssen die Gründe ihrer Entscheidung in ihr selbst liegen, mit andern Worten: es soll in ihr der Sieg so lange gesucht werden, als noch eine Möglichkeit dazu vorhanden ist, und sie soll also nicht wegen einzelner Umstände, sondern einzig und allein aufgegeben werden, wenn die Kräfte als völlig unzureichend erscheinen.

Wie läßt sich nun dieser Moment näher bezeichnen?

Wenn, wie eine geraume Zeit in der neueren Kriegskunst, eine gewisse künstliche Ordnung und Zusammenfügung des Heeres die Hauptbedingung ist, unter welcher die Tapferkeit des Heeres sich den Sieg erringen kann, so ist die Zerstörung dieser Ordnung die Entscheidung. Ein geschlagener Flügel, der aus seinen Fugen weicht, entscheidet über den stehenden mit. Wenn, wie zu einer andern Zeit, das Wesen der Vertheidigung in einem engen Bündniß des Heeres mit dem Boden und seinen Hindernissen besteht, auf dem es sicht, so daß Heer und Stellung nur Eins sind, so ist die Eroberung eines wesentlichen Punktes dieser Stellung die Entscheidung. Man sagt: der Schlüssel der Stellung ist verloren gegangen, sie kann also nicht weiter vertheidigt, die Schlacht nicht fortgeschlagen werden. In beiden Fällen erscheinen die geschlagenen Heere ungefähr wie gesprungene Saiten, die ihren Dienst versagen.

Sowohl jenes geometrische als dieses geographische Prinzip, welche die Tendenz hatten, die kämpfenden Heere in eine Kristallisationsspannung zu versetzen, die es nicht gestattete, die vorhandenen Kräfte bis auf den letzten Mann zu verwenden, haben von ihrem Einfluß wenigstens so viel verloren, daß sie nicht mehr vorherrschen. Auch jetzt wird das Heer in einer bestimmten Ordnung in den Kampf geführt, aber sie ist nicht mehr entscheidend; auch jetzt werden die Hindernisse des Bodens noch zur Verstärkung des Widerstandes benutzt, aber sie sind nicht mehr der einzige Anhalt.

Wir haben es versucht im zweiten Kapitel dieses Buchs einen Gesammtblick auf die Natur der heutigen Schlacht zu werfen. Nach dem Bilde, welches wir uns davon gemacht haben, ist die Schlachtordnung nur ein Zurechtstellen der Kräfte zum bequemen Gebrauch, und der Verlauf ein gegenseitiges langsames Verzehren dieser Kräfte an einander, um zu sehen, wer seinen Gegner früher erschöpft haben wird.

Der Entschluß, das Gefecht aufzugeben, entspringt also, in der Hauptschlacht mehr als in irgend einem andern Gefechte, aus dem Verhältniß der übrigbleibenden frischen Reserven, denn nur diese haben noch alle moralischen Kräfte, und die von dem Zerstörungselement bereits ausgeglühten

Schlacken zusammengeschossener und geworfener Bataillone können nicht auf gleiche Linie damit gestellt werden. Auch der verlorne Boden ist ein Maaßstab verlorner moralischer Kräfte, wie wir anderswo gesagt haben; er kommt also mit in Betrachtung, doch mehr als ein Zeichen eines gemachten Verlustes, denn als der Verlust selbst, und immer bleibt die Zahl der frischen Reserven das Hauptaugenmerk beider Feldherrn.

Gewöhnlich nimmt eine Schlacht ihre Richtung schon von vornherein, wiewohl auf eine wenig merkliche Art. Oft sogar ist diese Richtung schon durch die Anordnungen, welche zu ihr getroffen sind, auf eine sehr entschiedene Weise gegeben, und dann ist es Mangel an Einsicht desjenigen Feldherrn, welcher die Schlacht unter so schlimmen Bedingungen eröffnet, ohne sich derselben bewußt zu werden. Allein wo dieser Fall auch nicht statt findet, ist es in der Natur der Dinge, daß der Verlauf der Schlachten mehr ein langsames Umschlagen des Gleichgewichts ist, welches bald, aber, wie gesagt, anfangs nicht merklich, eintritt, und dann mit jedem neuen Zeitmoment stärker und sichtlicher wird: als ein oszillirendes Hin- und Herschwanken, wie man, durch die unwahren Schlachtbeschreibungen verführt, sie sich gewöhnlich denkt.

Mag es aber auch sein, daß das Gleichgewicht eine lange Zeit wenig gestört ist, oder daß es selbst, nachdem es nach einer Seite hin verloren, zurückkehrt, um nun nach der andern Seite hin, verloren zu gehen: so ist doch gewiß, daß in den meisten Fällen der besiegte Feldherr dies lange schon vor dem Abzug gewahr wird, und daß die Fälle, wo irgend eine Einzelnheit unvermuthet stark auf den Hergang des Ganzen einwirkt, meistens nur in der Beschönigung ihr Dasein haben, womit jeder seine verlorne Schlacht erzählt.

Wir können uns hier nur an das Urtheil unbefangener Männer von Erfahrung wenden, welche uns gewiß ihre Zustimmung geben, und uns bei dem Theil unsrer Leser vertreten werden, die den Krieg nicht aus eigner Erfahrung kennen. Die Nothwendigkeit dieses Hergangs aus der Natur der Sache zu entwickeln, würde uns zu sehr in das Gebiet der Taktik hineinführen, wohin dieser Gegenstand gehört, mit dessen Resultat wir es hier nur zu thun haben.

Wenn wir sagen: der besiegte Feldherr sieht den schlimmen Ausgang gewöhnlich schon geraume Zeit vorher, ehe er sich zum Aufgeben der Schlacht entschließt, so lassen wir auch Fälle entgegengesetzter Art zu, und würden ja sonst einen in sich widersprechenden Satz behaupten. Wäre mit jeder entschiedenen Richtung einer Schlacht diese als verloren zu betrachten, so müßten auch keine Kräfte zu ihrer Wendung mehr aufgeboten werden und folglich würde diese entschiedene Richtung dem Augenblick des Abzugs nicht geraume Zeit vorhergehen können. Allerdings giebt es Fälle, wo eine Schlacht schon eine sehr entschiedene Richtung nach einer Seite hin angenommen, und doch eine Entscheidung nach der andern hin bekommen hatte, aber sie sind nicht die gewöhnlichen, sondern selten; aber auf diese seltenen Fälle rechnet jeder Feldherr gegen welchen sich das Glück erklärt, und er muß darauf rechnen, so lange ihm irgend eine Möglichkeit der Wendung bleibt. Er hofft durch stärkere Anstrengungen, durch eine Erhöhung der übrigbleibenden moralischen Kräfte, durch ein Selbstübertreffen, oder auch durch einen glücklichen Zufall den Augenblick noch gewendet zu sehen, und treibt dies so weit, wie Muth und Einsicht es in ihm mit einander abmachen. Wir wollen davon etwas mehr sagen, zuvor aber angeben, welches die

Zeichen des umschlagenden Gleichgewichts sind. Der Erfolg des Gesammtgefechts besteht aus der Summe der Erfolge aller Theilgefechte; diese Erfolge der einzelnen Gefechte aber firiren sich in drei verschiedenen Gegenständen.

Erstlich, mit der bloßen moralischen Kraft in dem Bewußtsein der Führer. Wenn ein Divisionsgeneral gesehen hat, wie seine Bataillone unterlegen haben, so wird das auf sein Verhalten und auf seine Meldungen, und diese werden wieder auf die Maaßregeln des Oberfeldherrn Einfluß haben. Es gehen also selbst diejenigen unglücklichen Theilgefechte, die dem Anschein nach gut gemacht werden, in ihren Erfolgen nicht verloren, und die Eindrücke davon summiren sich in der Seele des Feldherrn ohne viele Mühe und selbst gegen seinen Willen.

Zweitens, durch das schnellere Zusammenschmelzen unserer Truppen, welches sich bei dem langsamen wenig tumultarischen Verlauf unserer Schlachten sehr wohl abschätzen läßt.

Drittens, in dem verlornen Boden. Alle diese Dinge dienen dem Auge des Feldherrn als Bussole, um die Richtung zu erkennen, welche das Schiff seiner Schlacht nimmt. Sind ihm ganze Batterien verloren gegangen und keine der feindlichen genommen; sind Bataillone durch feindliche Reiterei niedergeworfen, während die des Feindes überall undurchdringliche Massen bilden; weicht die Feuerlinie seiner Schlachtordnung von einem Punkt zum andern unfreiwillig zurück; werden zur Eroberung gewisser Punkte vergebliche Anstrengungen gemacht, und die anrückenden Bataillone von einem wohl angebrachten Hagel von Kartätschen jedesmal zerstreut; fängt unser Geschütz an in seinem Feuer gegen das feindliche zu ermatten; schmelzen die im Feuer stehenden Bataillone ungewöhnlich schnell zusammen, weil, mit den

Verwundeten, Schaaren von Nichtverwundeten zurückgehen; sind gar durch die Störung des Schlachtplans einzelne Theile abgeschnitten und gefangen worden; fängt der Rückzug an gefährdet zu werden: so muß der Feldherr wohl in allen diesen Dingen die Richtung erkennen, in welcher er sich mit seiner Schlacht befindet. Je länger diese Richtung dauert, je entschiedener sie wird, um so schwieriger wird die Wendung, um so mehr nähert sich der Augenblick, wo er die Schlacht aufgeben muß. Über diesen Augenblick wollen wir nun sprechen.

Wir haben es schon mehr als einmal ausgesprochen, daß das Verhältniß der übrigbleibenden frischen Reserven meistens den Hauptgrund zur völligen Entscheidung abgiebt; derjenige Feldherr, welcher seinen Gegner darin von entschiedener Überlegenheit sieht, entschließt sich zum Rückzug. Es ist gerade die Eigenthümlichkeit der neuern Schlachten, daß alle Unglücksfälle und Verluste, welche im Verlauf derselben statt gehabt haben, durch frische Kräfte gut gemacht werden können, weil die Einrichtung der neuern Schlachtordnung und die Art, wie die Truppen in's Gefecht geführt werden, ihren Gebrauch fast überall und in jeder Lage gestattet. So lange also derjenige Feldherr, gegen den der Ausgang sich zu erklären scheint, noch eine Überlegenheit an Reserve hat, wird er die Sache nicht aufgeben. Von dem Zeitpunkt an aber, wo seine Reserven anfangen schwächer zu werden als die feindlichen, ist die Entscheidung als gegeben zu betrachten, und was er nun noch thut, hängt theils von besondern Umständen, theils von dem Grade des Muthes und der Ausdauer ab, die ihm gegeben sind, und die auch wohl in unweisen Starrsinn ausarten können. Wie der Feldherr dahin gelangt, das Verhältniß der gegenseitigen Reserven richtig zu schätzen, ist eine Sache der Kunstfertigkeit in der Ausführung, die in keinem Fall hierher gehört; wir halten uns an das Resultat, wie es sich in seinem Urtheil feststellt. Aber auch dieses Resultat ist noch nicht der eigentliche Augenblick der Entscheidung, denn ein Motiv, welches nur gradweise entsteht, ist dazu nicht geeignet, sondern es ist nur eine allgemeine Bestimmung des Entschlusses, und dieser Entschluß selbst bedarf noch besonderer Veranlassungen. Diese sind denn hauptsächlich zwei, welche immer wiederkehren, nämlich die Gefahr des Rückzugs und die einbrechende Nacht.

Wird der Rückzug mit jedem neuen Schritt, den die Schlacht in ihrem Verlauf thut, immer mehr bedroht, und sind die Reserven so zusammengeschmolzen, daß sie nicht mehr hinreichen sich von Neuem Luft zu schaffen: so bleibt nichts Anders übrig, als sich dem Schicksal zu unterwerfen, und durch einen ordnungsvollen Abzug zu retten, was bei längerem Verweilen sich in Flucht und Niederlage auflösen, verloren gehen würde.

Die Nacht aber macht in der Regel allen Gefechten ein Ende, weil ein Nachtgefecht nur unter besonderen Bedingungen Vortheil verspricht; da nun die Nacht mehr zum Rückzug geeignet ist als der Tag, so wird der, welcher ihn als ganz unvermeidlich, oder als höchst wahrscheinlich zu betrachten hat, es vorziehen, dazu die Nacht zu benutzen.

Daß es außer diesen beiden gewöhnlichen und hauptsächlichsten Veranlassungen auch noch viele andere geben kann, die kleiner, individueller, und nicht zu übersehen sind, versteht sich von selbst, denn je mehr die Schlacht sich zum völligen Umschlagen des Gleichgewichts hinneigt, um so empfindlicher wirkt auch jeder Theilerfolg auf dasselbe.

So kann der Verlust einer Batterie, das glückliche Einbrechen von einem Paar Reiter=Regimentern u. s. w. den schon reifenden Entschluß zum Rückzug völlig in's Leben rufen.

Zum Schluß dieses Gegenstandes müssen wir nun noch einen Augenblick auf dem Punkt verweilen, wo Muth und Einsicht in dem Feldherrn eine Art von Kampf miteinander zu bestehen haben.

Wenn auf der einen Seite der gebieterische Stolz eines siegreichen Eroberers, wenn der unbeugsame Wille eines angebornen Starrsinns, wenn das krampfhafte Widerstreben einer edlen Begeisterung nicht von dem Schlachtfelde weichen wollen, wo sie ihre Ehre zurück lassen sollen: so räth auf der andern die Einsicht, nicht Alles auszugeben, nicht das Letzte auf's Spiel zu setzen, sondern so Viel übrig zu behalten, als zu einem ordnungsvollen Rückzug nöthig ist. Wie hoch auch der Werth des Muthes und der Standhaftigkeit im Kriege angeschlagen werden muß, und wie wenig Aussicht der zum Siege hat, der sich nicht entschließen kann, ihn mit der ganzen Kraftanstrengung zu suchen: so giebt es doch einen Punkt, über den hinaus das Verharren nur eine verzweiflungsvolle Thorheit genannt, und also von keiner Kritik gebilligt werden kann. In der berühmtesten aller Schlachten, in der von Belle=Alliance, setzte Bonaparte seine letzten Kräfte daran, eine Schlacht zu wenden, die nicht mehr zu wenden war, er gab den letzten Heller aus, und floh dann wie ein Bettler vom Schlachtfelde und aus dem Reiche.

Zehntes Kapitel.

Fortsetzung.

Wirkung des Sieges.

Man kann sich, je nachdem man seinen Standpunkt nimmt, eben so sehr verwundern über die außerordentlichen Erfolge, welche manche große Schlachten gehabt haben, als über den Mangel an Erfolg bei andern. Wir wollen jetzt einen Augenblick bei der Natur der Wirkung verweilen, welche ein großer Sieg hat.

Wir können hier leicht drei Dinge unterscheiden: die Wirkung auf die Instrumente selbst, nämlich auf die Feldherrn und ihre Heere; die Wirkung auf die betheiligten Staaten, und den eigentlichen Erfolg, welchen diese Wirkungen in dem weitern Verlauf des Krieges zeigen.

Wer nur an den unbedeutenden Unterschied denkt, der an Todten, Verwundeten, Gefangenen und verlornen Geschützen auf dem Schlachtfelde selbst zwischen Sieger und Besiegten zu bestehen pflegt, dem scheinen die Folgen, welche sich aus diesem unbedeutenden Punkt entwickeln, oft ganz unbegreiflich, und doch geht gewöhnlich Alles nur zu natürlich zu.

Wir haben schon im siebenten Kapitel gesagt, daß die Größe eines Sieges nicht bloß steigt in dem Maaße, wie die besiegten Streitkräfte an Umfang zunehmen, sondern in höheren Graden. Die moralischen Wirkungen, welche der Ausgang eines großen Gefechts hat, sind größer bei dem Besiegten und beim Sieger, sie werden Veranlassung zu größern Verlusten an physischen Kräften, die dann wieder auf die moralischen zurückwirken, und so sich gegenseitig tragen und steigern. Auf diese moralische Wirkung muß man also ein besonderes Gewicht legen. Sie findet in entgegengesetzter Richtung bei beiden Theilen statt; wie sie die Kräfte des Besiegten untergräbt, so erhöht sie die Kräfte und Thätigkeit des Siegers. Aber die Hauptwirkung liegt doch in dem Besiegten, denn hier wird sie die unmittelbare Ursache zu neuen Verlusten, und außerdem ist sie mit der Gefahr, den Anstrengungen und Mühseligkeiten, überhaupt mit allen erschwerenden Umständen, zwischen welchen der Krieg sich bewegt, homogener Natur, tritt also mit ihnen in Bund, und wächst durch ihren Beistand, während beim Sieger sich alle diese Dinge wie Gewichte an den höheren Schwung seines Muthes legen. Man findet also, daß der Besiegte sich viel tiefer unter der Linie des ursprünglichen Gleichgewichts hinunter senkt, als der Sieger sich darüber erhebt, darum haben wir, wenn wir von der Wirkung des Sieges sprechen, hauptsächlich die im Auge, welche sich bei dem besiegten Heere kund thut. Ist diese Wirkung in einem Gefechte von großem Umfang stärker als in einem von kleinem, so ist sie in der Hauptschlacht wieder viel stärker, als in einem untergeordneten Gefecht. Die Hauptschlacht ist um ihrer selbst willen da, um des Sieges willen, den sie geben soll, und der in ihr mit der höchsten Anstrengung gesucht wird. Hier an dieser Stelle, in dieser Stunde den Gegner zu überwinden, ist die Absicht, in welcher der ganze Kriegsplan mit allen seinen Fäden zusammenläuft, alle entfernte Hoffnungen und dunkle Vorstellungen von der Zukunft sich zusammenfinden; es tritt das Schicksal vor uns hin, um die Antwort auf die dreiste Frage zu geben. — Dies ist die Geistesspannung, nicht bloß des Feldherrn, sondern seines ganzen Heeres bis zum letzten Troßknecht hinab;

freilich in abstufender Stärke, aber auch in sich abstufender
Wichtigkeit. Zu allen Zeiten, und nach der Natur der
Dinge waren Hauptschlachten niemals unvorbereitete, unerwartete, blinde Dienstverrichtungen, sondern ein großartiger Akt, der aus der Masse der gewöhnlichen Thätigkeiten,
theils von selbst, theils nach der Absicht der Führer hinreichend hervortritt, um die Spannung aller Gemüther
höher zu stimmen. Je höher aber diese Spannung auf
den Ausgang ist, um so stärker muß die Wirkung desselben sein.

Wieder größer ist die moralische Wirkung des Sieges in unsern Schlachten, als sie in den frühern der neuern
Kriegsgeschichte war. Sind jene, wie wir sie geschildert
haben, ein wahres Ausringen der Kräfte, so entscheidet die
Summe dieser Kräfte, der physischen wie der moralischen,
mehr als einzelne Anordnungen oder gar Zufälle.

Einen Fehler, den man gemacht, kann man das nächste
Mal verbessern, vom Glück und Zufall kann man ein andermal mehr Gunst erwarten; aber die Summe der moralischen und physischen Kräfte pflegt sich nicht so schnell
zu ändern, und so scheint, was der Ausspruch eines Sieges über sie entschieden hat, für die ganze Zukunft von
viel größerer Bedeutung. Zwar haben wohl von allen in
und außer einem Heere durch eine Schlacht Betheiligten
die wenigsten über solchen Unterschied nachgedacht, aber der
Hergang der Schlacht selbst drückt den Gemüthern aller
darin Befindlichen ein solches Resultat auf, und die Erzählung dieses Hergangs in den öffentlichen Berichten, wie
sie auch durch einzelne hineingezwängte Umstände beschönigt
werden mag, zeigt auch mehr oder weniger der übrigen
Welt, daß die Ursachen mehr im Ganzen als in Einzelnheiten lagen.

Wer sich nie in einer großen verlornen Schlacht befunden hat, wird Mühe haben, sich eine lebendige, und folglich eine ganz wahre Vorstellung davon zu machen, und die abstrakten Vorstellungen von diesem oder jenem kleinen Verlust werden den eigentlichen Begriff einer verlornen Schlacht niemals ausfüllen. Verweilen wir einen Augenblick bei dem Bilde.

Das Erste, was sich der Einbildungskraft, und man kann auch wohl sagen: des Verstandes, in einer unglücklichen Schlacht bemächtigt, ist das Zusammenschmelzen der Massen, dann der Verlust des Bodens, welcher mehr oder weniger immer, und also auch bei dem Angreifenden eintritt, wenn er nicht glücklich ist; dann die zerstörte ursprüngliche Ordnung, das Durcheinandergerathen der Theile, die Gefahren des Rückzugs, die mit wenig Ausnahmen immer bald schwächer bald stärker eintreten; nun der Rückzug, der meist in der Nacht angetreten, oder wenigstens die Nacht hindurch fortgesetzt wird. Gleich bei diesem ersten Marsch müssen wir eine Menge von Ermatteten und Zerstreuten zurücklassen, oft gerade die Bravsten, die sich am weitesten vorgewagt, die am längsten ausgeharrt haben; das Gefühl besiegt zu sein, welches auf dem Schlachtfelde nur die höheren Offiziere ergriff, geht nun durch alle Klassen bis zum Gemeinen über, verstärkt durch den abscheulichen Eindruck, so viel brave Gefährten, die gerade in der Schlacht uns erst recht werth geworden sind, in Feindes Händen zurücklassen zu müssen, und verstärkt durch das erwachende Mißtrauen gegen die Führung, der mehr oder weniger jeder Untergebene die Schuld seiner vergeblich gemachten Anstrengung beimißt. Und dieses Gefühl, besiegt zu sein, ist keine bloße Einbildung, über die man Herr werden könnte; es ist die evidente Wahrheit, daß der Geg-

ner uns überlegen ist; eine Wahrheit, die in den Ursachen
so versteckt sein konnte, daß sie vorher nicht zu übersehen
war, die aber beim Ausgang immer klar und bündig hervortritt, die man auch vielleicht vorher erkannt hat, der
man aber, in Ermangelung von etwas Reellerem, Hoffnung
auf den Zufall, Vertrauen auf Glück und Vorsehung, muthiges Wagen entgegenstellen mußte. Nun hat sich dies
alles unzulänglich erwiesen, und die ernste Wahrheit tritt
uns streng und gebieterisch entgegen.

Alle diese Eindrücke sind noch weit entfernt von einem
panischen Schrecken, welcher bei einem mit kriegerischer Tugend ausgerüsteten Heere nie, und bei jedem andern doch
nur ausnahmsweise die Folge verlorner Schlachten ist. Sie
müssen auch beim besten Heere entstehen, und wenn lange
Kriegs- und Siegsgewohnheit, großes Vertrauen zum Feldherrn, sie hier und da ein wenig mildert, so fehlen sie
doch im ersten Augenblick niemals ganz. Auch sind sie
nicht die bloße Folge verlorner Trophäen, diese gehen gewöhnlich erst später verloren und werden nicht so schnell
allgemein bekannt; sie werden also auch bei dem langsam-
sten und abgemessensten Umschlagen des Gleichgewichts
nicht fehlen, und immer diejenige Wirkung eines Sieges
ausmachen, auf die man in jedem Fall rechnen kann.

Daß der Umfang der Trophäen diese Wirkung er-
höhet, haben wir schon gesagt.

Wie sehr ist nun ein Heer in diesem Zustande, als
Instrument betrachtet, geschwächt, wie wenig läßt sich erwarten, daß in diesem geschwächten Zustande, welcher, wie
wir schon gesagt haben, in allen gewöhnlichen Schwierigkeiten der Kriegführung neue Feinde findet, im Stande
sei, das Verlorne durch eine neue Anstrengung wieder einzubringen! Vor der Schlacht bestand ein wirkliches oder

eingebildetes Gleichgewicht beider Theile; dieses ist verloren, und es ist also eine äußere Ursache erforderlich, um es wieder zu gewinnen; jede neue Kraftanstrengung ohne einen solchen äußern Stützpunkt wird nur zu neuem Verluste führen.

So ist also in dem mäßigsten Siege der Hauptmacht schon der Grund zu einem beständigen Sinken der Waage gegeben, bis neue äußere Verhältnisse eine Wendung herbeiführen. Sind diese nicht nahe, ist der Sieger ein rastloser Gegner, der ruhmdürstig nach großen Zwecken jagt: so ist ein vorzüglicher Feldherr und ein in vielen Feldzügen gediegener und gestählter kriegerischer Geist des Heeres nöthig, um den angeschwollenen Strom des Übergewichts nicht ganz durchbrechen zu lassen, sondern durch einen kleinen vervielfältigten Widerstand seinen Lauf zu ermäßigen, bis sich die Kraft des Sieges am Ziel einer gewissen Bahn ausgerungen hat.

Und nun die Wirkung außer dem Heer bei Volk und Regierung; es ist das plötzliche Zusammenbrechen der gespanntesten Hoffnungen, das Niederwerfen des ganzen Selbstgefühls. An die Stelle dieser vernichteten Kräfte strömt in das entstandene Vacuum die Furcht mit ihrer verderblichen Expansivkraft und vollendet die Lähmung. Es ist ein wahrer Nervenschlag, den einer der beiden Athleten durch den elektrischen Funken der Hauptschlacht bekommt. Auch diese Wirkung, wie verschieden in ihren Graden hier und dort, bleibt niemals ganz aus. Anstatt daß Jeder in seiner Wirksamkeit geschäftig herbeieilen sollte, um dem Unglück zu steuern, fürchtet Jeder, daß seine Anstrengung eine vergebliche sein werde, und hält zögernd inne, wo er eilen sollte, oder läßt gar muthlos die Arme sinken, Alles dem Fatum anheimgebend.

Die Folgen aber, welche diese Wirkung des Sieges in dem Gang des Krieges selbst hervorbringt, hängen theils von dem Charakter und Talent des siegenden Feldherrn, mehr aber von den Verhältnissen ab, aus welchen der Sieg hervorgeht und in welche er hineinführt. Ohne Kühnheit und Unternehmungsgeist des Feldherrn wird der glänzendste Sieg keinen großen Erfolg geben, und noch viel schneller erschöpft sich diese Kraft an den Verhältnissen, wenn diese sich ihr groß und stark entgegen stellen. Wie ganz anders, als Daun, würde Friedrich der Große den Sieg bei Collin benutzt haben, und welche anderen Folgen als Preußen hätte Frankreich einer Schlacht von Leuthen geben können.

Die Bedingungen, welche von einem großen Sieg große Folgen erwarten lassen, werden wir bei den Gegenständen kennen lernen, an welche sie sich knüpfen, und dann erst wird das Mißverhältniß sich erklären lassen, welches beim ersten Blick zwischen der Größe eines Sieges und seinen Folgen stattfinden kann, und welches man allzu bereit ist, dem Mangel an Energie des Siegers beizumessen. Hier, wo wir es mit der Hauptschlacht an sich zu thun haben, wollen wir dabei stehen bleiben, zu sagen: daß die geschilderten Wirkungen eines Sieges niemals fehlen, daß sie steigen mit der intensiven Stärke des Sieges, steigen, je mehr die Schlacht Hauptschlacht, d. h. je mehr in ihr die ganze Streitkraft vereinigt, je mehr in dieser Streitkraft die ganze Kriegsmacht, und in der Kriegsmacht der ganze Staat enthalten ist.

Darf denn aber die Theorie diese Wirkung des Sieges als eine ganz nothwendige annehmen, muß sie sich nicht vielmehr bestreben, das genügende Mittel dagegen aufzufinden, und so die Wirkung wieder aufzuheben? Es scheint so natürlich diese Frage zu bejahen; aber der Himmel behüte

hüte uns vor diesem Abweg der meisten Theorien, wodurch ein sich gegenseitig verzehrendes Pro et Contra entsteht.

Allerdings ist jene Wirkung ganz nothwendig, denn sie ist in der Natur der Sache gegründet, und sie besteht auch dann, wenn wir Mittel finden ihr entgegen zu streben, so wie die Bewegung einer Kanonenkugel in der Richtung der Erdumwälzung fortbesteht, wenn sie, auch von Osten nach Westen abgeschossen, durch diese entgegengesetzte Bewegung einen Theil der allgemeinen Geschwindigkeit vernichtet.

Der ganze Krieg setzt menschliche Schwäche voraus und gegen diese ist er gerichtet.

Wenn wir also in der Folge bei einer andern Gelegenheit überlegen, was nach einer verlornen Hauptschlacht zu thun ist, wenn wir die Mittel in Betrachtung ziehen, die in der verzweifeltsten Lage noch übrig bleiben mögten, wenn wir auch in dieser Lage noch an die Möglichkeit glauben werden, Alles wieder zu gewinnen: so ist damit nicht gemeint, die Wirkungen einer solchen Niederlage nach und nach gleich Null zu machen, denn die Kräfte und Mittel, die man zur Herstellung anwendet, hätten zu positiven Zwecken angewendet werden können; und dies gilt von den moralischen wie von den physischen Kräften.

Eine andere Frage ist es, ob durch den Verlust einer Hauptschlacht nicht vielleicht Kräfte geweckt werden, die sonst gar nicht ins Leben gekommen wären. Dieser Fall ist allerdings denkbar und er ist bei vielen Völkern wirklich schon vorgekommen. Aber diese verstärkte Rückwirkung hervorzubringen liegt nicht mehr im Gebiete der Kriegskunst, diese kann nur darauf Rücksicht nehmen, wo sie allenfalls vorauszusetzen ist.

Wenn es nun Fälle giebt, wo die Folgen eines Sie-

I   22

ges verderblicher erscheinen können durch die Rückwirkung der dadurch geweckten Kräfte, Fälle, die freilich zu den seltensten Ausnahmen gehören, so muß um so gewisser eine Verschiedenheit in den Folgen angenommen werden, welche ein und derselbe Sieg hervorbringen kann, nach dem Charakter des besiegten Volkes oder Staates.

Elftes Kapitel.

Fortsetzung.

Der Gebrauch der Schlacht.

Wie sich auch die Führung des Krieges im einzelnen Fall gestaltet, und was wir auch in der Folge davon als nothwendig anerkennen müssen, wir dürfen uns nur an den Begriff des Krieges erinnern, um Folgendes mit Überzeugung zu sagen:

1. Die Vernichtung der feindlichen Streitkräfte ist das Hauptprinzip desselben und für die ganze Seite des positiven Handelns der Hauptweg zum Ziel.

2. Diese Vernichtung der Streitkräfte findet hauptsächlich nur im Gefecht statt.

3. Nur große und allgemeine Gefechte geben große Erfolge.

4. Am größten werden die Erfolge, wenn sich die Gefechte in eine große Schlacht vereinigen.

5. Nur in einer Hauptschlacht regiert der Feldherr das Werk mit eigenen Händen, und es ist in der Natur der Dinge, daß er es am liebsten den seinigen anvertraut.

Aus diesen Wahrheiten ergiebt sich ein Doppelgesetz, dessen Theile sich gegenseitig tragen: nämlich daß die Vernichtung der feindlichen Streitkräfte hauptsächlich in großen Schlachten und ihren Erfolgen zu suchen ist, und daß der Hauptzweck großer Schlachten die Vernichtung der feindlichen Streitkräfte sein muß.

Freilich findet sich das Vernichtungsprinzip auch in andern Mitteln mehr oder weniger, freilich giebt es Fälle, wo durch eine Begünstigung der Umstände in einem kleinen Gefecht unverhältnißmäßig viel feindliche Streitkräfte vernichtet werden können (Maren), auf der andern Seite kann in einer Hauptschlacht oft die Gewinnung oder Behauptung eines Postens als ein sehr wichtiger Zweck vorwalten, aber im Allgemeinen bleibt es vorherrschend wahr, daß Hauptschlachten nur zur Vernichtung der feindlichen Streitkräfte geliefert, und daß diese nur durch die Hauptschlacht erreicht wird.

Die Hauptschlacht ist daher als der konzentrirte Krieg, als der Schwerpunkt des ganzen Krieges oder Feldzuges anzusehen. Wie sich die Strahlen der Sonne im Brennpunkt des Hohlspiegels zu ihrem vollkommenen Bilde und zur höchsten Gluth vereinigen, so vereinigen sich Kräfte und Umstände des Krieges in der Hauptschlacht zu einer zusammengedrängten höchsten Wirkung.

Die Versammlung der Streitkräfte zu einem großen Ganzen, welche mehr oder weniger in allen Kriegen stattfindet, deutet schon die Absicht an, mit diesem Ganzen einen Hauptschlag zu thun, entweder freiwillig, wie der Angreifende, oder durch den Andern veranlaßt, wie der Vertheidiger. Wo nun dieser Hauptschlag nicht erfolgt, da haben sich an das ursprüngliche Motiv der Feindschaft andere ermäßigende und aufhaltende angehangen, und die

22*

Bewegung geschwächt, verändert oder ganz gehemmt. Aber selbst in diesem Zustande des gegenseitigen Nichthandelns, welcher in so vielen Kriegen der Grundton gewesen ist, bleibt auch die Idee der möglichen Hauptschlacht für beide Theile immer ein Richtungspunkt, ein weit entlegener Brennpunkt für die Konstruktion ihrer Bahnen. Je mehr der Krieg wirklicher Krieg, je mehr er eine Erledigung der Feindschaft, des Hasses, ein gegenseitiges Überwältigen wird, um so mehr vereinigt sich alle Thätigkeit in blutigem Kampf, und um so stärker tritt auch die Hauptschlacht hervor.

Überall, wo ein großer, positiver, also in das Interesse des Gegners tief eingreifender Zweck das Ziel ist, bietet sich die Hauptschlacht als das natürlichste Mittel dar; sie ist darum auch das beste, wie wir in der Folge noch näher zeigen werden, und es bestraft sich in der Regel, wenn sie aus Scheu vor der großen Entscheidung umgangen worden ist.

Der positive Zweck gehört dem Angreifenden und so ist die Hauptschlacht auch vorzugsweise sein Mittel. Aber ohne die Begriffe von Angriff und Vertheidigung hier näher bestimmen zu können, müssen wir doch sagen, daß selbst der Vertheidiger in den meisten Fällen nur dies eine wirksame Mittel hat, um früh oder spät damit den Bedürfnissen seiner Lage zu entsprechen, seine Aufgaben zu lösen.

Die Hauptschlacht ist der blutigste Weg der Lösung; zwar ist sie kein bloßes gegenseitiges Morden, und ihre Wirkung mehr ein Todtschlagen des feindlichen Muthes, als der feindlichen Krieger, wie wir das im nächsten Kapitel näher betrachten wollen, allein immer ist Blut ihr Preis, und Hinschlachten ihr Charakter wie ihr Name; davor schaudert der Mensch im Feldherrn zurück.

Aber noch mehr erbebt der Geist des Menschen vor dem Gedanken der mit einem einzigen Schlag gegebenen Entscheidung. In einen Punkt des Raumes und der Zeit ist hier alles Handeln zusammengedrängt, und in solchen Augenblicken regt sich in uns ein dunkles Gefühl, als ob sich unsere Kräfte in diesem engen Raum nicht entwickeln und thätig werden könnten, als ob wir mit der bloßen Zeit schon viel gewonnen hätten, wenn auch diese Zeit uns gar Nichts schuldig ist. Dies ist eine bloße Täuschung, aber auch als Täuschung ist es Etwas, und eben diese Schwäche, welche den Menschen bei jeder andern großen Entscheidung anwandelt, kann sich im Feldherrn stärker regen, wenn er einen Gegenstand von so ungeheuerm Gewicht auf eine Spitze stellen soll.

So haben denn Regierungen und Feldherrn zu allen Zeiten stets Wege um die entscheidende Schlacht herum gesucht, um entweder ihr Ziel ohne dieselbe zu erreichen, oder es unvermerkt fallen zu lassen. Die Geschichts- und Theorienschreiber haben sich dann abgemüht, in diesen Feldzügen und Kriegen in irgend einem andern Wege nicht bloß das Äquivalent der versäumten Schlachtentscheidung zu finden, sondern selbst eine höhere Kunst. Auf diese Weise sind wir in unserer Zeit nahe daran gewesen, in der Ökonomie des Krieges die Hauptschlacht wie ein durch Fehler nothwendig gewordenes Übel anzusehen, wie eine krankhafte Äußerung, zu der ein ordentlicher, vorsichtiger Krieg niemals führen müßte; nur diejenigen Feldherrn sollten Lorbeern verdienen, die es verständen den Krieg ohne Blutvergießen zu führen, und die Theorie des Krieges, ein wahrhafter Braminendienst, sollte ganz eigends dazu bestimmt sein, dies zu lehren.

Die Geschichte der Zeit hat diesen Wahn zerstört,

aber kein Mensch kann dafür einstehen, daß er nicht hier
und da auf kürzere oder längere Zeit zurückkehrt, und die
Führer der Angelegenheiten zu solchen Verkehrtheiten hin-
zieht, die der Schwäche zusagen, also dem Menschen näher liegen. Vielleicht, daß man in einiger Zeit Bonapartes Feldzüge und Schlachten wie Rohheiten und halbe
Dummheiten betrachtet und noch einmal mit Wohlgefallen
und Zutrauen auf den Galanteriedegen veralteter, zusam-
mengeschrumpfter Einrichtungen und Manieren sieht. Kann
die Theorie davor warnen, so hat sie denen, welche ihrer
Warnung Gehör geben, einen wesentlichen Dienst geleistet.
Mögte es uns gelingen, denen, die in unserm theuern Vaterlande berufen sind eine wirksame Meinung in diesen
Dingen zu haben, die Hand zu reichen, um ihnen als Führer in diesem Felde zu dienen, und sie zu einer redlichen
Prüfung der Gegenstände aufzufordern.

Nicht bloß der Begriff des Krieges führt uns dahin,
eine große Entscheidung nur in einer großen Schlacht zu
suchen, sondern auch die Erfahrung. Von jeher haben nur
große Siege zu großen Erfolgen geführt, bei dem Angreifenden unbedingt, bei dem Vertheidiger mehr oder weniger.
Selbst Bonaparte würde das in seiner Art einzige Ulm
nicht erlebt haben, wenn er das Blutvergießen gescheut
hätte, vielmehr ist es nur als eine Nachmath der Sieges-
fälle seiner frühern Feldzüge anzusehen. Es sind nicht bloß
die kühnen Feldherrn, die verwegenen, die trotzigen, die ihr
Werk mit dem großen Wagstück entscheidender Schlachten
zu vollbringen gesucht haben, es sind die glücklichen insge-
sammt; und von diesen können wir uns bei einer so umfassenden Frage die Antwort gefallen lassen.

Wir mögen Nichts hören von Feldherrn, die ohne
Menschenblut siegen. Wenn das blutige Schlachten ein

schreckliches Schauspiel ist, so soll das nur eine Veranlassung sein, die Kriege mehr zu würdigen, aber nicht die Schwerter, die man führt, nach und nach aus Menschlichkeit stumpfer zu machen, bis einmal wieder einer dazwischen kommt mit einem scharfen, der uns die Arme beim Leibe weghaut.

Wir betrachten eine große Schlacht als eine Hauptentscheidung, aber freilich nicht als die einzige, welche für einen Krieg oder Feldzug nöthig wäre. Nur in der neuern Zeit sind die Fälle häufig gewesen, wo eine große Schlacht über einen ganzen Feldzug entschieden hat; die, wo sie über einen ganzen Krieg entschied, gehören zu den seltensten Ausnahmen.

Die Entscheidung, welche durch eine große Schlacht bewirkt wird, hängt natürlich ab nicht nur von ihr selbst, d. h. von der Masse der in ihr versammelten Streitkräfte und von der intensiven Stärke des Sieges, sondern auch von einer Menge anderer Verhältnisse der gegenseitigen Kriegsmacht und der Staaten, welchen diese angehören. Allein indem die Hauptmasse der vorhandenen Streitkraft zum großen Zweikampf hingeführt wird, wird auch eine Hauptentscheidung eingeleitet, deren Umfang sich zwar in manchen Beziehungen vorher übersehen läßt, aber nicht in allen, und die, wenn sie auch nicht die einzige, doch die erste Entscheidung ist, und als solche auch auf die folgenden einen Einfluß behält. Darum ist eine beabsichtigte Hauptschlacht, nach ihren Verhältnissen mehr oder weniger, in gewissen Graden aber immer als der vorläufige Mittel- und Schwerpunkt des ganzen Systems zu betrachten. Je mehr der Feldherr mit dem eigentlichen Geist des Krieges wie jedes Kampfes auszieht, mit dem Gefühl und dem Gedanken, d. h. mit dem Bewußtsein, er müsse und werde seinen Gegner niederschlagen, um so mehr wird er Alles in die Waagschaale der ersten Schlacht legen, in ihr Alles zu erringen hoffen und streben. Bonaparte ist wohl kaum in einem seiner Kriege ohne den Gedanken ausgezogen, seinen Gegner gleich in der ersten Schlacht niederzuschlagen; und Friedrich der Große, in kleinern Verhältnissen und beschränktern Kriesen, dachte eben so, wenn er an der Spitze eines kleinen Heeres sich im Rücken gegen die Rußen oder die Reichsarmee Luft machen wollte.

Die Entscheidung, welche die Hauptschlacht giebt, hängt zum Theil von ihr selbst ab, haben wir gesagt, d. h. von der Menge der Streitkräfte, mit welchen sie geliefert wird, und von der Größe des Erfolgs.

Wie der Feldherr in Beziehung auf den ersten Punkt ihre Wichtigkeit steigern kann, ist an sich klar, und wir wollen nur bei der Bemerkung stehen bleiben, daß mit dem Umfang der Hauptschlacht die Menge der Fälle wächst, welche durch sie mit entschieden werden, und daß deshalb Feldherrn, welche im Vertrauen zu sich die großen Entscheidungen liebten, es immer möglich gemacht haben, den größten Theil ihrer Streitkräfte darin zu verwenden, ohne auf andern Punkten dadurch wesentlich zu versäumen.

Was den Erfolg, oder genauer gesprochen die intensive Stärke des Sieges betrifft, so hängt diese hauptsächlich von vier Verhältnissen ab:

1. Von der taktischen Form, in welcher die Schlacht geliefert wird.
2. Von der Natur der Gegend.
3. Von dem Waffenverhältniß.
4. Von dem Machtverhältniß.

Eine Schlacht mit gerader Front und ohne Umgehung

wird selten einen so großen Erfolg geben, als eine, in welcher der Besiegte umgangen war, oder die er mit mehr oder weniger verwandter Fronte liefern mußte. In durchschnittener oder bergiger Gegend ist der Erfolg ebenfalls geringer, weil die Stoßkraft überall geschwächt ist.

Hat der Besiegte eine gleiche oder überlegene Reiterei, so fallen die Wirkungen des Verfolgens und damit ein großer Theil der Siegserfolge weg.

Endlich ist es an sich verständlich, wie ein Sieg, welcher mit Übermacht erfochten wird, wenn diese zur Umgehung oder Frontveränderung benutzt worden ist, einen größern Erfolg geben wird, als wenn der Sieger schwächer war als der Besiegte. Die Schlacht von Leuthen möchte zwar an der praktischen Richtigkeit dieses Grundsatzes zweifeln lassen; aber es sei uns erlaubt, hier einmal zu sagen, was wir sonst nicht lieben: keine Regel ohne Ausnahme.

In allen diesen Wegen hat also der Feldherr das Mittel, seiner Schlacht einen entscheidenden Charakter zu geben; freilich wachsen damit die Gefahren, denen er sich aussetzt, aber diesem dynamischen Gesetz der moralischen Welt ist sein ganzes Handeln unterworfen.

So ist denn der Hauptschlacht im Kriege Nichts an Wichtigkeit zu vergleichen, und die höchste Weisheit der Strategie offenbart sich in der Beschaffung der Mittel zu ihr, in ihrer geschickten Feststellung nach Ort, Zeit und Richtung der Kräfte und in der Benutzung ihres Erfolges.

Aus der Wichtigkeit dieser Gegenstände folgt aber nicht, daß sie sehr verwickelter und verborgener Natur wären, vielmehr ist hier Alles sehr einfach, die Kunst der Kombination sehr gering, aber groß das Bedürfniß an scharfer Beurtheilung der Erscheinungen, an Energie, an fester Consequenz, an jugendlichem Unternehmungsgeist; heldenmüthige Eigenschaften, an die wir uns noch oft werden wenden müssen. Es ist also hier Wenig von Dem nöthig, was sich in Büchern lehren läßt und Viel von Dem, was, wenn es je gelehrt werden kann, durch einen andern Leiter, als den Buchstaben in den Feldherrn kommen muß.

Der Impuls zur Hauptschlacht, die freie sichere Bewegung zu ihr, muß von dem Gefühl eigener Kraft und dem klaren Bewußtsein der Nothwendigkeit, mit andern Worten, er muß von dem angebornen Muth und von dem durch große Lebensverhältnisse geschärften Blick ausgehen.

Große Beispiele sind die besten Lehrmeister, aber freilich ist es schlimm, wenn sich eine Wolke von theoretischen Vorurtheilen dazwischen legt, denn auch das Sonnenlicht bricht und färbt sich in Wolken. Solche Vorurtheile, die sich in mancher Zeit wie ein Miasma bilden und verbreiten, zu zerstören, ist eine dringende Pflicht der Theorie, denn was menschlicher Verstand fälschlich erzeugt, kann auch bloßer Verstand wieder vernichten.

Zwölftes Kapitel.
Strategische Mittel den Sieg zu benutzen.

Das Schwierigere, den Sieg möglichst vorzubereiten, ist ein stilles Verdienst der Strategie, sie wird kaum darüber belobt. Glänzend und ruhmvoll erscheint sie, indem sie den erfochtenen Sieg benutzt.

Welchen besondern Zweck die Schlacht haben kann,

wie sie in das ganze System des Krieges eingreift, bis wohin die Siegesbahn nach der Natur der Verhältnisse führen kann, wo ihr Kulminationspunkt liegt, alles Das kann uns erst in der Folge beschäftigen. Aber für alle denkbare Verhältnisse bleibt es wahr, daß ohne Verfolgen kein Sieg eine große Wirkung haben kann, und daß, wie kurz auch die Siegesbahn sein mag, sie immer über die ersten Schritte des Verfolgens hinausführen muß, und um dies nicht bei jeder Gelegenheit wieder zu sagen, wollen wir bei dieser nothwendigen Zugabe des Überwinders im Allgemeinen einen Augenblick verweilen.

Das Verfolgen eines geschlagenen Gegners hebt mit dem Augenblick an, wo dieser, das Gefecht aufgebend, seinen Platz verläßt; alle frühern hin- und hergehenden Bewegungen können dazu nicht gerechnet werden, sondern gehören der Schlachtentwicklung selbst an. Gewöhnlich ist der Sieg in dem hier bezeichneten Augenblick, wenn gleich unzweifelhaft, doch noch sehr klein und schwach, und würde in der Reihe der Begebenheiten nicht viel positive Vortheile gewähren, wenn er nicht durch das Verfolgen des ersten Tages vervollständigt würde. Da werden, wie wir gesagt haben, meistens erst die Trophäen geerntet, die den Sieg verkörpern. Über dieses Verfolgen wollen wir zunächst sprechen.

Gewöhnlich kommen beide Theile mit sehr geschwächten körperlichen Kräften in die Schlacht, denn die Bewegungen, welche unmittelbar vorhergehen, haben meistens den Charakter dringender Umstände. Die Anstrengungen, welche das Ausringen eines langen Kampfes kostet, vollenden die Erschöpfung; dazu kommt, daß der siegende Theil nicht viel weniger durcheinander gekommen und aus seinen ursprünglichen Ordnungsfugen gewichen ist, als der besiegte, und also das Bedürfniß hat, sich zu ordnen, die Zerstreuten zu sammlen, die, welche sich verschossen haben, mit frischer Munition zu versehen. Alle diese Umstände versehen den Sieger selbst in einen Zustand der Krise, wovon wir schon gesprochen haben. Ist nun der Geschlagene nur ein untergeordneter Theil gewesen, der von andern aufgenommen werden kann, oder hat er sonst irgend eine bedeutende Verstärkung zu erwarten, so kann der Sieger leicht in die evidente Gefahr kommen, seinen Sieg wieder einzubüßen, und diese Betrachtung macht in solchem Fall dem Verfolgen bald ein Ende, oder legt ihm wenigstens starke Zügel an. Aber selbst da, wo eine namhafte Verstärkung des Geschlagenen nicht zu befürchten ist, findet in den oben angegebenen Umständen der Sieger ein starkes Gegengewicht seiner Schnellkraft beim Verfolgen. Es ist zwar ein Entreißen des Sieges nicht zu befürchten, aber nachtheilige Gefechte bleiben doch möglich und können die bis dahin erhaltenen Vortheile schwächen. Außerdem hängt sich nun das ganze Gewicht des sinnlichen Menschen mit seinen Bedürfnissen und Schwächen an den Willen des Feldherrn. Alle die Tausende, welche unter seinem Befehl stehen, haben das Bedürfniß nach Ruhe und Stärkung, haben das Verlangen die Schranken der Gefahr und Arbeit vor der Hand geschlossen zu sehen; nur Wenige, die man als Ausnahme betrachten kann, sehen und fühlen über den gegenwärtigen Augenblick hinaus, nur in diesen Wenigen ist noch so viel freies Spiel des Muths, um, nachdem das Nothwendige vollbracht ist, auch noch an diejenigen Erfolge zu denken, die in solchem Augenblick wie eine bloße Verschönerung des Sieges, wie ein Luxus des Triumphes erscheinen. Alle jene Tausende aber haben ihre Stimme im Rath des Feldherrn, denn durch die ganze

Stufenfolge der übereinander gestellten Führer haben diese Interessen der sinnlichen Menschen ihren sichern Leiter bis ins Herz des Feldherrn. Dieser selbst ist mehr oder weniger durch geistige und körperliche Anstrengung in seiner innern Thätigkeit geschwächt, und so geschieht es denn, daß meistens aus diesem rein menschlichen Grunde weniger geschieht als geschehen könnte, und daß überhaupt, was geschieht, nur von dem Ruhmdurst, der Energie und auch wohl der Härte des obersten Feldherrn abhängt. Nur so läßt sich die zaghafte Weise erklären, mit der wir viele Feldherrn den Sieg, welchen ihnen die Übermacht gegeben, verfolgen sehen. Das erste Verfolgen des Sieges wollen wir im Ganzen auf den ersten Tag und allenfalls die sich daran schließende Nacht beschränken, denn jenseits dieses Abschnittes wird die Nothwendigkeit der eigenen Erholung in jedem Fall Stillstand gebieten.

Dieses erste Verfolgen nun hat verschiedene natürliche Grade.

Der erste ist, wenn es mit bloßer Reiterei geschieht; dann ist es im Grunde mehr ein Schrecken und Beobachten, als ein wahrhaftes Drängen, weil der kleinste Bodenabschnitt gewöhnlich hinreicht, den Verfolgenden aufzuhalten. So viel die Reiterei bei einer erschütterten und geschwächten Truppe gegen den einzelnen Haufen vermag, so ist sie doch gegen das Ganze immer nur wieder die Hülfswaffe, weil der Abziehende seine frischen Reserven zur Deckung seines Rückzugs verwenden und so beim nächsten unbedeutendsten Bodenabschnitt durch die Verbindung aller Waffen mit Erfolg widerstehen kann. Nur ein in wahrer Flucht und gänzlicher Auflösung befindliches Heer macht hier eine Ausnahme.

Der zweite Grad ist, wenn die Verfolgung durch eine

starke Avantgarde von allen Waffen geschieht, wobei natürlich der größte Theil der Reiterei sich befindet. Ein solches Verfolgen drängt den Gegner bis zur nächsten starken Stellung seiner Arriergarde, oder bis zur nächsten Aufstellung seines Heeres. Zu beiden findet sich gewöhnlich nicht sogleich Gelegenheit, und das Verfolgen reicht also weiter; meistens übersteigt es aber nicht die Weite von einer, höchstens von ein Paar Stunden, weil die Avantgarde sich sonst nicht hinreichend unterstützt glaubt.

Der dritte und stärkste Grad ist, wenn das siegreiche Heer selbst im Vorgehen bleibt, so weit die Kräfte reichen. In diesem Fall wird der Geschlagene die meisten Aufstellungen, wozu ihm die Gegend einige Gelegenheit bietet, auf die bloßen Anstalten eines Angriffs oder einer Umgehung wieder verlassen und die Arriergarde sich noch weniger in einen hartnäckigen Widerstand verwickeln.

In allen drei Fällen macht gewöhnlich die Nacht, wenn sie vor Beendigung des ganzen Aktes eintritt, ihm ein Ende, und die wenigen Fälle, wo dies nicht geschieht, und das Verfolgen die Nacht hindurch fortgesetzt wird, müssen als ein ganz besonders verstärkter Grad desselben betrachtet werden.

Wenn man bedenkt, daß bei nächtlichen Gefechten Alles mehr oder weniger dem Zufall überlassen, und daß im Ausgang einer Schlacht ohnehin der ordnungsmäßige Zusammenhang und Hergang sehr gestört ist: so wird man wohl die Scheu begreifen, welche beide Feldherrn haben, ihr Geschäft in die Dunkelheit der Nacht hinein fortzusetzen. Wenn nicht eine gänzliche Auflösung des Besiegten oder eine seltene Überlegenheit des siegenden Heeres an kriegerischer Tugend den Erfolg sichert, so würde Alles ziemlich dem Fatum anheimgegeben sein, welches nicht das In-

tereſſe irgend eines, ſelbſt des verwegenſten Feldherrn
ſein kann. In der Regel macht alſo die Nacht dem Verfolgen ein Ende, auch ſelbſt da, wo die Schlacht ſich erſt
kurz vor ihrem Einbruch entſchieden hat. Sie geſtattet
dem Beſiegten entweder unmittelbar einen Akt der Ruhe
und des Sammelns, oder, wenn er den Rückzug während
der Nacht fortſetzt, den Vorſprung dazu. Nach dieſem
Abſchnitt iſt der Beſiegte ſchon wieder in einem merklich
beſſern Zuſtande. Vieles von Dem, was aus und durcheinander gekommen war, hat ſich wieder gefunden, die Munition iſt erneuert, das Ganze zu einer neuen Ordnung zu-
ſammengeſtellt. Was er nun gegen den Sieger ferner
zu beſtehen hat, iſt ein neues Gefecht, nicht die Verlängerung des alten, und iſt dieſes auch weit entfernt, einen
abſolut guten Ausgang zuzulaſſen, ſo iſt es doch ein neuer
Kampf und nicht bloß des Siegers Aufleſen zuſammenge-
fallener Trümmer.

In den Fällen alſo, wo der Sieger das Verfolgen
ſelbſt die Nacht hindurch fortſetzen darf, wäre es auch nur
mit einer aus allen Waffen beſtehenden ſtarken Avantgarde,
wird die Wirkung des Sieges außerordentlich verſtärkt
werden, wovon die Schlachten bei Leuthen und Belle-
Alliance Beiſpiele geben.

Die ganze Thätigkeit dieſes Verfolgens iſt im Grunde
eine taktiſche, und wir verweilen bloß bei ihr, um uns des
Unterſchiedes deutlicher bewußt zu werden, der dadurch in
die Wirkung der Siege gebracht wird.

Dieſes erſte Verfolgen, bis zum nächſten Stations-
punkt, iſt ein Recht jedes Siegers, und kaum in irgend
einer Abhängigkeit von ſeinen weitern Planen und Verhältniſſen. Dieſe können die poſitiven Erfolge eines Sieges mit der Hauptmacht ſehr verringern, aber dieſe erſte

Benutzung desselben können sie nicht unmöglich machen, wenigstens würden Fälle der Art, wenn man sie sich auch denken könnte, von solcher Seltenheit sein, daß sie keinen merklichen Einfluß auf die Theorie haben dürften. Und hier ist es allerdings, wo man sagen muß, daß das Beispiel der neuern Kriege ein ganz neues Feld der Energie eröffnet hat. Es war in den frühern, auf einer schmaleren Grundlage ruhenden, von engern Grenzen umschlossenen Kriegen, wie in vielen andern Punkten, besonders auch in diesem eine unnothwendige konventionelle Beschränktheit entstanden. Der Begriff, die Ehre des Sieges schienen den Feldherrn so sehr die Hauptsache, daß sie an die eigentliche Vernichtung der feindlichen Streitkraft dabei weniger dachten, wie denn diese Vernichtung der Streitkraft ihnen nur wie eins von den vielen Mitteln des Krieges, nicht einmal wie das Hauptmittel, geschweige denn wie das einzige erschien. Um so lieber steckten sie den Degen in die Scheide, sobald der Gegner den seinigen gesenkt hatte. Es schien ihnen Nichts natürlicher, als den Kampf einzustellen, sobald die Entscheidung gegeben war, und alles fernere Blutvergießen wie unnütze Grausamkeit. Wenn diese falsche Philosophie auch nicht den ganzen Entschluß ausmachte, so gab sie doch den Gesichtspunkt, unter welchem die Vorstellungen von Erschöpfung aller Kräfte und physischer Unmöglichkeit der Fortsetzung des Kampfes leichter Eingang und starkes Gewicht fanden. Freilich liegt die Schonung seines eigenen Siegsinstruments nahe genug, wenn man nur dies eine besitzt, und voraussieht, daß bald ein Zeitpunkt kommen wird, wo es ohnehin nicht zureicht für Alles was man dann zu thun hat, wie denn in der Regel jedes Fortschreiten in der Offensive dazu führt. Allein diese Rechnung war doch in sofern falsch, als

offen-

offenbar der weitere Verlust an Streitkräften, den man beim Verfolgen erleiden konnte, mit dem feindlichen in gar keinem Verhältniß stand. Jene Betrachtung konnte also eben nur wieder entstehen, indem man die Streitkräfte nicht als die Hauptsache betrachtete. So finden wir denn, daß in den frühern Kriegen nur die eigentlichen Heroen wie Karl XII., Marlborough, Eugen, Friedrich der Große ihren Siegen, da wo sie entschieden genug waren, eine kräftige Verfolgung hinzufügten, und daß die andern Feldherrn sich gewöhnlich mit dem Besitz des Schlachtfeldes begnügten. In der neuern Zeit hat die größere Energie, welche die Kriegführung durch die größern Verhältnisse bekommen hatte, aus denen sie hervorgegangen war, diese konventionellen Schranken vernichtet; das Verfolgen ist ein Hauptgeschäft des Siegers geworden, die Trophäen haben deswegen an Umfang sehr zugenommen, und wenn man auch in neuern Schlachten Fälle sieht, wo dies nicht ist, so gehören sie doch zu den Ausnahmen, und sind immer durch besondere Umstände motivirt.

Bei Görschen und Bautzen verhinderte nur Überlegenheit der verbündeten Reiterei eine gänzliche Niederlage; bei Gr. Beeren und Dennewitz das Mißwollen des Kronprinzen von Schweden, bei Laon des alten Blüchers schwacher persönlicher Zustand.

Aber auch Borodino ist ein hierher gehöriges Beispiel, und wir können uns nicht enthalten ein Paar Worte mehr darüber zu sagen, theils, weil wir nicht glauben daß die Sache mit einem bloßen Tadel Bonapartes abgemacht sei, theils, weil es scheinen mögte, als gehörte dieser, und mit ihm eine große Zahl ähnlicher Fälle, zu denjenigen, welche wir als so äußerst selten betrachtet haben, wo die allgemeinen Verhältnisse den Feldherrn schon am Ausgang

I

seiner Schlacht ergreifen und fesseln. Es haben namentlich französische Schriftsteller und große Verehrer Bonaparte's (Vaudancourt, Chambray, Segür) ihn entschieden darüber getadelt, daß er das russische Heer nicht gänzlich vom Schlachtfelde vertrieben und seine letzten Kräfte zur Zertrümmerung desselben angewendet habe, weil dann, was jetzt eine bloß verlorne Schlacht war, eine völlige Niederlage geworden sein würde. Es würde uns hier zu weit führen, die gegenseitige Lage beider Heere umständlich darzustellen, aber so viel ist klar, daß Bonaparte, der, als er über den Niemen ging, in denjenigen Korps, welche in der Folge die Schlacht von Borodino schlugen, 300,000 Mann gehabt hatte, wovon jetzt nur 120,000 übrig waren, wohl die Besorgniß haben konnte, er werde nicht genug übrig behalten, um auf Moskau marschiren zu können, welches der Punkt war auf den Alles anzukommen schien. Ein Sieg, wie er ihn erfochten hatte, gab ihm ziemlich die Gewißheit von der Einnahme dieser Hauptstadt, denn daß die Russen innerhalb 8 Tagen eine zweite Schlacht liefern konnten, schien höchst unwahrscheinlich; in Moskau aber hoffte er den Frieden zu finden. Freilich würde ein zertrümmertes Russisches Heer ihm diesen Frieden viel gewisser gemacht haben, aber die erste Bedingung war doch immer hin zu kommen, d. h. mit einer Macht hin zu kommen, mit welcher er der Hauptstadt und durch sie dem Reich und der Regierung als ein Gebieter erschien. Was er nach Moskau brachte reichte dazu nicht mehr hin, wie die Folge gezeigt hat, es würde aber noch weniger der Fall gewesen sein, wenn er an der Zertrümmerung des Russischen Heeres sein eigenes mit zertrümmert hätte, und Bonaparte fühlte das durch und durch, und er erscheint in unsern Augen vollkommen gerechtfertigt. Darum ist aber

dieser Fall doch nicht zu denen zu zählen, wo dem Feldherrn durch die allgemeinen Verhältnisse schon das erste
Verfolgen seines Sieges untersagt ist. · Es war nämlich
noch gar nicht vom bloßen Verfolgen die Rede. Der Sieg
war Nachmittags um 4 Uhr entschieden, aber die Russen
hatten den größten Theil des Schlachtfeldes noch inne und
wollten ihn auch noch nicht räumen, sondern würden bei
Erneuerung des Angriffs noch hartnäckigen Widerstand gethan haben, der zwar gewiß mit ihrer gänzlichen Niederlage geendigt, aber dem Gegner noch viel Blut gekostet
hätte. Man muß also die Schlacht von Borodino zu den
Schlachten rechnen, die, wie die von Bautzen, nicht ganz
ausgeschlagen worden sind. Bei Bautzen war es der
Besiegte, welcher vorzog das Schlachtfeld früher zu verlassen; bei Borodino der Sieger, welcher vorzog, sich mit
einem halben Siege zu begnügen; nicht weil ihm die Entscheidung zweifelhaft schien, sondern weil er nicht reich genug war den ganzen zu bezahlen.

Kehren wir zu unserm Gegenstande zurück, so ergiebt
sich aus unsern Betrachtungen, als Resultat in Beziehung
auf das erste Verfolgen: daß die Energie, mit welcher dies
geschieht, den Werth des Sieges hauptsächlich bestimmt,
daß dies Verfolgen ein zweiter Akt des Sieges ist, in
vielen Fällen sogar wichtiger als der erste, und daß die
Strategie, indem sie sich hier der Taktik nähert, um von
ihr das vollendete Werk in Empfang zu nehmen, den ersten Akt ihrer Autorität darin bestehen läßt, diese Ver-
vollständigung des Sieges zu fordern.

Aber auch bei diesem ersten Verfolgen bleibt die Wirksamkeit des Sieges in den seltensten Fällen stehen, und es
fängt nur erst die eigentliche Bahn an, wozu der Sieg
die Schnellkraft verliehen. Diese Bahn bedingt sich, wie

wir schon gesagt haben, nach den übrigen Verhältnissen, von welchen hier noch nicht die Rede sein soll. Aber wir dürfen doch Dasjenige des Verfolgens, was einen allgemeinen Charakter hat, hier aufnehmen, um uns nicht bei allen Gelegenheiten, wo es vorkommen könnte, darin zu wiederholen.

Bei dem weitern Verfolgen kann man wieder drei Grade unterscheiden: ein bloßes Nachrücken, ein eigentliches Drängen und einen Parallelmarsch zum Abschneiden.

Das bloße Nachrücken motivirt den weitern Rückzug des Feindes so lange, bis er glaubt uns wieder ein Gefecht anbieten zu können; es würde also hinreichen, das erlangte Übergewicht in seiner Wirkung zu erschöpfen, und wird uns außerdem Alles, was der Geschlagene nicht mit sich fortbringen kann, Verwundete, Kranke, Ermüdete, Manches an Gepäck und Fuhrwerk aller Art in die Hände liefern. Aber dies bloße Nachziehen erhöht den Zustand der Auflösung beim Gegner nicht, welches die beiden folgenden Grade bewirken.

Wenn wir nämlich, anstatt uns zu begnügen dem Feinde in sein altes Lager zu folgen, und immer so viel von der Gegend einzunehmen, als er uns lassen will, unsere Einrichtung so treffen, jedesmal etwas mehr von ihm zu verlangen, also, mit unserer dazu gehörig eingerichteten Avantgarde, jedesmal seine Arriergarde anzugreifen, so oft sie ihre Aufstellung nehmen will: so wird dies die Bewegung des Feindes beschleunigen und also seine Auflösung befördern. — Hauptsächlich aber wird es dies Letztere bewirken durch den Charakter von ruheloser Flucht, den sein Rückzug dadurch annehmen wird. Nichts macht auf den Soldaten einen so widerwärtigen Eindruck, als wenn in dem Augenblick, wo er sich, nach einem angestrengten Marsche, der Ruhe überlassen will, sich das feindliche Geschütz schon wieder hören läßt; wiederholt sich dieser Eindruck eine Zeitlang hindurch täglich, so kann er zum panischen Schrecken führen. Es liegt darin das beständige Anerkenntniß, dem Gesetz des Gegners gehorchen zu müssen und zu keinem Widerstande fähig zu sein, und dieses Bewußtsein kann nicht anders als die moralische Kraft des Heeres in einem hohen Grade schwächen. Am höchsten wird die Wirksamkeit dieses Drängens steigen, wenn man den Gegner dadurch zu Nachtmärschen zwingt. Scheucht der Sieger den Geschlagenen beim Sonnenuntergang aus dem Lager wieder auf, welches sich dieser ausersehen hat, sei es für das Heer selbst oder für die Arriergarde, so wird der Besiegte entweder einen förmlichen Nachtmarsch thun, oder wenigstens seine Stellung noch in der Nacht verändern und weiter rückwärts verlegen, welches ungefähr dasselbe ist; der Sieger aber kann die Nacht ruhig zubringen.

Die Anordnung der Märsche und die Wahl der Aufstellungen hängen auch in diesem Fall von so vielen andern Dingen ab, besonders von der Verpflegung, von starken Abschnitten des Bodens, von großen Städten u. s. w., daß es eine lächerliche Pedanterie sein würde, durch eine geometrische Auseinandersetzung zu zeigen, wie der Verfolgende, dadurch daß er dem Zurückgehenden das Gesetz giebt, diesen zwingen kann jedesmal des Nachts zu marschiren, während er selbst des Nachts ruht. Allein nichts destoweniger bleibt es wahr und anwendbar, daß die Marscheinrichtungen des Verfolgens diese Tendenz haben können, und dann die Wirksamkeit des Verfolgens sehr erhöhen werden. Wenn dies in der Ausführung selten berücksichtigt wird, so liegt es darin, daß ein solches Verfahren auch für das verfolgende Heer schwieriger ist, als ein regelmäßiges

Innehalten der Stationen und der Tageszeit. Des Morgens bei guter Zeit aufbrechen, um Mittags sein Lager
einzunehmen, den übrigen Tag zur Beschaffung der Be-
dürfnisse und die Nacht zur Ruhe zu benutzen, ist eine
viel bequemere Methode, als seine Bewegungen genau
nach den feindlichen einzurichten, mithin immer erst im
letzten Augenblick zu bestimmen, bald Morgens bald Abends
aufzubrechen, sich immer mehrere Stunden im Angesicht des
Feindes zu befinden, Kanonenschüsse mit ihm zu wechseln,
Plänkeleien zu unterhalten, Umgehungen anzuordnen, kurz
den ganzen Aufwand von taktischen Maaßregeln zu machen,
der dadurch erforderlich wird. Das lastet natürlich mit
einem bedeutenden Gewicht auf dem verfolgenden Heer, und
im Kriege, wo es der Lasten so viele giebt, sind die Menschen immer geneigt, sich die abzustreifen, die nicht gerade
nothwendig scheinen. Diese Betrachtungen bleiben wahr,
sie mögen auf das ganze Heer, oder, was der gewöhnliche
Fall ist, auf eine starke Avantgarde anzuwenden sein. Aus
den eben berührten Gründen sieht man denn dieses Verfolgen des zweiten Grades, dieses beständige Drängen des
Besiegten ziemlich selten vorkommen. Selbst Bonaparte
in seinem russischen Feldzuge von 1812 hat es wenig gethan, aus dem hier sehr in die Augen springenden Grunde,
daß die Schwierigkeiten und Mühseligkeiten dieses Feldzuges sein Heer ohnehin schon mit einer völligen Vernichtung
bedrohten, ehe er das Ziel erreicht haben würde; dagegen
haben die Franzosen in ihren andern Feldzügen sich auch
in diesem Punkt durch ihre Energie ausgezeichnet.

Der dritte und der wirksamste Grad des Verfolgens
ist endlich der Parallelmarsch nach dem nächsten Ziel des
Rückzugs.

Jedes geschlagene Heer wird natürlich hinter sich,

näher oder entfernter, einen Punkt haben, deſſen Erreichung ihm zunächſt ſehr am Herzen liegt; ſei es, daß ſein fernerer Rückzug dadurch gefährdet werden kann, wie bei Straßenengen, oder daß es für den Punkt ſelbſt wichtig iſt, ihn vor dem Feinde zu erreichen, wie bei Hauptſtädten, Magazinen u. ſ. w., oder endlich, daß das Heer auf dieſem Punkt neue Widerſtandsfähigkeit gewinnen kann, wie bei feſten Stellungen, Vereinigung mit andern Korps u. ſ. w.

Richtet nun der Sieger auf einer Seitenſtraße ſeinen Marſch auf dieſen Punkt, ſo iſt an ſich klar, wie das den Rückzug des Beſiegten auf eine verderbliche Art beſchleunigen, in Eile, zuletzt in Flucht verwandeln könne. Der Beſiegte hat nur drei Wege Dem entgegen zu wirken. Der erſte würde ſein, ſich dem Feinde ſelbſt entgegen zu werfen, und durch einen unverhofften Angriff ſich die Wahrſcheinlichkeit des Erfolgs zu verſchaffen, die ihm ſeiner Lage nach im Allgemeinen abgehen muß; dies ſetzt offenbar einen unternehmenden, kühnen Feldherrn und ein vortreffliches Heer voraus, welches beſiegt, aber nicht in einer völligen Niederlage begriffen wäre; es dürfte alſo wohl in den wenigſten Fällen von dem Beſiegten angewendet werden.

Der zweite Weg iſt die Beſchleunigung des Rückzuges. Dieſe aber iſt eben was der Sieger will; und ſie führt leicht zu übermäßiger Anſtrengung der Truppen, wo denn in Schaaren von Nachzüglern, in zerbrochenen Geſchützen und Fahrzeugen aller Art unerhörte Verluſte gemacht werden.

Der dritte Weg iſt das Ausbiegen, um die nächſten Abſchneidungspunkte zu umgehen und in einer größeren Entfernung vom Feinde mit weniger Anſtrengung zu marſchiren, und ſo die Eile unſchädlicher zu machen. Dieſer letzte Weg iſt der allerſchlimmſte, da er gewöhnlich nur wie neues Borgen eines unzahlungsfähigen Schuldners zu betrachten ist, und zu noch größerer Verlegenheit führt. Es giebt wohl Fälle wo dieser Weg rathsam ist, andere wo er allein übrig bleibt, auch Beispiele wo er gelungen ist, aber im Allgemeinen ist es gewiß wahr, daß weniger die klare Überzeugung, auf diesem Wege das Ziel sicherer zu erreichen, als ein anderer, unzulässiger Grund in denselben hineinzudrängen pflegt. Dieser Grund ist die Angst mit dem Feinde handgemein zu werden. Wehe dem Feldherrn, der sich dieser hingiebt. Wie sehr auch die moralische Kraft des Heeres gelitten habe, und wie gerecht die Besorgnisse sein mögen, bei jedem Zusammentreffen mit dem Feinde von dieser Seite im Nachtheil zu sein, so wird das Übel durch das ängstliche Vermeiden aller Gelegenheit dazu nur schlimmer. Bonaparte würde im Jahre 1813 auch die 30 bis 40,000 Mann nicht über den Rhein gebracht haben, welche ihm nach der Schlacht von Hanau blieben, hätte er dieser Schlacht ausweichen, und bei Manheim oder Coblenz über den Rhein gehen wollen. Gerade durch kleine Gefechte, die mit Sorgfalt eingeleitet und geführt werden, und wobei dem Besiegten doch immer der Beistand der Gegend bleibt, weil er der Vertheidiger ist, gerade durch diese kann die moralische Kraft des Heeres am ersten wieder gehoben werden.

Unglaublich ist die wohlthätige Einwirkung des kleinsten Erfolges. Aber es gehört bei den meisten Führern eine Überwindung zu diesem Versuch; der andere Weg, der des Ausweichens, erscheint im ersten Augenblick so viel leichter, daß er meistens vorgezogen wird. Es ist also gewöhnlich gerade dieses Ausweichen, welches die Absicht des Siegers am meisten befördert und oft mit dem völligen Untergang des Besiegten endet. Wir müssen aber hierbei daran erinnern, daß vom ganzen Heere und nicht von einer einzelnen Abtheilung die Rede ist, die, abgeschnitten, durch einen Umweg wieder zu den übrigen zu stoßen sucht; bei dieser sind die Verhältnisse anders und das Gelingen nicht ungewöhnlich. Eine Bedingung bei diesem Wettlauf um das Ziel aber ist, daß eine Abtheilung des verfolgenden Heeres dem verfolgten auf gerader Straße nachziehe, um Alles was zurückbleibt aufzulesen, und den Eindruck, welchen die Gegenwart des Feindes immer macht, nicht zu versäumen. Dies hat Blücher in seinem übrigens musterhaften Verfolgungszug von Belle-Alliance bis Paris versäumt.

Solche Märsche schwächen den Verfolger freilich mit, und sie würden nicht zu rathen sein, wenn das feindliche Heer von einem andern, beträchtlichen, aufgenommen wird, wenn es einen ausgezeichneten Feldherrn an der Spitze hat, und seine Vernichtung nicht schon sehr vorbereitet ist. Aber da, wo man sich dieses Mittel erlauben darf, wirkt es auch wie eine große Maschine. Das geschlagene Heer verliert dabei so unverhältnißmäßig durch Erkrankte und Ermüdete, und der Geist wird durch die beständige Besorgniß, verloren zu sein, so geschwächt und heruntergebracht, daß zuletzt an einen ordentlichen Widerstand kaum noch zu denken ist; mit jedem Tage werden Tausende von Gefangenen eingebracht, ohne daß ein Schwertstreich fällt. In solcher Zeit des vollen Glücks darf der Sieger keine Theilung seiner Kräfte scheuen, um Alles, was er mit seiner Armee erreichen kann, mit in den Strudel hineinzuziehen, entsendete Haufen abzuschneiden, unvorbereitete Festungen zu nehmen, große Städte zu besetzen u. s. w. Er darf sich Alles erlauben, bis ein neuer Zustand eintritt, und je mehr er sich erlaubt, um so später wird dieser eintreten.

An Beispielen so glänzender Wirkungen großer Haupt-
siege und großartiger Verfolgung fehlt es in den Kriegen
Bonaparte's nicht. Wir dürfen nur an die Schlachten von
Jena, Regensburg, Leipzig und Belle-Alliance erinnern.

———

Dreizehntes Kapitel.
Rückzug nach verlorner Schlacht.

———

In der verlornen Schlacht ist die Macht des Heeres
gebrochen worden; noch mehr die moralische als die physische. Eine zweite, ohne daß neue vortheilhafte Umstände
ins Spiel kommen, würde zur gänzlichen Niederlage, vielleicht zum Untergange führen. Das ist ein militairisches
Axiom. Nach der Natur der Sache geht der Rückzug
bis zu demjenigen Punkt, wo sich das Gleichgewicht der
Kräfte wieder hergestellt haben wird, sei es durch Verstärkung oder durch den Schutz bedeutender Festungen, oder
durch große Abschnitte des Bodens, oder durch die Ausdehnung der feindlichen Macht. Der Grad des Verlustes,
die Größe der Niederlage wird diesen Moment des Gleich-
gewichtes nähern oder entfernen, noch mehr aber der Charakter des Gegners. Wie viele Beispiele giebt es nicht,
daß das geschlagene Heer sich in einer geringen Entfernung
wieder aufgestellt hat, ohne daß seine Verhältnisse seit der
Schlacht sich im mindesten verändert hätten. Der Grund
davon liegt entweder in der moralischen Schwäche des
Gegners, oder darin, daß das in der Schlacht gewonnene
Übergewicht nicht groß genug ist, um zu einem nachdrück-
lichen Stoße zu führen.

Um diese Schwächen oder Fehler des Gegners zu benutzen, nicht einen Zoll breit weiter zurück zu gehen, als die Gewalt der Umstände erfordert, hauptsächlich aber um das Verhältniß der moralischen Kräfte auf einem so vortheilhaften Punkt als möglich zu erhalten: ist ein langsamer, immer widerstrebender Rückzug, ein kühnes, muthiges Entgegentreten, so oft der Verfolgende seine Vortheile im Übermaaß benutzen will, durchaus nöthig. Die Rückzüge großer Feldherrn und krieggeübter Heere gleichen stets dem Abgehen eines verwundeten Löwen, und dies ist unstreitig auch die beste Theorie.

Es ist wahr, daß man oft in Augenblicken, wo man eine gefährliche Lage verlassen wollte, hat eitle Förmlichkeiten anwenden sehen, welche einen unnützen Zeitaufwand verursachten und dadurch gefährlich wurden, statt daß in solchen Fällen Alles davon abhängt, schnell davon zu kommen. Geübte Führer halten diesen Grundsatz sehr wichtig. Aber solche Fälle sind nicht mit dem allgemeinen Rückzug nach verlorner Schlacht zu verwechseln. Wer hier glaubt durch einige schnelle Märsche einen Vorsprung zu gewinnen und leichter einen festen Stand zu bekommen, begeht einen großen Irrthum. Die ersten Bewegungen müssen so klein als möglich, und im Allgemeinen muß es Grundsatz sein, sich nicht das Gesetz des Feindes aufdringen zu lassen. Diesen Grundsatz kann man nicht befolgen ohne blutige Gefechte mit dem nachdringenden Feind, aber der Grundsatz ist dieses Opfers werth. Ohne ihn kommt man in eine beschleunigte Bewegung, die bald ein Stürzen wird, und dann an bloßen Nachzüglern mehr Menschen kostet, als die Schlachten der Arriergarden gekostet haben würden, außerdem aber die letzten Überreste des Muthes vernichtet.

Eine starke Arriergarde von den besten Truppen gebildet, vom tapfersten General geführt, und in den wichtigsten Augenblicken von der ganzen Armee unterstützt;
eine sorgfältige Benutzung der Gegend, starke Hinterhalte,
so oft die Kühnheit der feindlichen Avantgarde und die Gegend Gelegenheit dazu geben; kurz die Einleitung und der
Plan zu förmlichen kleinen Schlachten: das sind die Mittel zur Befolgung jenes Grundsatzes.

Die Schwierigkeiten des Rückzugs sind natürlich größer oder kleiner, nachdem die Schlacht mehr oder weniger
unter günstigen Verhältnissen gefochten, und nachdem sie
mehr oder weniger ausgehalten worden ist. Wie man,
wenn man sich gegen einen überlegenen Gegner bis auf
den letzten Mann wehrt, aus allem ordnungsmäßigen Rück-
zuge kommen kann, zeigen die Schlachten von Jena und
Belle-Alliance.

Es ist wohl hin und wieder gerathen worden*), sich
zum Rückzug zu theilen, also in getrennten Haufen, oder
gar excentrisch zurückzugehen. Diejenige Theilung, welche
der bloßen Bequemlichkeit wegen geschieht, und wo ein ge-
meinschaftliches Schlagen möglich und die Absicht bleibt,
kommt hier nicht in Betracht; jede andere ist höchst gefährlich, gegen die Natur der Sache, und also ein großer
Fehler. Jede verlorne Schlacht ist ein schwächendes und
auflösendes Prinzip und das nächste Bedürfniß ist, sich zu
sammeln und in der Sammlung wieder Ordnung, Muth
und Vertrauen zu finden. Die Idee, in dem Augenblick,
wo der Feind seinen Sieg verfolgt, ihn mit getrennten
Haufen auf beiden Seiten zu beunruhigen, ist eine wahre
Anomalie; einem furchtsamen Pedanten von Feind könnte

*) Lloyd, Bülow.

man dadurch inponiren, und da mag es gelten, wo man aber dieser Schwäche seines Gegners nicht gewiß ist, soll man es bleiben lassen. Erfordert das strategische Verhältniß nach der Schlacht sich rechts und links durch abgesonderte Haufen zu decken, so muß so viel geschehen, wie nach den Umständen unerläßlich ist, aber diese Trennung muß immer als ein Übel betrachtet werden, und selten wird man im Stande sein, sie am Tage nach der Schlacht selbst schon eintreten zu lassen.

Wenn Friedrich der Große, nach der Schlacht von Collin und der Aufhebung der Belagerung von Prag in drei Kolonnen zurückging, so geschah es nicht aus Wahl, sondern weil die Stellung seiner Streitkräfte und die Deckung Sachsens es nicht anders zuließ. Bonaparte ließ nach der Schlacht von Brienne Marmont auf die Aube zurückgehen, während er selbst über die Seine sich gegen Troyes wandte; daß ihm aber dies nicht schlecht bekam, lag bloß darin, daß die Verbündeten, anstatt zu verfolgen, sich gleichfalls trennten, sich mit einem Theil (Blücher) gegen die Marne wandten, und mit dem andern (Schwarzenberg), aus Furcht zu schwach zu sein, ganz langsam vorrückten.

Vierzehntes Kapitel.
Das nächtliche Gefecht.

Wie es geführt wird, und welches die Eigenthümlichkeiten seines Verlaufs sind, ist ein Gegenstand der Taktik; wir betrachten es hier nur, in so weit das Ganze als ein eigenthümliches Mittel erscheint.

Im Grunde ist jeder nächtliche Angriff nur ein gesteigerter Überfall. Auf den ersten Anblick erscheint nun ein solcher als ganz vorzüglich wirksam, denn man denkt sich den Vertheidiger überfallen, und den Angreifenden natürlich vorbereitet zu Dem was geschehen soll. Welche Ungleichheit! Die Phantasie malt sich auf der einen Seite das Bild der vollkommensten Verwirrung, und auf der andern Seite den Angreifenden nur beschäftigt, die Früchte davon zu ernten. Daher die häufigen Ideen zu nächtlichen Überfällen bei Denen die nichts zu führen und zu verantworten haben, während sie in der Wirklichkeit so selten vorkommen.

Jene Vorstellungen finden alle unter der Voraussetzung statt, daß der Angreifende die Maaßregeln des Vertheidigers kennt, weil sie vorher genommen und ausgesprochen sind, und seinen Rekognoscirungen und Nachforschungen nicht haben entgehen können; daß dagegen die Maaßregeln des Angreifenden, welche dieser erst im Augenblick der Ausführung trifft, dem Gegner unbekannt bleiben müßten. Aber schon das Letztere ist nicht immer ganz der Fall, und noch weniger ist es das Erstere. Wenn wir dem Gegner nicht so nahe stehen, daß wir ihn gerade unter den Augen haben, wie die Östreicher Friedrich den Großen vor der Schlacht von Hochkirch: so wird, was wir von seiner Aufstellung wissen, immer sehr unvollkommen sein, von Rekognoscirungen, Patrullen, Aussagen von Gefangenen und Spionen herrühren, und schon deswegen niemals recht feststehen, weil diese Nachrichten immer mehr oder weniger veraltet sind, und die Stellung des Gegners sich seitdem geändert haben kann. Übrigens war es bei der ehemaligen Taktik und Lagerungsart noch viel leichter die Stellung des Gegners zu erforschen als jetzt. Eine

Zeltlinie läßt sich viel leichter unterscheiden als ein Hüttenlager oder gar ein Biwak, und eine Lagerung in entwickelten, regelmäßigen Frontlinien auch leichter als in kolonnenartig aufgestellten Divisionen, wie sie jetzt oft vorkommt. Man kann die Gegend, in welcher eine Division auf solche Weise lagert, vollkommen unter Augen haben und doch zu keiner ordentlichen Vorstellung davon kommen.

Aber die Stellung ist wieder nicht Alles was wir wissen müssen; die Maaßregeln, welche der Vertheidiger im Verlauf des Gefechts nimmt, sind eben so wichtig, und bestehen ja nicht in einem bloßen Losschießen. Auch diese Maaßregeln machen die nächtlichen Überfälle in den neuern Kriegen schwieriger als in den frühern, weil sie in diesen ein Übergewicht über die schon genommenen haben. In unsern Gefechten ist die Aufstellung des Vertheidigers mehr eine vorläufige als definitive, und darum kann in unsern Kriegen der Vertheidiger seinen Gegner mehr mit unerwarteten Streichen überraschen, als er es ehemals konnte.

Es ist also Das, was der Angreifende von dem Vertheidiger beim nächtlichen Überfalle weiß, selten oder nie hinreichend, den Mangel der unmittelbaren Anschauung zu ersetzen.

Aber der Vertheidiger hat auch seiner Seits sogar noch einen kleinen Vortheil darin, daß er sich in der Gegend, die seine Stellung ausmacht, mehr zu Hause befindet, als der Angreifende; wie der Bewohner eines Zimmers in demselben sich auch im Dunkeln leichter zu recht findet, als ein Fremder. Er weiß jeden Theil seiner Streitkräfte leichter zu finden, und kann leichter zu ihm gelangen, als dies beim Angreifenden der Fall ist.

Es ergiebt sich hieraus, daß der Angreifende bei nächtlichen Gefechten seiner Augen eben so gut bedarf, als der

Vertheidiger, und daß also nur besondere Ursachen zu einem nächtlichen Angriff bestimmen können.

Diese Ursachen beziehen sich nun meistens auf untergeordnete Theile des Heeres und selten auf das Heer selbst, woraus denn folgt: daß der nächtliche Überfall auch in der Regel nur bei untergeordneten Gefechten und selten bei großen Schlachten vorkommen kann.

Einen untergeordneten Theil des feindlichen Heeres können wir mit großer Überlegenheit angreifen, folglich umfassend, um ihn entweder ganz aufzuheben, oder ihm in einem nachtheiligen Gefechte große Verluste beizubringen, vorausgesetzt, daß die übrigen Umstände dazu günstig sind. Eine solche Absicht kann aber niemals ohne große Überraschung gelingen, weil in ein so nachtheiliges Gefecht sich kein untergeordneter Theil des feindlichen Heeres einlassen, sondern ausweichen würde. Ein hoher Grad der Überraschung ist aber, mit wenigen Ausnahmen sehr verdeckter Gegenden, nur bei Nacht zu erreichen. Wollen wir also von einer fehlerhaften Aufstellung einer untergeordneten feindlichen Streitkraft einen solchen Vortheil ziehen, so müssen wir uns der Nacht bedienen, wenigstens die vorläufigen Anordnungen zu vollbringen, wenn auch das Gefecht selbst erst gegen Morgen eröffnet werden sollte. So entstehen also alle die kleinen nächtlichen Unternehmungen gegen Vorposten und andere kleine Haufen, deren Pointe immer darin besteht, durch Überlegenheit und Umgehung den Feind unvermuthet in ein so nachtheiliges Gefecht zu verwickeln, daß er nicht ohne großen Verlust wegkommen kann.

Je größer das angegriffene Korps ist, um so schwieriger ist das Unternehmen, weil ein stärkeres Korps mehr in-

innere Hilfsmittel hat, sich auch eine Zeitlang nach hinten zu wehren, bis Hilfe kommt.

Das feindliche Heer selbst kann aus diesem Grunde in gewöhnlichen Fällen gar nicht der Gegenstand eines solchen Angriffs sein, denn obgleich es von Außen keine Hilfe zu erwarten hat, so hat es doch in sich selbst Hilfsmittel genug gegen einen Angriff von mehrern Seiten, zumal in unsrer Zeit, wo Jedermann auf diese so gewöhnliche Form des Angriffs von Hause aus eingerichtet ist. Ob uns der Feind von mehrern Seiten mit Erfolg anfallen könne, hängt gewöhnlich von ganz andern Bedingungen ab, als davon, daß es unvermuthet geschehe; ohne uns hier schon auf diese Bedingungen einzulassen, bleiben wir dabei stehen, daß mit dem Umgehen große Erfolge, aber auch große Gefahren verbunden sind, daß also, abgesehen von individuellen Umständen, nur eine große Überlegenheit, wie eben die ist, welche wir gegen einen untergeordneten Theil des feindlichen Heeres anwenden können, dazu berechtigt.

Aber das Umfassen und Umgehen eines kleinen feindlichen Korps, und namentlich in der Dunkelheit der Nacht, ist auch schon um deswillen thunlicher, weil, was wir daran setzen, wie überlegen es auch sein mag, doch wahrscheinlich nur einen untergeordneten Theil unsers Heeres ausmacht, und man diesen schon eher auf das Spiel einer großen Wagniß setzen kann als das Ganze. Außerdem dient gewöhnlich ein größerer Theil oder gar das Ganze diesem vorgewagten Theile zur Stütze und Aufnahme, welches die Gefahr des Unternehmens wieder vermindert.

Aber nicht bloß die Wagniß, sondern auch die Schwierigkeiten der Ausführung beschränken die nächtlichen Unternehmungen auf kleinere Theile. Da das Überraschen der

I   24

eigentliche Sinn davon ist, so ist auch das Durchschleichen die Hauptbedingung der Ausführung; dies ist aber leichter mit kleinen als mit großen Haufen, und für die Kolonnen eines ganzen Heeres selten ausführbar. Aus diesem Grunde treffen solche Unternehmungen auch meistens nur einzelne Vorposten, und können gegen größere Korps nur angewendet werden, wenn diese ohne genügende Vorposten sind, wie Friedrich der Große bei Hochkirch. Beim Heere selbst wird dieser Fall wieder seltener vorkommen, als bei untergeordneten Theilen.

In der neuern Zeit, wo der Krieg so viel rascher und kräftiger geführt worden ist, hat es allerdings in Folge dessen auch öfter vorkommen müssen, daß die Heere einander sehr nahe gelagert und ohne ein starkes Vorpostensystem waren, weil Beides sich immer in den Krisen zuträgt, die einer Entscheidung kurz vorher zu gehen pflegen. Allein in solchen Zeiten ist denn auch die Schlachtfertigkeit beider Theile größer; dagegen war in früheren Kriegen es häufiger Sitte, daß die Armeen ihr Lager, die eine im Angesicht der andern, auch dann nahmen, wenn sie eben Nichts vorhatten, als einander im Zaum zu halten, und folglich auf längere Zeit. Wie oft hat Friedrich der Große wochenlang den Östreichern so nahe gestanden, daß beide hätten Kanonenschüsse mit einander wechseln können.

Diese, dem nächtlichen Überfall allerdings mehr zusagende Methode ist aber in den neuern Kriegen verlassen worden, und die Heere, welche jetzt in ihrer Verpflegung, so wie in ihren Lagerungsbedürfnissen, nicht mehr so in sich vollendete selbstständige Körper sind, finden es nöthig, gewöhnlich einen Tagemarsch zwischen sich und dem Feinde zu lassen. Fassen wir nun den nächtlichen Überfall eines Heeres noch besonders in's Auge, so ergiebt sich, daß dazu nur selten genügende Motive vorhanden sein können, die sich auf folgende Fälle zurückführen lassen werden.

1. Eine ganz besondere Unvorsichtigkeit oder Keckheit des Feindes, die selten vorkommt, und da, wo sie vorkommt, gewöhnlich durch ein großes moralisches Übergewicht gut gemacht wird.

2. Ein panisches Schrecken im feindlichen Heer oder überhaupt eine solche Überlegenheit der moralischen Kräfte in dem unsrigen, daß diese allein hinreichend ist, die Stelle der Leitung zu vertreten.

3. Beim Durchschlagen durch ein überlegenes feindliches Heer, welches uns umschlossen hält, weil hierbei Alles auf Überraschung ankommt, und die Absicht des bloßen Davonkommens eine viel größere Vereinigung der Kräfte gestattet.

4. Endlich in verzweiflungsvollen Fällen, wo unsere Kräfte ein solches Mißverhältniß zu den feindlichen haben, daß wir nur in einem außerordentlichen Wagen die Möglichkeit eines Erfolgs sehen.

In allen diesen Fällen aber bleibt doch stets die Bedingung, daß das feindliche Heer sich unter unsern Augen befindet und durch keine Avantgarde gedeckt ist.

Übrigens werden die meisten nächtlichen Gefechte so eingeleitet, daß sie mit Tagesanbruch endigen, so daß nur die Annäherung und der erste Anfall unter dem Schutz der Dunkelheit geschieht, weil der Angreifende auf diese Weise die Folgen der Verwirrung, in welche er den Gegner stürzt, besser benutzen kann; dagegen sind Gefechte, welche erst mit Tagesanbruch anfangen, und wo die Nacht also bloß zur Annäherung benutzt wird, nicht mehr zu den nächtlichen zu zählen.

Gedruckt bei Trowitzsch und Sohn.

www.ingramcontent.com/pod-product-compliance
Lightning Source LLC
Chambersburg PA
CBHW072011270326
41928CB00009B/1621